2018年·上卷
No.1　2018

Review on Public Finance & Economics

财政经济评论

中南财经政法大学财税研究所　编
湖北财政与发展研究中心

中国财经出版传媒集团

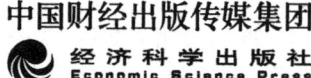
经济科学出版社
Economic Science Press

图书在版编目（CIP）数据

财政经济评论. 2018年. 上卷 / 中南财经政法大学财税研究所，湖北财政与发展研究中心编. —北京：经济科学出版社，2018.7

ISBN 978 - 7 - 5141 - 9537 - 8

Ⅰ. ①财… Ⅱ. ①中…②湖… Ⅲ. ①经济 - 文集 Ⅳ. ①F - 53

中国版本图书馆 CIP 数据核字（2018）第 161369 号

责任编辑：白留杰　刘殿和
责任校对：郑淑艳
责任印制：李　鹏

财政经济评论

2018 年·上卷

中南财经政法大学财税研究所
湖北财政与发展研究中心　编

经济科学出版社出版、发行　新华书店经销
社址：北京市海淀区阜成路甲 28 号　邮编：100142
教材分社电话：010 - 88191354　发行部电话：010 - 88191522
网址：www.esp.com.cn
电子邮箱：bailiujie518@126.com
天猫网店：经济科学出版社旗舰店
网址：http://jjkxcbs.tmall.com
北京密兴印刷有限公司印装
787×1092　16 开　12.5 印张　230000 字
2018 年 7 月第 1 版　2018 年 7 月第 1 次印刷
ISBN 978 - 7 - 5141 - 9537 - 8　定价：38.00 元
(图书出现印装问题，本社负责调换。电话：010 - 88191510)
(版权所有　侵权必究　打击盗版　举报热线：010 - 88191661
QQ：2242791300　营销中心电话：010 - 88191537
电子邮箱：dbts@esp.com.cn)

财政经济评论

Review on Public Finance & Economics

编委会名单

学术顾问
马国强　王亘坚　丛树海　许建国　刘邦驰
陈　共　何盛明　何振一　吴俊培　张　馨
贾　康　高培勇　梁尚敏

编委会主任
杨灿明

编委会委员
陈志勇　胡洪曙　庞凤喜　侯石安　刘京焕
王金秀　艾　华　甘行琼　李祥云　李　波
梅建明　孙群力　郭月梅　金荣学　毛　晖

编辑部成员
主　　　编：胡洪曙
副 主 编：薛　钢　毛　晖
执 行 主 编：祁　毓　李　琼
编辑部成员：胡海燕　张文涛　张静鑫
　　　　　　　杨春飞　白皓冉　许雯雯

財政學研究

Review on Public Finance & Economics

編集委員

目 录

中国宏观税负的再讨论
　　——基于国有资本经营预算的视角
.... 席鹏辉（1）

企业负担与盈利能力：实体经济企业 VS 虚拟经济企业
　　——基于上市公司的案例分析
.... 庞凤喜　刘　畅（16）

PPP 项目全生命周期税务风险识别及其防控探讨
.... 刘同洲（39）

"积分落户"制度对农业转移人口市民化影响研究
.... 梅建明　罗惠月（54）

从 FATCA 到特朗普税改：美国税收"单边主义"评析
.... 李　波　王泯之（72）

中国在全球经济体系中的位置：基于世界投入产出数据库的研究
.... 蒋业恒　陈　勇　张　曦（84）

政治互信、经济合作与两岸贸易的发展
.... 杨　权　胡文骏（101）

"一带一路"背景下对外直接投资的税收事先裁定问题研究
.... 杨　峥（120）

纪念改革开放四十年·财政经济理论与制度变迁

我国财政转移支付制度改革 40 年：回顾与展望
.... 赵兴罗　粟小芳（130）

东北央地融合发展研究
.... 张紫薇　张　依（144）
地方政府性债务风险防范研究述评
.... 刘　松　韩贵博（158）
绩效预算管理问题研究：一个文献综述
.... 李祥云　徐　婷　白皓冉（175）

Contents

Reconsideration of China's Macro Tax Burden
—Based on the Perspective of State-owned Capital Operating Budget
·· Xi Penghui (**1**)
Enterprise Burden and Profitability: Real Economy Versus Virtual Economy
—Case Study Based on Listed Companies
·· Pang Fengxi　Liu Chang (**16**)
Probe into Tax Risk Identification and Prevention of Full Life-cycle of PPP Project
·· Liu Tongzhou (**39**)
The Research on the Influence of Points-based Hukou System on the Citizenization of Agricultural Transfer Population
·· Mei Jianming　Luo Huiyue (**54**)
From FATCA to Trump Tax Reform: an Analysis of American Tax "Unilateralism"
·· Li Bo　Wang Minzhi (**72**)
China's Position in Global Economic System-an Empirical Study Based on WIOD
·· Jiang Yeheng　Chen Yong　Zhang Xi (**84**)
Political Mutual Trust, Economic Cooperation and the Development of Cross-strait Trade
·· Yang Quan　Hu Wenjun (**101**)
Research on the Advance Tax Ruling of Foreign Direct Investment Against the Background of "The Belt and Road Initiatives"
·· Yang Zheng (**120**)

Commemorating the 40th Anniversary of Reform and Opening up · Financial Economic Theory and Institutional Change

40 Years of Fiscal Transfer Payment System Reform in China: Retrospect and Prospect
.... Zhao Xingluo Su Xiaofang（**130**）
On the Integrative Development Between the Central State-owned Enterprise and the Local Enterprise in Northeast China
.... Zhang Ziwei Zhang Yi（**144**）
A Review of the Research on the Risk Prevention of Local Government Debt
.... Liu Song Han Guibo（**158**）
A Survey of Researchon Performance Budget Management
.... Li Xiangyun Xu Ting Bai Haoran（**175**）

中国宏观税负的再讨论

——基于国有资本经营预算的视角

席鹏辉*

摘　要：当前测算中国宏观税负的方法主要是利用公共预算收入、政府性基金预算收入、国有资本经营预算收入和社会保障基金预算收入之和进行测算。本文首先分析了国有资本经营预算的实际构成，发现国有资本经营预算收入主要由国有独资企业的利润收入和国有控股、参股企业的股利股息收入构成。根据国有资本收益提取的规则来看，本文认为当前的测算难以真正地衡量中国宏观税负，这主要来自以利润为基数采用一定规则提取的办法存在着较为严重的问题，一方面，提取收益比例的多少不应影响国有经济对国民经济的既定影响和政府职能作用，另一方面，以利润为基数的办法无法反映国有企业冗余成本对宏观税负的影响。中国宏观税负绝不仅仅是四本预算收入之和，同时，未来国有资本经营预算改革应从扩大预算监督范围以及深化预算监管内容两方面着手。

关键词：宏观税负；国有资本经营预算；利润提取比例

一、引　言

宏观税负指的是一个国家的税负水平，其意味着政府对社会财富的占有程度（杨斌，1998），表明政府在国民经济总量分配中集中程度的大小，也表明政府社会经济职能及财政功能的强弱（安体富和岳树民，1999）。科学合理的测算是这类问题讨论的基础，对中国宏观税负水平的讨论，主要从小口径、中口径和大口径三个角度进行。

一般地，在以往研究中，小口径计算采用了中国税收收入占 GDP 的比重，中口径计算采用了预算内收入占 GDP 的比重，大口径的计算则采用了预算内收入、预算外收入以及制度外收入之和作为政府性收入，即通过计算所有政府收入规模占 GDP 比重作为大口径宏观税负水平。大量研究文献均认可了大口

---

* 席鹏辉，中国社会科学院财经战略研究院助理研究员。

径宏观税负水平，认为通过这种方法才能够较为准确地衡量中国的税负状况。如安体富（1997）计算的1995年中国的大口径宏观税负水平为25.4%[1]；李波（2007）测算的1995年大口径宏观税负水平为22.8%，2006年则达到了31.5%；赵薇薇（2008）得到2007年的大口径宏观税负水平为36.30%，而在2001~2007年这一均值为28.58%；罗美娟和黄丽君（2013）计算的1995年中国宏观税负水平为17.17%，2007年则为32.91%。可以看出，尽管利用同一口径，不同文献得到的宏观税负水平也差别较大，这可能是来自制度外收入数据的估算差异。

随着预算管理体系的完善，大量的预算外收入纳入预算内管理，制度外收入转变为非税收入和基金预算收入，大口径计算方法随之转变为：政府性收入=公共财政收入+政府基金性收入+国有资本经营收入+社会保障基金收入，即通过中国政府四本预算收入之和计算宏观税负水平。如关予馨（2013）计算得到2013年的中国宏观税负水平为35.79%，《地方财政研究》对2013年度测算结果为37.1%[2]，张念明和庞凤喜（2015）对2013年宏观税负的测算结果则为37.94%。不难发现，与之前口径计算的宏观税负水平相比，利用四本预算收入之和得到的宏观税负水平在不同文献之间的差异度较小。

当然，仍有一些文献对GDP直接作为分母是否合适进行了讨论，如王军平和刘起运（2005）认为一些非应税GDP部分应在分母中扣除，因为这些活动不发生市场交易行为，容易低估宏观税负水平，这些主要包括居民自给性消费、公共部门固定资产虚拟折旧等内容。而董根泰（2014）则发现GDP结构也与宏观税负直接关联，第一产业占GDP比重、货物与服务净出口额占GDP比重均会影响宏观税负，两者均可能降低宏观税负占比，因此直接利用税负GDP比重进行比较的意义不大。

出于简化考虑，本文不对非应税GDP或产业结构方面的争议进行过多的评价或探讨，也不从公共服务的提供数量或质量的角度对宏观税负的高低进行评价，当然这些也并不会影响本文的讨论目的。本文主要讨论公共财政预算、政府基金预算、国有资本经营预算和社会保障基金预算这四本预算收入是否真的可以反映政府的全部收入，是否能够衡量政府对社会财富的占有程度或政府社会经济职能及财政功能的强弱？对于这一问题的讨论，首先需要关注我国的预算管理和预算法的发展历程和主要内容。

---

[1] 为了便于比较，本文报告了几篇文献对同一年份或相近年份的宏观税负水平的测算结果。
[2] 《地方财政研究》在2012~2014年年初会通过咨询速递的方式报告中国宏观税负水平。

二、新《预算法》与《国有资本经营预算》

(一) 新《预算法》

我国《预算法》形成于 1994 年,于 1995 年 1 月 1 日起施行,其形成于中国社会主义市场经济的背景,适应了中国 1994 年分税制财政体制改革。当时的预算主要指的是一般性预算(后称为"一般公共预算"),因此《预算法》中第 19 条规定了预算收入包括税收收入、国有资产收益、专项收入以及其他收入等。

随着市场经济改革的逐步深化,其对政府职能提出了进一步的要求,这倒逼中国政府预算改革。为此,2014 年 8 月第十二届全国人民代表大会常务委员会通过对《全国人大常委会关于修正〈预算法〉的决定》,新《预算法》于 2015 年 1 月 1 日起施行。新《预算法》第 5 条规定了我国预算的主要构成,"预算包括一般公共预算、政府性基金预算、国有资本经营预算、社会保险基金预算,一般公共预算、政府性基金预算、国有资本经营预算、社会保险基金预算应当保持完整、独立",同时第 4 条规定了"政府的全部收入和支出都应当纳入预算",这也是在出现四本预算之后,大量研究文献均采用四本预算之和计算中国宏观税负的主要原因。

不过,四本预算收入之间也存在一定预算间收入转移,如根据新《预算法》的第 5 条规定,"政府性基金预算、国有资本经营预算、社会保险基金预算应当与一般公共预算相衔接",因此按照这一方法计算的政府性收入可能存在重复相加的情况,如 2017 年全国社会保险基金收入为 55 380.16 亿元,其中保险费收入是 39 563.61 亿元,财政补贴收入为 12 264.49 亿元①。一些文献在计算中国宏观税负水平时,开始关注四本预算收入的重复计算问题,如陈彦斌和陈惟(2017)在剔除重复计算部分后,得到 2013 年的中国大口径宏观税负水平为 35.1%,2016 年的水平为 32.8%,这一结果与之前文献得到的测算结果相比,略有下降。

本文也无意于对政府间重复计算的收入部分进行讨论,关注点主要聚焦在四本预算是否囊括了政府全部收入活动,这主要来自对国有资本经营预算的讨论。

---

① 财政部 2018 年《关于 2017 年中央和地方预算执行情况与 2018 年中央和地方预算草案的报告》。

（二）《国有资本经营预算》

2007年9月，国务院发布《关于试行国有资本经营预算的意见》（国发〔2007〕26号，以下简称"意见"），标志着中国开始正式建立国有资本经营预算制度。2008年10月中华人民共和国第十一届全国人民代表大会常务委员会通过的《中华人民共和国企业国有资产法》规定，国有资本经营预算按年度单独编制，纳入本级政府预算，报本级人民代表大会批准。国有资本经营预算支出按照当年预算收入规模安排，不列赤字。

《意见》明确指出国有资本经营预算的收入是指"各级人民政府及其部门、机构履行出资人职责的企业上交的国有资本收益"，其主要包括五部分收入："第一，国有独资企业按规定上交国家的利润；第二，国有控股、参股企业国有股权（股份）获得的股利、股息；第三，企业国有产权（含国有股份）转让收入；第四，国有独资企业清算收入（扣除清算费用），以及国有控股、参股企业国有股权（股份）分享的公司清算收入（扣除清算费用）；第五，其他收入"。国有资本经营预算的支出则主要包括资本性支出、费用性支出和其他支出。同时指出，"具体支出范围依据国家宏观经济政策以及不同时期国有企业改革和发展的任务，统筹安排确定。必要时，可部分用于社会保障等项支出"。这进一步说明国有资本经营预算与其他预算收入之间一定的衔接关系。

在国有资本经营预算的组织实施中，《意见》指出，"中央本级国有资本经营预算从2008年开始实施，2008年收取实施范围内企业2007年实现的国有资本收益。2007年进行国有资本经营预算试点，收取部分企业2006年实现的国有资本收益。各地区国有资本经营预算的试行时间、范围、步骤，由各省、自治区、直辖市和计划单列市人民政府决定。"因此，为配合中央本级国有资本经营预算的实施，《中央企业国有资本收益收取管理暂行办法》（财企〔2007〕309号，以下简称"暂行办法"）对中央国有资本经营收支范围进行了进一步的解释和规定，这也为地方国有资本经营预算的施行制定了准绳。

为进一步观察我国国有资本经营预算收入的构成，本文也对当前国有资本经营预算收入的基本状况进行了简单的整理。

三、国有资本经营预算收入的实际与提取收益

（一）国有资本经营预算收入的实际发展

根据CEIC数据库，本文对历年国有资本经营预算收入进行了汇总，结果

如表1所示。可以看出，我国国有资本经营预算收入在2010~2016年经历了较快的发展，规模从2010年的558.67亿元扩大至2016年的2 608.95亿元。不过，这一规模与其他预算收入相比，仍有较大差距。[①] 国有资本经营预算收入规模不及一般公共预算收入的2%，也不及政府基金预算收入或社会保障基金预算收入规模的6%，这似乎意味着国有资本经营预算收入的多少并不会明显影响到宏观税负水平的测算，这可能也是目前文献对国有资本经营预算收入鲜有关注的原因。

表1　　　　　　　历年国有资本经营收入的构成　　　　单位：百万元

年份	2010	2011	2012	2013	2014	2015	2016
总收入	55 867	76 501	149 590	171 336	200 759	255 098	260 895
利润	42 452	75 735	115 402	128 808	170 015	203 389	196 162
股利股息	99	701	10 196	12 367	11 702	26 917	20 587
产权转让	12 710	65	11 482	14 183	9 486	13 690	22 472
清算	0	0	114	611	323	303	676
其他	606	0	12 396	15 367	9 233	10 799	20 998

资料来源：CEIC数据库。

进一步的，从国有资本经营收入的构成可以发现，国有资本经营收入主要由国有独资企业按规定上交的利润收入和国有控股和参股企业的股利股息收入构成，其中2010~2016年利润收入占国有经营预算总收入的比重的均值超过80%，国有控股和参股企业在这期间也得到了较快发展，而国有企业的产权转让收入、清算收入以及其他收入的占比较小。

表2揭示了2010~2016年国有资本经营收入中利润收入的主要行业来源，可以看出，这部分收入主要来自烟草、电力企业、石油石化企业和电信企业等行业，2010~2016年这四类企业的利润收入占总利润收入比重的平均值之和为63.8%，由于国有资本经营预算收入主要来自利润收入，这即意味着国有资本经营预算收入主要来自这几大行业的利润收入。

---

① 财政部2017年《关于2016年中央和地方预算执行情况与2017年中央和地方预算草案的报告》。其中，报告中的国有资本经营预算收入数据为2 601.84亿元，与CEIC数据库中的国有资本经营预算收入存在7亿元左右的差距，这可能与统计口径或结算有关，不影响本文主要结果和结论。

表 2　　　　　　　　历年国有资本经营利润收入的构成　　　　　单位：百万元

年份	2010	2011	2012	2013	2014	2015	2016
利润收入	42 452	75 735	115 402	128 808	170 015	203 389	196 162
烟草企业	11 722	13 975	25 264	29 568	41 235	47 725	37 293
石油石化企业	12 336	26 685	30 845	29 865	39 649	33 631	17 783
电力企业	503	5 454	7 674	13 924	15 092	19 675	22 445
电信企业	8 272	9 252	10 690	11 002	11 902	13 851	13 417
煤炭企业	2 607	4 524	10 654	8 275	7 441	5 156	1 929
运输企业	308	1 726	1 384	1 313	1 630	3 092	6 061
机械企业	1 005	2 541	4 172	5 587	8 113	10 779	10 820
投资服务企业	267	433	2 542	3 886	7 173	11 277	15 989
贸易企业	991	2 397	3 773	3 940	4 335	3 888	4 067
建筑施工企业	1 119	2 192	2 566	3 676	6 559	7 549	8 325
境外企业	862	2 207	2 569	2 516	4 156	4 831	8 912

资料来源：CEIC 数据库；需要指出的是，CEIC 提供了各类国有企业提供的国有资本经营利润收入，为简化考虑，本文只报告了主要的利润来源行业，这不影响本文讨论。

从表1和表2可以看出中国国有资本经营预算收入发展的几个现状。第一，中国国有资本经营预算收入在2010～2016年得到较快的发展，但其规模仍然远低于其他预算收入；第二，国有资本经营预算收入主要由国有独资企业利润收入和国有控股和参股企业的股利股息组成，两者规模的变动将直接影响国有资本经营预算收入规模；第三，国有资本经营预算收入集中在烟草、石油石化、电力和电信这几个行业，这几类行业提供了超过一半以上的国有资本经营利润收入。

根据我国国有资本经营预算收入的发展实践，需要思考的几个问题是，为什么国有资本经营预算收入在十年间发展迅速？为什么利润收入主要集中在烟草企业、石油石化等几类行业？国有资本经营预算中的利润收入能否真实地反映国有独资企业的利润规模？这其中的关键是国有资本收益提取比例。

（二）国有资本收益提取比例的发展

如《关于试行国有资本经营预算的意见》指出，国有资本经营预算收入包括利润、股利股息等收入，其中的利润为国有独资企业按规定上交的利润，其中的规定并没有在《意见》中指出，但《中央企业国有资本收益收取管理暂行办法》则明确了中央国有企业收益的申报与核定事宜，其中第9条规定了国有独资企业上交年度净利润的比例："国有独资企业上交年度净利润的比例，区别不同行业，分以下三类执行，第一类10%，第二类5%，第三类暂缓3年上交或者免交。"也即在国有独资企业的净利润上交过程中，其只是按照一定比例上交国有资本经营预算，而非将其全部利润上交至国有资本经营预算，这是符合政府对国有资本的所有权性质的，作为国有资本财政，这与公共财政具有不同的性质："财政作为政府的分配行为，在客观上表现为以社会管理者的省份，为满足公共需要进行分配而形成公共财政；以生产资料全民所有制代表的省份，对国有资产进行宏观价值管理和收益分配而形成国有资产财政"（张馨，1999）。因此，政府出于对国有资本经营发展的考虑，对其净利润是否提取、提取多少，均体现了其所有权身份。这也决定了2007年之后中国国有资本经营预算的发展均是在这一基本框架下进行的。这也意味着，我国国有资本经营预算收入主要来自国有独资企业按规定上交的利润以及国有控股和参股企业的股利股息等。

2007年，中央企业包括了国资委所监管企业和中国烟草总公司，其中按照净利润10%上交国有资本经营预算收入的主要包括石油石化、电力、电信、煤炭等资源型企业；钢铁、运输、电子、贸易、建筑工程施工等一般竞争类企业按照净利润的5%上交；而军工企业和转制科研院所则暂缓3年上交。

2011年，财政部发布《关于完善中央国有资本经营预算有关事项的通知》（财企〔2010〕392号），中央国有资本经营预算得到进一步发展。这主要体现在两方面。第一，扩大了中央国有资本经营预算实施范围。2011年之前的中央国有资本经营预算仅包括了国资委监管企业和中国烟草总公司，2011年，教育部、文化部、农业部等直属集团公司也纳入了中央国有资本经营预算实施范围，大大提高了中央国有资本经营预算的覆盖面。第二，提高了中央企业国有资本收益收取比例，并分四类执行。其中，第一类为烟草、石油石化、电力、电信、煤炭等资源型企业，按净利润的15%上缴；第二类为钢铁、运输、电子、贸易、建筑工程施工等一般竞争类企业按净利润的10%上缴；第三类为军工企业、转制科研院所，按净利润的5%上缴；第四类为政策性国企，净利润免交，这类企业包括中国储备粮管理总公司和中国储备棉管理总公司。

从2012年起，中国烟草总公司的净利润提取比例从15%提高至20%，成为单独一类，也成为最高档次[①]，自此中国中央国有资本经营预算的提取比例档次分为五类。2014年财政部发布《关于进一步提高中央企业国有资本收益

---

① 笔者没有搜集到相应的政策文件支持，但在财政部2013年在第十二届全国人民代表大会第一次会议上《关于2012年中央和地方预算执行情况与2013年中央和地方预算草案的报告》以及各媒体报道中，均提及这一政策变化。

收取比例的通知》(财企〔2014〕59号),将国有独资企业应交利润收取比例在已有基础上提高了5个百分点,这形成了当前中国中央企业利润提取现状:第一类收取比例为25%,主要包括中国烟草总公司;第二类收取比例为20%,主要包括了石油石化、电力通信、煤炭等资源型企业;第三类收取比例为15%,主要包括了钢铁、建筑等一般竞争性企业;第四类收取比例为10%,主要包括了军工和文化企业;第五类免交净利润,为中国储备粮管理总公司和中国储备棉管理总公司。

2017年中共十八届三中全会《中共中央关于全面深化改革若干重大问题的决定》明确指出,"完善国有资本经营预算制度,提高国有资本收益上缴公共财政比例,2020年提到30%,更多用于保障和改善民生",这意味着在未来两年内中国国有资本经营预算收入将进一步提高①。

以上为中央国有资本经营预算中"按规定上交利润"的政策发展历程,而地方国有资本经营预算提取收益的发展,则有一定简化。这主要体现在两方面,第一,部分地方国有资本经营预算往往没有对各行业区别对待,而是采用相对统一的利润提取比例;第二,一些地方提取收益的往往没有过多的变化,相对更为稳定。如《深圳市属国有企业国有资产收益管理暂行规定》(深府办〔2005〕27号)规定"国有独资企业、国有独资公司应当上缴利润比例原则上不得低于当年度企业净利润的30%,具体比例由市国资委根据实际情况确定";根据《厦门市属国有企业国有资本收益收缴管理暂行办法》的通知,"市属国有企业国有资本收益……按20%的比例上缴,其他按规定应收缴的国有资本收益……按市财政部门核定的数额上缴"。这可能与地方国有企业集中在一般竞争性领域有关,大大减少了区别性对待的必要。

当然,也有省份对不同行业区别对待,如根据《江西省省属企业国有资本收益收取管理暂行办法》(赣财企〔2011〕102号),江西省国有独资企业上交净利润比例根据不同行业分三类执行:第一类为垄断性企业,按15%比例上交;第二类为资源性企业,按10%比例上交;第三类为其他企业,按5%比例上交。2015年这三类企业上交利润比例分别提高5个百分点②。根据《云南省国资委关于逐步提高省属企业国有资本经营利润上缴比例等有关事项的通知》,烟草企业、石油石化这类特许经营型企业在2016年的利润上缴比例为20%,电力、煤炭、钢铁等一般竞争性企业为15%,农林牧渔、科教文卫等其他一般性竞争性企业为10%,监狱、粮食以及小型微型等政策性企业不提

---

① 实际上,《决定》中这句话还可以理解为:在2020年国有资本预算支出结构中,将转化为一般公共预算收入的支出部分提高到30%。不过根据财政部官员的解读,30%应为国有资本收益提取至国有资本预算收入的比例,详见http://finance.people.com.cn/n/2015/0914/c1004-27582692.html。

② 《江西省人民政府关于完善国有资本经营预算制度的意见》(赣府发〔2014〕35号)。

取净利润,同时每年提高5%,烟草、石油石化在2020年的上缴比例将达到40%,其余类型企业将达到30%,以完成十八届三中全会提出的目标任务。

中央和地方对国有独资企业的提取利润比例相应政策很好地解释了国有资本经营预算的构成实际情况:由于烟草、石油石化、电信电力等一些垄断性企业税后净利润的提取比例高,这也导致了这些行业的利润收入构成了国有资本经营预算收入的主要部分,但当前的利润收入显然没有很好地反映出国有资本实际利润规模,只反映了一部分甚至相当小的一部分,随着提取比例的提高,国有资本经营预算收入的规模将不断扩大。

四、宏观税负的讨论与再测算

根据以上的讨论可以看出,除了国有企业的股利股息等其他收入外,目前国有资本经营预算中仅包括了国有独资企业税后利润的一小部分,最高类别的企业也仅占税后利润的25%。出于对国有资产所有权的使用,政府对提取一部分国有利润收益是比较合适的。但在计算宏观税负时,如果将仅这部分利润作为国有资本经营方面的收入,那么这方面的收入将主要受到收益提取比例的影响,这显然是不合理的。这主要来自两方面的原因:一方面,根据宏观税负的定义,其反映的是政府在国民经济总量分配中集中程度的大小,表明政府社会经济职能和财政功能的强弱(安体富和岳树民,1999)和政府对社会财富的占有程度(杨斌,1998),一年的宏观税负衡量的是该年政府职能(包括公共管理职能和国有资本所有者职能)在社会经济活动的强弱,这属于既定发生的事实,不应受到利润提取规则的影响,也即宏观税负不应受到净利润提取比例是20%还是30%等不同比例的影响,国有企业的经营活动及形成的利润对政府社会经济职能的发挥已经形成了既定的作用,体现了政府在国民经济总量分配中的影响,这种作用和影响的衡量理应不受到预算编制规则的影响;另一方面,以利润为基数的净利润提取或股利股息指标无法反映国有企业冗余成本对整体宏观经济负担,测算宏观税负时也应囊括了所有国有企业的非必要性成本,如果采用以利润为基数提取国有资本经营预算收入来测算宏观税负,一个反向的思考是,若国有企业提高企业的冗余成本减少利润时,这将直接降低测算的宏观税负水平,这显然违背了宏观税负测算的基本功能定位。

具体来看,在衡量宏观税负方面,当前国有资本经营预算管理存在以下问题。

第一,中央金融类企业仍未纳入国有资本经营预算管理。对当前的国有独资企业提取收益比例的各类企业名单可以看出,国有金融类企业的收入还没有被计算入国有资本经营预算范围,这部分的利润提取仍是在非税收入中。以

2017年四大国有银行为例，根据企业年报财务数据，中国银行2017年营业收入为4 832.78亿元，净利润为1 724.07亿元，中国工商银行营业收入为7 265.02亿元，净利润为2 874.51亿元，中国建设银行营业收入为6 216.59亿元，净利润为2 436.15亿元，中国农业银行营业收入为5 370.41亿元，净利润为1 931.33亿元。这四大银行的营业收入和净利润在2017年已经分别达到23 684.8亿元和8 966.06亿元，这四家银行的利润收入大致相当于2016年国有资本经营预算收入中总利润收入的50%[1]，可以预见，如果将国有资本经营预算收入覆盖到整体中央金融类企业的话，其收入规模将大大提高。当然，目前金融类国有企业利润的提取主要在一般公共预算的非税收入中体现，但目前仍未有其提取比例的明确规定或政策法规，其对国有独资企业的净利润提取和对一些控股或参股企业的股利股息分红，仍然具有一定的随意性。

第二，国有企业收益的利润提取比例还较低。从第三部分的讨论来看，尽管国有独资企业的提取比例从2007年以来一直有所提高，但从目前的五档来看，其最高档仍仅为烟草类企业的25%，除了最低档次的免提取外，其余提取比例分别只有5%、10%、15%和20%，其提取比例还处于较低水平，与十八大报告提出的30%整体目标仍有较大差距。可以看出，当行业收益提取比例越大时，该行业在国有资本经营预算中形成的利润越高。如果国有独资企业的利润提取收益提高至30%甚至更高时，国有资本经营预算的规模也将有明显提高。同时，利润和股利股息收入尽管构成了国有资本经营预算收入的主要部分，但这部分收入占国有企业利润总收入的很小一部分，以2016年为例，2016年国有资本经营预算收入为2 608.95亿元，但2016年不包括金融类的国有企业和国有控股企业的总利润为23 157.8亿元[2]，占比约为11%，这意味着来自国有控股和参股企业的股利股息收入在利润中占比也不大。如果适当提高国有控股和参股企业的股利股息收入，那么国有资本经营预算收入也将有明显提高[3]。

第三，即使将国有独资或控股企业利润的100%计入国有资本经营预算收入，并以此作为宏观税负的衡量方式之一，也存在不妥。国有企业计提利润是国有资本经营预算收入的主要部分，按照当前宏观税负计算方法，只要通过减少企业利润似乎就可以降低计算出的宏观税负水平，这明显与宏观税负水平的定义和功能不符，宏观税负也应包括一些国有企业，尤其是一般竞争性企业中

---

[1] 四大行的财务数据来自各行财务年报。当然，四大行均为国有控股企业，其收入通过一般公共预算中非税收入下的国有资本经营收入与中的企业利润收入和股利股息收入反映出来，其中利润收入主要来自国有独资企业对这些金融企业的分红收入。

[2] 财政部官网。

[3] 按照《公司法》第37条规定，公司的利润分配方法由股东会行使审议和批准职权，这意味着股东会有权决定公司是否分红以及分红多少，这些都直接影响到国有控股或参股企业的股利股息收入。

的冗余成本等不合理成本。

　　无论如何,按照当前国有资本经营预算编制的方法,直接将国有资本经营预算收入作为四本预算收入之一汇总,或将重叠部分简单处理后计算中国宏观税负是不符合宏观税负的基本定义的,目前得到的结果还远远难以衡量中国的宏观税负水平。为此,本文做了一个简单的测算:在获得国有企业经营状况基本数据的基础上,本文简单按照国有企业净利润的30%、50%和100%作为国有资本经营预算收入中,以此计算宏观税负水平①。结果分别如表3和表4所示。其中表3为国有企业和国有控股企业国有资本收入和利润数据,并根据一定的方法计提利润,得到宏观税负基本数据再测算,如表4所示。

表3　　　　　　　　　　国有企业经营状况与再计提

年份	营业总收入 (1)	营业总成本 (2)	实现利润 (3)	按照30% (4)	按照50% (5)	按照100% (6)
2010	303 253.7		19 870.6	596.118	993.53	1 987.06
2011	367 855		22 556.8	676.704	1 127.84	2 255.68
2012	423 769.6		21 959.6	658.788	1 097.98	2 195.96
2013	471 000		26 000	780	1 300	2 600
2014	480 636.4	466 605.4	24 765.4	742.962	1 238.27	2 476.54
2015	454 704.1	445 196.1	23 027.5	690.825	1 151.375	2 302.75
2016	458 978	449 885	23 157.8	694.734	1 157.89	2 315.78
2017	522 014.9	507 003.9	28 985.9	869.577	1 449.295	2 898.59

　　注:(1)国有企业收入利润类数据来自财政部资产管理司关于各年全国国有和国有控股企业经济运行情况的公告;(2)以上收入、利润类数据均不包括国有金融类企业数据;(3)前三列数据单位为亿元,后三列数据为十亿元。

表4　　　　　　　　　　中国宏观税负再测算

年份	原有方法计入 (1)	按照30% (2)	按照50% (3)	按照100% (4)
2013	0.36548	0.37581	0.38454	0.40638
2014	0.36594	0.37433	0.38202	0.40125
2015	0.35087	0.35718	0.36386	0.38057

---

　　① 需要指出的是,此处的国有企业经营收入及利润主要包括国有独资企业和国有控股企业的经济数据,不包括金融类企业数据。

续表

年份	原有方法计入 (1)	按照30% (2)	按照50% (3)	按照100% (4)
2016	0.34568	0.35153	0.35776	0.37333
2017	0.35302	0.36041	0.36742	0.38494
均值	0.3562	0.363851	0.371121	0.389296

注：其他三本预算收入均来自各年决算报告，GDP数据来自中国统计局。

从表4可以看出，按照国有企业利润的30%、50%和100%计入国有资本经营预算收入后，2013~2017年中国宏观税负平均水平分别提高0.7个、1.5个以及3.3个百分点。这是简单按照利润计提入国有资本经营预算收入的，但以这一方法衡量中国宏观税负水平仍然欠妥。计算中国宏观税负水平需要解决以下问题。

第一，国有资本经营预算收入中利润的计提比例问题。由于目前国有独资企业的税后利润计提收入是国有资本经营预算收入的主要部分，因此利润计提比例直接影响着国有资本预算收入总规模，按照十八届三中全会的要求，2020年国有企业经营利润比例将提高至30%，这势必将扩大国有资本预算收入，然而，国有企业利润提取比例究竟应该达到多少，才能够反映基本税负水平。如张馨（2012）认为，国企利润收入理论上应当全部进入预算受到监督，其中，从政府基于"公共利益"获得的垄断利润，本身是公共性质而不是资本性质的收益，那么国企的这部分"政府性收益"应该划归到公共预算，而国企的"市场性收益"，其利润必须由所有者决定和支配，因此其全部利润应当上交国有资本预算，由人大监督和决定。

第二，适用于测算宏观税负的国有企业财务指标问题。目前国有资本经营预算收入的主要来源是国有独资企业及国有控股企业的税后利润及股利股息，即以利润为基数的计提。以这一方法计提的国有资本经营预算收入忽视了国有企业经营成本对宏观税负的影响，其最大的问题是完全无法反映国有企业冗余成本对经济税收负担水平的影响，即使完全计提100%的净利润，这一问题也仍然难以克服。那么是否可以转而采用营业收入等其他国有企业指标为基数进行讨论？

第三，采用营业收入计算宏观税负时实际上也存在着一些问题。首先，无论是垄断性国有企业或一般竞争性国有企业，在获得营业总收入时，同时提供了一定价值的市场产品，因此将所有的国企收入计入宏观税负显然是不合适的，因为即使由民营企业主体来提供这些产品时，也需要获得一定的收入规模和相应的企业成本。那么，可以采用的一个方法是，选择市场一般盈利水平作为标准，当国有企业超过或低于这一盈利水平对应的营业收入或利润时，可以认为形成了宏观税负。

一方面，一些垄断行业可能通过行政垄断等方式获得更优质及廉价的资源禀赋成本，同时垄断销售价格使得一些企业能够获取超额垄断利润，那么可以认定超过的这部分利润规模对整体经济而言带来了宏观税负；另一方面，一些竞争性行业企业在正常市场环境内形成了低于市场盈利水平的营业收入规模，那么这部分低于市场盈利水平的营业收入部分也可以看作是宏观税负水平，因为这意味着资本机会成本的形成。当然，采用这个方法也面临着较大挑战，这主要来自如何确定各行业的市场盈利水平，某些行业可能难以确定市场盈利水平，某些行业的一般盈利水平本身已经受到扭曲，同时一些行业由于附带公共品供给的角色，这决定了自身盈利水平更为低下等。不同行业的不同市场盈利水平的准确测算，决定了以国有企业营业收入衡量宏观税负的难度，这亟须未来研究的进一步讨论。

第四，如何更好地发挥国有资本经营预算的监督作用。一方面，尽管目前国有资本经营预算的范围和提取收益不断扩大，但仍有以中央金融国有企业为主的一些国有企业未纳入国有资本经营预算，而仅作为非税收入管理，没有明确的提取比例规定或者政策，因此如何将这类企业按照固定比例计提利润，逐步扩大国有资本经营预算对国有资本的监管范围，是未来国有资本经营预算监督管理改革的重点工作①。另一方面，目前国有资本经营预算表及其说明均仅体现了政府作为国有资本所有者身份，对国有资本收益再分配的行为，其基础主要是企业利润，而企业活动形成的收入和成本仍没有纳入国有资本经营预算的管理，这意味着对目前国有资本经营预算收入的审批或监管仍远远难以发挥实际的监督作用，因此逐步深化国有资本经营预算对国有资本的监管内容，是未来国有资本经营预算监督管理改革的主要方向。

综上，本文认为目前国内文献对宏观税负的讨论仍然过于简单，以四本预算收入之和或简单调整的方法很难完整地体现中国的宏观税负水平，其中的关键是国有资本经营预算。未来宏观税负的讨论需要更多的证据和更科学的测算方法，其计算不应忽略当前国有企业利润计提中的具体规定，也不应忽视其他未进入国有资本经营预算中的国有企业收入部分，同时宏观税负不应局限在国企利润指标，更应正视国有企业盈利水平对宏观税负计算的直接影响。

当然，由于市场盈利水平的获取难度，因此目前难以计算真正的宏观税负水平，因此很难认为当前四本预算之和的测算结果低估了整体宏观税负水平。不同行业的盈利水平是不同的，一些行业的发展或繁荣即使由民营经济去承担

---

① 笔者认为，尽管中央金融企业的所有者或实际所有者为财政部，但也可以仿照教育部等直属中央国有企业，纳入国有资本经营预算，规定明确的净利润提取比例，规范相应的税后利润提取办法。

或发展，可能面临着更低的盈利水平；同时，一些国有企业承担着国家战略性发展作用，这些行业本身就不适合民营经济的进入；最后，一些竞争性领域的国有企业不依赖行政垄断，而是通过提高企业管理水平和效率，从而获得超过市场一般盈利水平的利润。

参考文献

［1］杨斌．宏观税收负担总水平的现状分析及策略选择［J］．经济研究，1998（8）：47-54.
［2］安体富．关于宏观税率与税制结构问题的思考［J］．税务研究，1997（9）：6-12.
［3］安体富，岳树民．我国宏观税负水平的分析判断及其调整［J］．经济研究，1999（3）：41-47.
［4］李波．我国宏观税负水平的测度与评判［J］．税务研究，2007（12）：18-22.
［5］赵薇薇．从大、中、小口径分析我国宏观税负水平［J］．涉外税务，2009（11）：30-33.
［6］罗美娟，黄丽君．宏观税负与我国地下经济的关系研究［J］．财政研究，2014（1）：37-40.
［7］张念明，庞凤喜．稳定税负约束下我国现代税制体系的构建与完善［J］．税务研究，2015（1）：48-54.
［8］关予馨．我国宏观税负现状、成因与对策［J］．税务研究，2013（1）：92-94.
［9］王军平，刘起运．如何看待我国宏观税负——基于"非应税GDP"的科学评价［J］．财贸经济，2005（8）：34-97.
［10］董根泰．我国宏观税负国际比较：一种基于可比性的分析［J］．财贸经济，2014（4）：30-37.
［11］陈彦斌，陈惟．中国宏观税负的测算及启示［J］．财经问题研究，2017（9）：3-10.
［12］张斌．构建兼顾公平与效率的政府收入体系［J］．中国国情国力，2014（3）：14-16.
［13］张馨．论第三财政［J］．财政研究，2012（8）：2-6.
［14］张馨．双元财政论评述［J］．中国经济问题，1999（1）：6-12.

Reconsideration of China's Macro Tax Burden

—Based on the Perspective of State-owned Capital Operating Budget

Xi Penghui

Abstract: The current method of measuring China's macro tax burden is mainly measured by the sum of public budget revenue, government fund budget revenue, state-owned capital operating budget revenue, and social security fund budget revenue. This article first analyzes the actual composition of the state-owned capital operating budget, and finds that state-owned capital operating budget revenue is mainly composed of profit income of state-owned sole proprietorship enterprises, and dividend income from dividends held by state-owned companies and equity holders. According to the rules for the extraction of state-owned capital gains, this paper believes that the current measurement is difficult to measure China's macro-tax burden. This is mainly due to the fact that the use of certain rules to extract profits is a serious problem. On the one hand, extraction proceeds The proportion should not affect the state-owned economy's established influence on the national economy and the role of government functions. On the other hand, the profit-based approach cannot reflect the impact of redundant costs of state-owned enterprises on macro-tax burdens. The macro tax burden in China is far more than the sum of four budgetary revenues. At the same time, the reform of state-owned capital operating budgets should begin with expanding the scope of budget supervision and deepening the content of budget supervision.

Keywords: Macro Tax Burden, State-Owned Capital Operating Budget, Profit Extraction Ratio

企业负担与盈利能力：实体经济企业 VS 虚拟经济企业[*]

——基于上市公司的案例分析

庞凤喜 刘 畅[**]

摘 要：本文分别选取两家典型的实体经济企业与虚拟经济企业，就其负担状况、盈利能力及其形成逻辑展开多案例分析，提供了一个有关实体经济企业与虚拟经济企业问题研究的新视角。研究发现，较之轻量化资产配置的虚拟经济企业，实体经济企业需承担更重的总体负担；企业负担类型上，成本费用负担均占据各类经济体的最大份额，但结构布局不同，税收负担则呈现迥异的格局与重心，规费负担也有差异。而虚拟经济的运行特性，更使得该类企业展现出明显较强的盈利能力与竞争优势，从而有可能产生甚至放大对资本的"虹吸效应"。为进一步提升我国实体经济水平，政府需从成本、规费和税收三重维度探求为企业减负降压的施力点。

关键词：实体经济企业；虚拟经济企业；企业负担；盈利能力

一、引 言

当前，我国面临着极为复杂的国内外经济形势。国际上，全球经济继续在艰难复苏中前行，而国内经济虽整体向好，但形势仍然错综复杂。作为对经济整体运行情况的综合反映，财政收支规模呈现出显著的"剪刀差"倾向，财政赤字快速增长，财政收支形势日益严峻。

从微观视域来看，在经济低颓的大环境下，我国实体经济企业生存现状日渐艰难，以制造业为例，在"去产能、去库存及去杠杆"之后，作为实体经济代表的制造业，尽管 PMI 指数已于 2017 年 9 月达到自 2012 年 5 月以来的最高点 52.4，但综合国内的情况来看，除高铁、核电等高端装备制造业之外，

---

[*] 本文为国家社科基金重点项目：积极应对老龄化的公共财政、公共政策目标选择及实现机制研究（课题号：18AJY024）的阶段性成果。

[**] 庞凤喜，中南财经政法大学财政税务学院教授，博士生导师；刘畅，中南财经政法大学财政税务学院博士生。

其他实体经济企业利润增长仍然持续疲软，社会整体投资收益率持续下降。究其原因，除企业创新能力不足、缺乏核心竞争力外，既包括社会消费需求转型升级诱致低端实业部门产品过剩、销路不畅，也包括实体经济企业所涉各项成本及税费负担不断攀升，所引致的企业比较优势削减（庞凤喜、刘畅，2017）。为此，部分实体经济企业"跑路"海外现象也成为社会热议。而与之相对的是，随着市场经济体制日臻成熟，资本市场日渐繁荣，我国虚拟经济显示出蓬勃发展的势头。而特别值得注意的问题还在于，作为与实体经济相对应的一种经济活动模式，在虚拟经济中，资本无须经过"交换—生产—流通—交换"的物质生产流通循环，而是直接借助于金融平台，即可实现资本收益和增值（成思危，2009），且其简约的资本增值机制将诱使金融资源滞留于虚拟层面空转（文春晖、任国良，2015），并与其他因素交相叠加，从而将有可能共同促使我国虚拟经济进入高速发展的通道，由此引致并加剧虚拟经济对实体经济特别是传统制造业的挤出效应。

作为国民经济的重要支柱，实体经济，尤其是制造业，是国家兴旺的根基与源泉，既为经济腾飞提供源源不断的内在动能，也为各项产业的发展创造必要条件。相反，虚拟经济尽管对实体经济的发展具有重要推动作用，但其过度繁荣，不仅会挤占实体经济发展的大量要素资源，还会加剧实体经济波动，甚至引发虚拟经济泡沫破裂，最终演化为金融危机，并殃及实体经济企业。为此，习近平总书记在党的十九大报告中明确提出"建设现代化经济体系，必须把发展经济的着力点放在实体经济上"，美国新任总统特朗普甫一上任即强调"让制造业回归"，都是基于相同的考虑。

在我国有关虚拟经济与实体经济的互动关系研究中，学者从宏观视域对虚实经济体的联动与背离关系展开了一定程度的理论与实证探讨，如刘骏民和武超明（2004）、刘金全（2004）、王国忠和王群勇（2005）、许圣道和王千（2007）、胡晓（2015）等，而从企业微观视角剖析我国虚拟经济发展对实体经济的影响，应该说更加贴合企业的现实诉求。但遗憾的是，目前从这一视域考察虚拟经济与实体经济互致关系的研究成果仍较为鲜见，仅有文春晖等（2015）从上市公司终极控制权维度，罗来军等（2016）从银行融资视角探讨了两者的发展关系。

同时，在微观经济学的厂商理论中，生产者的行为目标是分析的出发点，而该目标通常被假定为利润最大化。由于成本费用负担构成削弱厂商利润的减项，相应地，企业负担构成扰动企业盈利与增长最为重要的因素之一，但学界对此问题的研究，大多以税收负担研究为主，而缺乏对其整体负担的把握及内置元素的解构，这在一定程度上影响了问题症结的把握及对策的针对性。为此，本文拟以四家典型的上市公司为模本，其中：包括实体经济企业和虚拟经济企业各两家，就不同类型企业间的企业负担与经营业绩展开剖析，以考察不同类型经济体差异化市场表现背后的企业负担形成逻辑与行为选择。

总体而言，本文有如下三个层面的贡献：第一，本文以阻碍或促进企业增长的支出流为逻辑起点，以企业涉及的各类负担为研究线索，打开企业负担的"黑箱"，较为全面清晰地勾勒出两类企业的负担图景，拓宽了现有的研究视野。第二，本文跳出企业负担研究侧重税收负担的传统研究视角，更为精细地区分企业负担类型、挖掘企业财务信息，借此探究不同类型负担对企业的干扰权重，是对舆论中有关"企业税负过重"判断的修正。第三，针对当前我国经济所面临的"脱实向虚"的现实及趋势，从企业负担视角进行了阐释，一定程度上弥合了该问题的研究缺口，是对既有研究成果的有效补充。

二、研究方法

本文选用多案例的研究设计，并采取横纵向对比的方法展开本文的问题探究，其基本考虑在于：其一，本文旨在探究不同类经济体业绩分化背后的负担布局，其中涉及同类经济体间的相互加强与跨类经济体间的参照比对，因而纵横向的多案例分析更为贴合研究需要；其二，多案例研究能更为客观全面地评判案例间的共性与差异，通过展示不同类型企业的负担内核，搜寻影响企业市场表现的一系列深层次证据，进而提供坚实有力的内外部效度基础；其三，与单案例研究相比，多案例研究能保证研究结果的信度，便于发掘具有普适性的企业负担结构及发展规律（Eisenhardt and Graebner，2007）。

（一）样本选择

本文选取制造业、水利水电业、证券业和银行业①各1家上市公司，并将前两者及后两者分别作为实体经济和虚拟经济的代表展开分析，案例企业的基本情况见表1。

表1　　　　　　　　案例企业背景描述（2016年）

企业名称	冀东水泥	凯迪生态	山西证券	浦发银行
企业属性	实体经济企业	实体经济企业	虚拟经济企业	虚拟经济企业
主要产品或业务	硅酸盐水泥、熟料及其他	主营生物发电，兼营风电、水电、林业资产开发	证券经纪、证券自营、证券资产管理、证券投资咨询、融资融券等	吸收公众存款、发放短中长期贷款、发行金融债券等

① 关于金融企业是否应纳入虚拟经济范畴，学界尚有不同看法。严格意义上讲，金融业中的衍生品交易业务更符合虚拟经济特征。本文为资料所限，直接将金融业视为并归入虚拟经济企业考虑。

续表

所处行业	制造业	水利水电业	金融业	金融业
员工人数（人）	14 536 人	6 152 人	2 218 人	52 832 人
总资产（亿元）	414.8	417.58	480.58	58 572.63
营业收入（亿元）	123.35	50	23.46	1 607.92

而之所以选取该4家企业作为典型案例，主要原因在于：首先，相较于非上市企业，上市公司能更好地贯彻会计准则及审计准则对财务报表的编制要求，因而其财报具有较高的规范性和可信度，且可比性和可获得性更为占优；其次，本文旨在探析不同经济体的负担类型及负担结构布局，而上市公司因其生产经营规模大、现金流量水平高，其所覆盖的负担类型更为全面，而获利能力强弱与上市与否关联较小，且信息的全面性、真实性更强，因而具有较强的指导价值；再次，为增强研究的科学性，在同类型经济体的企业选择上，本研究注重行业属性及业务类型的差异化安排，各挑选两家行业属性鲜明、类别界定清晰、资产规模相近的企业作为研究对象①，可规避业务范围的重叠，并有助于发掘不同类型企业的负担要素构成，强化同类型企业负担的相互映照及跨类经济体的对比效果；最后，4家上市企业保留了较为完整和丰富的财务数据及资料，对本文的研究形成了有力的信息支撑。

（二）资料收集

为客观对照及评估我国实体经济企业与虚拟经济企业负担现状及发展趋势，本文以上述四大上市企业2012～2016年经审计的年度财务报表实际信息为重要依托，同时，综合企业档案资料和其他社交媒体发布的相关信息，以增强信息的准确性。本研究着重关注企业利润、收入流、支出流的动态变化及不同的负担类型，并进行相应的聚类整合、量化评估与走势分析，进而为不同类型经济体的负担配置评估及其相应的改革对策提供现实依据。

文档数据的来源主要有：（1）公司官网；（2）巨潮资讯网、和讯网、中国证券报、证券时报等财经类网站；（3）国研网等财经类专业数据库。

---

① 银行业务具有特殊性，其资产负债结构与其他行业企业差异较大。鉴于本文的研究主体是企业负担，与企业资产结构相关性较弱，因而并不影响银行业企业作为代表性案例进行分析。

三、案例论述

本文首先对当前企业运营过程中所面临的各类负担进行阐述,借此形成案例分析基础。之后进行单案例分析,描绘并展现4家企业经营业绩及负担状况的全景图,探究负担与盈利的内在联系,继而通过跨案例研究,对比同类及跨类企业的负担内容及负担水平,并结合企业盈利状况统筹分析,以探求其中所蕴含的内在规律。

(一) 现行企业负担类型及主要内容

根据企业负担来源及性质,企业负担可大体分为政府税收负担、政府规费负担和企业成本费用负担三种类型。具体而言,一是政府税收负担,涵盖增值税、消费税、原营业税、企业所得税、房产税、契税、城镇土地使用税、车辆购置税、车船税、印花税、资源税、城市维护建设税及附加等诸税种;二是政府规费负担[①],包括企业在创立及正常运转过程中所发生的行政事业性收费和专项规费、政府性基金、社会保险费及其他规费;三是成本费用负担,该部分负担反映的是企业生产经营过程中发生的各类成本及费用支出,具体包括固定资产(无形资产)使用成本、资金成本、人工成本、物流与能源成本及其他交易费用等。

但是,本文尚未反映各企业在与政府部门互动及参与市场活动中的各项交易成本及隐性负担。而毋庸置疑的是,企业生命周期及经营活动中,政府部门监管环节、层次越多,交易成本、隐性负担越重。因此,尽管该部分负担难以测算,但可以估测的是,若将其全部囊括,则各企业负担将出现不同程度的攀升,且实体经济企业因其业务特性,其该项负担必然高于虚拟经济企业。本文在具体计算企业负担率时,以企业各项负担占当年营业收入总额中的比重为衡量标准[②](庞凤喜、刘畅,2017),具体公式为:

企业负担率=(企业实缴或承担的各项负担/该年度营业收入总额)×100%

(二) 单案例分析

1. 冀东水泥的负担及盈利情况分析。冀东水泥作为典型的实体经济企业,

[①] 受财务报表信息所限,本研究未能反映各企业全部规费负担,仅就社保费、土地使用权、罚没支出等可从会计报表中分离出来的行政事业性收费以及政府性基金予以统计。

[②] 本文所演算的"综合负担率"反映企业为维持生产经营运转所承担的必要负担,不包括"公允价值变动损益""营业外支出"等具有较弱可比性,且超脱于企业生产经营循环的负担类别。

其2012~2016年总体负担情况见表2。

表2　　　　2012~2016年冀东水泥各类负担及营业收入水平

负担类型	2012年	2013年	2014年	2015年	2016年
税收负担（亿元）	11.96	9.39	10.23	7.30	10.24
规费负担（亿元）	3.07	3.43	3.54	3.97	4.37
成本及费用负担（亿元）	111.56	117.08	123.81	94.06	93.53
负担合计（亿元）	126.59	129.90	137.58	105.33	108.14
营业总收入（亿元）	146.13	157.1	156.65	111.08	123.35
综合负担率（%）	86.63	82.69	87.83	94.82	87.67

表2显示，近年来该企业综合负担绝对额大体呈现下降趋势。具体而言，自2012年起其综合负担额从126.59亿元缓步升至2014年137.58亿元的高点后，于2015年出现负担骤降，并于2016年出现微幅翘尾，升至108.14亿元。同时，该企业综合负担相对水平维持在82.69%~94.82%区间浮动，其中，以2015年的94.82%为最高水平。造成2015年综合负担额与营业总收入"双降"而综合负担率"反升"的具体原因，更多与营业收入下降而成本费用等负担难以同步降低有关。数据显示，该年度企业总营业收入环比下降29.09%，而总体负担仅降低了23.44个百分点。

而该企业各类型负担相对水平见图1。图1显示，该企业成本费用类负担在各年度中均占据最大权重，处于74.52%~84.68%水平高位运行；且与另两类负担水平差距较大；各年度税收负担则均处于10%以下水平；而政府规费负担占比最小，在2.1%~3.57%区间震荡。

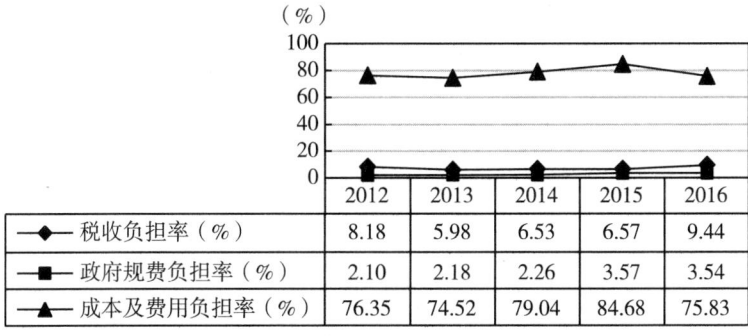

图1　2012~2016年冀东水泥各类负担相对水平

进一步分析该企业各类负担的内部结构可以发现，其负担格局的形成，与制造业企业在正常生产经营活动中，厂房、设备等固定资产使用成本及无形资产摊销成本等固定成本较高密切相关。以 2016 年为例，该年度企业所负担的固定资产折旧及无形资产摊销成本即高达 46.21 亿元，占年总体负担的 36.67%。而企业人工成本、运输及能源成本等项目亦较为沉重。

从其内部税负布局而言，该企业的税负结构以流转税为主。根据 2016 年该企业最新财务报表显示，在税收缴付总额 10.24 亿元中，增值税为 7.84 亿元，以 76.56% 的占比居于各项税负之首。居于次位的所得税以 2.225 亿元①的体量，不到增值税的 30%。此种税负格局表明，在该企业的税负布局中，增值税为税负水平高下的主导因素，而相较于其他税种而言，所得税负担亦较为沉重。

从企业规费负担维度看，受地价因素影响，土地成本近五年出现趋势性上涨，自 2012 年起由 5 937.88 万元升至 2016 年的 19 296.28 亿元，其中，2016 年涨幅最大。同时，社保费负担呈现总体上涨势头，自 2012 年的 20 544.4 万元一路升至 2015 年的 27 607.57 万元后，在 2016 年出现小幅回落。社保负担率也呈现相同的趋势，即由 2012 年的 1.41% 升至 2015 年的 2.49%，并于 2016 年回落至 1.92% 的水平，见图 2。

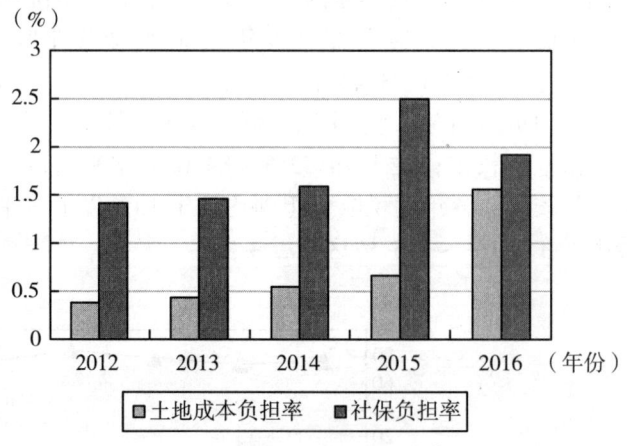

图 2　2012～2016 年冀东水泥土地及社保负担趋势

---

① 本文中作为例证的冀东水泥出现了无盈利但需缴纳企业所得税的情况，其具体原因在于：一是与我国税收征管实践中，企业所得税所采取的"年初预缴，年终汇算清缴"的征收方式有关；二是由于会计准则和税收制度存在差异，在计算企业所得税时，需要对"会计利润"中不符合税法扣除及确认标准的项目进行先行调整。

就企业盈利水平而言，2012~2016年该企业经营状况较为低迷。表3显示，受经济形势和产业政策影响，2012~2016年中该企业均出现营业利润绝对额为负的情形，特别是2015年亏损状况尤为明显，亏损额高达19.88亿元，表现出该企业较弱的盈利能力。

表3　　　　　　　　　　2012~2016年冀东水泥盈利状况

项　　目	2012年	2013年	2014年	2015年	2016年
营业利润（亿元）	-1.53	-0.28	-8.39	-19.88	-4.37
营业利润率（%）	-1.05	-0.18	-5.36	-17.9	-3.54

2. 凯迪生态的负担及盈利现状分析。凯迪生态作为实体经济企业的另一典型代表，其2012~2016年负担状况如表4所示。

表4　　　　　　2012~2016年凯迪生态各类负担及营业收入水平　　　　单位：亿元

负担类型	2012年	2013年	2014年	2015年	2016年
税收负担	2.43	2.32	1.94	2.75	3.28
规费负担	1.24	1.16	1.23	1.97	2.02
成本及费用负担	15.76	17.11	31.91	24.59	33.25
负担合计	19.43	20.59	35.08	29.31	38.55
营业总收入	26.39	22.09	28.49	34.96	50
综合负担率（%）	73.63	93.21	123.13	83.84	77.1

综观该企业的总体负担，除2015年外，其负担绝对量呈总体上升态势，由2012年的19.43亿元升至2016年的38.55亿元，并分别于2014年和2016年出现两次负担跃升。而2015年的负担下降则主要是由该年度成本费用负担大幅减低造成。与此相反的是，综合负担率在2014年达到峰值123.13%，系该企业总营业收入保持稳健的背景下，其成本费用类负担激增所致。

从企业具体负担配置（见图3）来看，成本费用类负担占比在各年度内均居于首位，但在不同年份占比差异较大，其中，以2014年的112.01%为最高，其他年度介于59.72%~77.46%。尽管各年度税收负担率较之政府规费负担率略高，但两者差距不显著，且两者在总营业收入中的占比均在微幅震荡中略有调减。

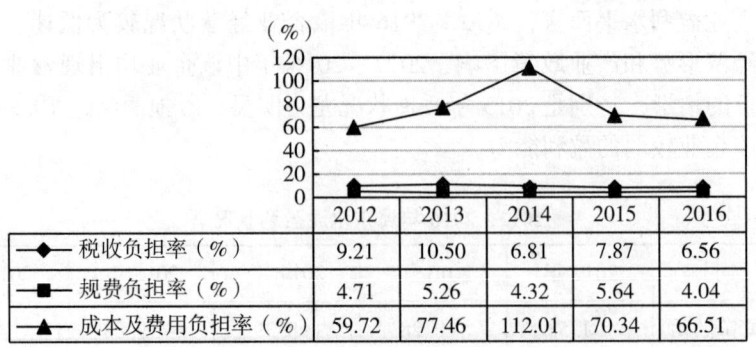

图3 2012~2016年凯迪生态各类负担相对水平

具体而言，从企业税收负担维度看，该企业的税负构成同样以流转税为主，据2016年企业财务报表所示，增值税以约1.65亿元的绝对量占据税负总额的"半壁江山"，企业所得税以0.78亿元位列其后，其负担主体结构与冀东水泥如出一辙。

再从企业规费负担来看，土地成本2012~2016年逐年递增；而社保负担绝对水平在1亿元附近大体维持稳态，并经2015年冲高至1.4亿元后出现小幅回落（见表5），其相对水平处在2.47%~4.16%之间浮动。

表5　　　　　2012~2016年凯迪生态土地及社保负担绝对水平　　　单位：亿元

负担类型	2012年	2013年	2014年	2015年	2016年
社保费	1.02	0.92	0.94	1.4	1.23
土地使用成本	0.2	0.22	0.26	0.48	0.69

而该企业2012~2016年营业利润较为低平，如表6所示，除2014年营业利润率达到5.27%以外，其他年份该企业利润率水平均在3%附近浮动。

表6　　　　　2012~2016年凯迪生态企业盈利情况　　　单位：亿元

项目	2012年	2013年	2014年	2015年	2016年
营业利润	0.85	0.53	1.5	0.99	1.2
营业利润率（%）	3.22	2.38	5.27	2.83	2.4

3. 山西证券的负担及盈利情况分析。山西证券作为典型的虚拟经济企业，其2012~2016年总体负担情况见表7。

表7　　　　2012～2016年山西证券各类负担及营业收入水平　　　单位：亿元

负担类型	2012年	2013年	2014年	2015年	2016年
税收负担	0.88	1.66	2.15	7.18	4.05
规费负担	0.57	0.58	0.7	0.87	1.23
成本及费用负担	8.63	9.79	11.67	18.42	16.47
负担合计	10.08	12.02	14.52	26.47	21.75
营业总收入	10.48	13.21	19.59	38.39	23.46
综合负担率（%）	96.18	90.99	74.12	68.95	92.71

总体而言，该企业的综合负担从绝对额来看大体呈现上升趋势，特别是2015年大幅冲高至26.47亿元后，2016年稍显回落。而与之相对的是，综合负担率水平以2015年为底，并以2016年为次高点。而2015年该证券公司负担激增，主要源于该年度股票市场的"牛市"行情为企业注入了丰厚利润，进而引致与利润相联动的税收负担攀升。而2016年尽管营业收入大幅收窄，但囿于存在负担黏性，致使成本费用类负担降幅甚微，继而大幅拉高了该年度综合负担率水平。

同时，该企业三类负担相对量处于不同的区间水平。其中，成本及费用负担在各年度内处于47.97%～82.31%，高于其他两类负担，并以2015年为最低点，呈现V字走势；政府规费负担占比最小，且同样以2015年为最低点，其负担率走势与成本费用负担相近；各年税收负担在8.4%～18.7%区间震荡，2015年达到18.7%的峰值之后，于转年降至17.26%的次高位置，见图4。

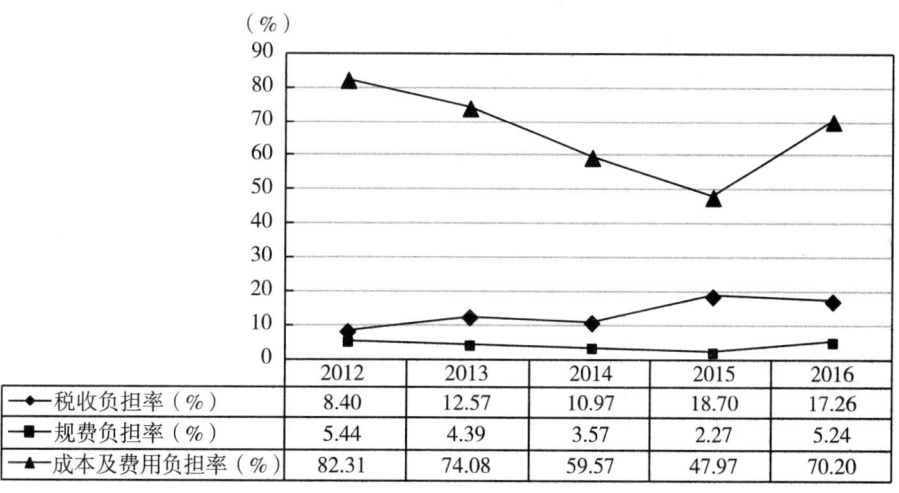

图4　2012～2016年山西证券各类负担相对水平

进一步探讨各类负担内部结构发现，在成本费用类负担中，各年度人工成本均约占据50%的份额（见图5），是该企业成本负担的重要组成部分，远高于固定资产及无形资产使用成本负担占比。此负担格局表明，该企业的投资运营不依附于厂房、设备等固定资产投资及土地等无形资产使用，与实体经济企业相比，形成以轻量化资产配置为突出表征，尤以人力资本配置为企业运营的重要依托，具有鲜明的虚拟经济体特征。此外，证券公司的行业特征还表现为，员工报酬与企业业绩紧密挂钩，也意味着企业利润丰厚时，企业需承担相对更重的人工成本。

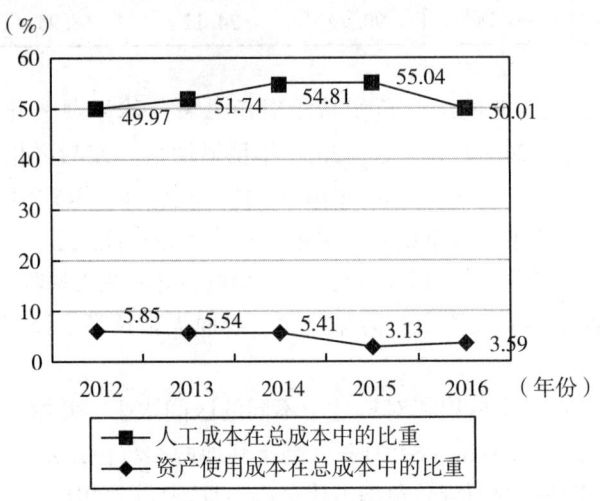

图5　2012~2016年山西证券人工成本及资产使用成本负担情况

此外，与实体经济企业的税负结构不同，该企业增值税和企业所得税体量势均力敌，以2016年为例，两税种以1.63亿元和1.8亿元的绝对额，分别占企业税负总额的39.95%和44%，且企业所得税稍显占优，也构成与实体经济企业在税负配置上的最大区别。

从盈利水平而言，2012~2016年该企业的营业利润率横跨17.65%~52.02%区间，呈现出较大的波动态势，特别是2015年的"牛市"行情，助力企业营业利润率迅速飙升至52.02%，展现出其较强的获利能力，见表8。

表8　　　　2012~2016年山西证券企业盈利情况　　　　单位：亿元

项　　目	2012年	2013年	2014年	2015年	2016年
营业利润	1.85	3.43	7.93	19.97	6.99
营业利润率（%）	17.65	25.97	40.47	52.02	29.8

4. 浦发银行的负担及盈利情况分析。作为虚拟经济的代表,浦发银行在2012~2016年的总体负担及盈利情况见表9。

表9　　　　　2012~2016年浦发银行各类负担及营业收入水平　　　单位:亿元

负担类型	2012年	2013年	2014年	2015年	2016年
税收负担	164.72	199.24	247.79	276.04	322.98
规费负担	13.97	18.36	21.48	24.57	26.23
成本及费用负担	385.33	464.92	614.30	804.83	911.32
负担合计	564.02	682.52	883.57	1 105.44	1 260.53
营业总收入	829.52	1 000.15	1 231.81	1 465.5	1 607.92
综合负担率(%)	67.99	68.24	71.73	75.43	78.4

表9显示,该企业总体负担绝对量与相对量水平呈现逐年渐次上升势头。特别是总负担绝对额,从2012年的564.02亿元起以20%的增速爬坡,并于2016年达到最高点1 260.53亿元。其中,尽管各类负担绝对量中成本及费用负担依旧"独占鳌头",但税收负担也仍占据一定规模。从企业负担相对水平而言,该企业成本费用负担在各年度中占据46.45%~56.68%的水平;税收负担紧随其后,稳定在20%的水平;政府规费负担占比最小,稳定在1.63%~1.84%的区间,见图6。

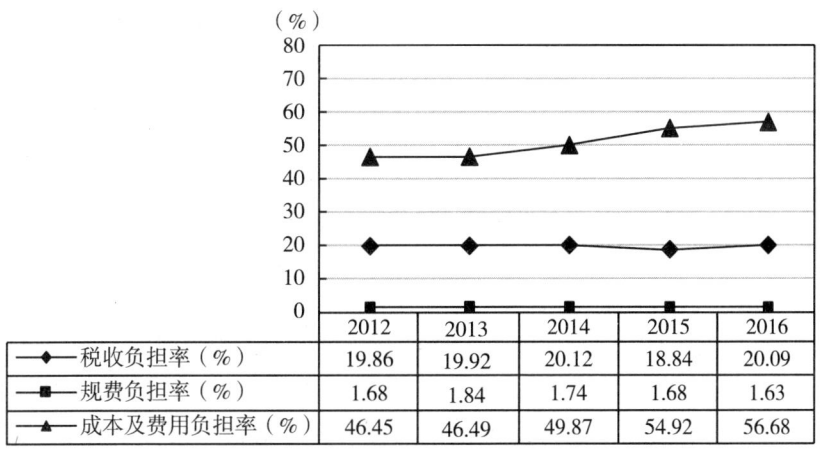

图6　2012~2016年浦发银行各类负担相对水平

而以上负担布局可从企业各类负担内部结构加以诠释。具体来看,与证券公司类似,企业人工成本在总成本中占比较大,而资产使用成本相对较小;在税收负担中，所得税与流转税的"双主体"地位较为鲜明，特别是2016年5月1日金融业全面"营改增"后，2016年增值税在总体税收负担中以115.57亿元达到35.78%的占比，所得税则以162.97亿元占据50.46%比重，其税负格局同样与典型实体经济企业形成鲜明对比，见表10。

表10　　　　　　　　2012~2016年浦发银行企业盈利情况

项　　目	2012年	2013年	2014年	2015年	2016年
营业利润（亿元）	444.19	535.23	617.51	660.67	696.6
营业利润率（%）	53.55	53.51	50.13	45.08	43.32

从盈利水平来看，表10显示，2012~2016年该企业的营业利润额逐年攀升，由444.19亿元稳步升至696.6亿元，与营业总收入上升走势趋同。同时，虽营业利润率在43.32%~53.55%之间缓步下滑，但仍展现出该企业较为丰沛的利润水平及较强的"吸金"能力。

（三）跨案例分析

通过单案例分析，可以发现，无论是实体经济企业还是虚拟经济企业，均涉及税收、政府规费及成本费用三类负担。但企业属性、规模大小及业务范畴等差别，显然也是构成企业负担结构差异化的重要影响因素。同时，在各类负担中，不同负担的内部结构及动态组合又形成企业总体负担及利润水平的核心影响因素。为此，有必要进一步探究两类企业负担元素的排列组合及其形成规律，挖掘同类及跨类企业负担的共性与差异，以便精准发力，优化不同类型企业间的负担配置，排解弱势企业的负担困局。

1. 企业各类负担间对比分析。总体而言，两类企业无论是从总体负担水平，还是从企业各类内置负担的相对配比来看，都呈现出较为显著的属间差异。具体来看，从四企业（见图7）综合负担水平维度，浦发银行处于负担总额之首，并呈现逐年上升态势，且自2015年起突破1 000亿元大关，但该企业因规模体量巨大，从绝对额比较维度，与其他3家企业不太具有可比性。而对比资产规模相近的另3家企业可以发现，2012~2016年，处于制造业的冀东水泥综合负担最重，年综合负担绝对额均居于100亿元之上，远高于处于水利水电行业的凯迪生态和虚拟经济体的山西证券。而凯迪生态同样明显高于山西证券，且两者呈现负担差距"扩大—缩小—扩大"的轨迹。

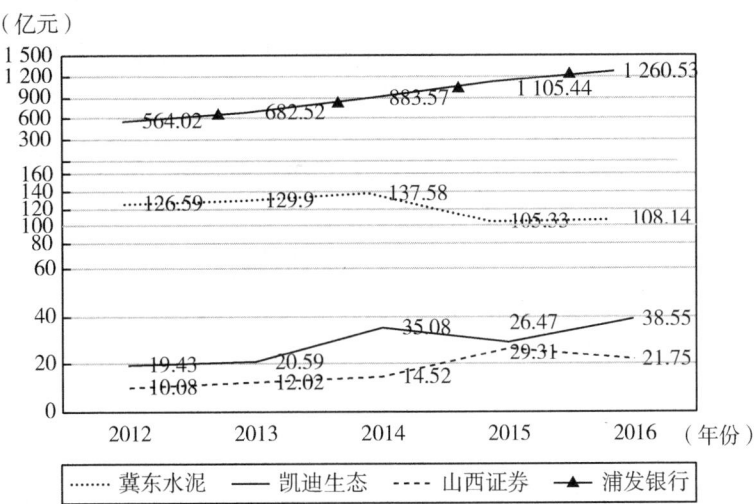

图7 2012~2016年4家企业总体负担绝对水平

同时,从图8清晰可见的是,在两类企业历年的负担结构中,成本费用负担均占据最大比重,尤以实体经济企业为甚,其中冀东水泥占比为88.52%~91.95%,凯迪生态占比为81.09%~92.73%,使该项负担成为实体经济企业综合负担的绝对主导。而该负担比重在虚拟经济企业中略低,如山西证券处于69.57%~85.58%的水平,浦发银行则相对更低,位于68.32%~72.81%区

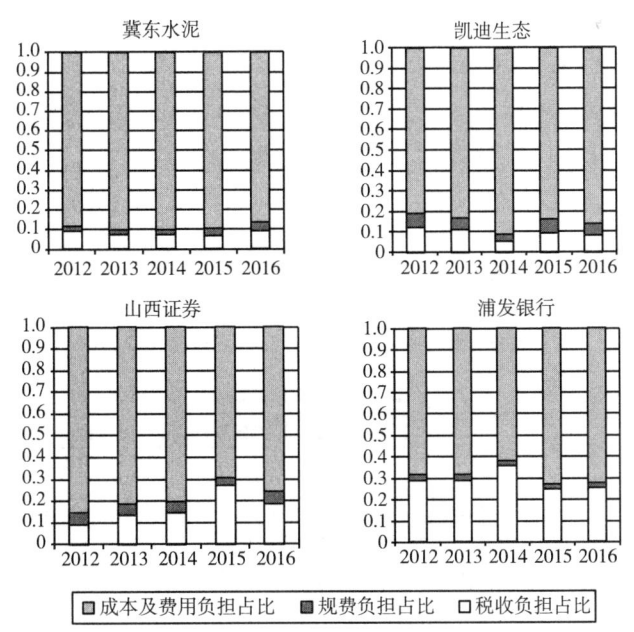

图8 2012~2016年4家企业各类负担分布

间浮动。其次,在各类企业负担分布中,虚拟经济体较之实体经济企业而言,税收负担占比略大。具体来看,浦发银行以 24.97% ~ 40.34% 占比居首,其后是山西证券 8.71% ~ 27.14%,位列后两位的是处于实体经济的凯迪生态(5.53% ~ 12.51%)和冀东水泥(6.93% ~ 9.47%)。但两类企业税收负担的明显不同在于,实体经济企业流转税负担较重,而虚拟经济企业所得税负担更重。再次,就政府规费负担所占比重来看,除部分年份,在凯迪生态和山西证券中出现小幅跃升外,该类负担占比相对较为稳定。

2. 企业内部负担结构对比分析。对企业来说,企业负担轻重与否,取决于基于企业自身支出流与收入流权衡后的负担感知。相对于较为明晰的收入流,对外界而言,企业负担是一个神秘的"黑箱"。究竟是哪种或哪几种核心要素决定着企业负担的走向,并激发企业的负担"痛感",需要打开企业负担内核深入探索。

(1)企业税收负担内部结构剖析。虚实经济体间在税负配置结构方面呈现出鲜明的特征与规律。图 9 列示了 2016 年 4 家企业主要税种在整体税负中的比重,从中不难看出,在两类企业中,增值税与所得税均是构成其税收负担的主体部分。其中,增值税在各企业税收中占比较大,均超过 25%,但制造业企业冀东水泥以 67.29% 尤为突出,由此引致具有联动关系的城建税及教育费附加占据一定的负担份额。

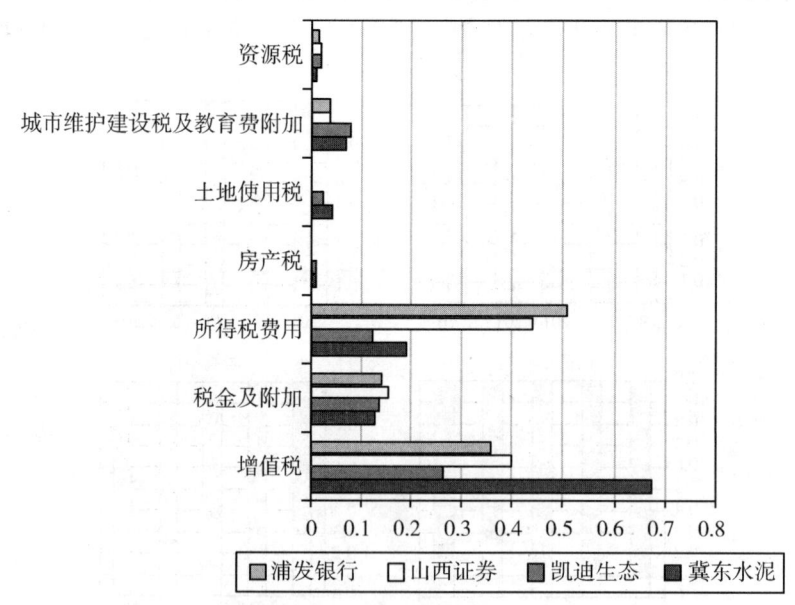

图 9 4 家企业各税种税负比重

具体从增值税来看,在实体经济企业,特别是传统制造业企业中其占比之所以较高，基本原因：一是流转税与营业收入相关而与是否获得利润无关的特性；二是现行增值税尚存在税率档次较多而优惠较宽、小规模纳税人占比过高等问题。以税率为例，在企业生产经营环节，身为一般纳税人的制造业企业因销售产品而需承担17%税率的销项税额，在原料、设备或服务购进时，因其所购进的产品或服务类别不同，以及进货渠道、进货区域不同，进项税额极有可能出现高征低扣的情况，在税率"顺差"干扰增值税顺利转嫁的同时，企业受经营形势所迫，又难以通过价格机制推动税负向下游位移，从而引致实体经济企业增值税负担加重。

而与此相反，虚拟经济企业，特别是金融企业，尽管也存在流转税整体税负不轻的问题，但现行增值税下，在提供金融服务时适用6%的增值税率，而其购进项目存在6%、11%、13%或17%等多档税率，形成税率"逆差"，即低征高扣，相对于实体经济企业而言，其增值税负担更轻。

在企业税收负担中，排序居于次位的是所得税负担，但该项负担在两类企业中呈现较为明显的分化，具体表现为，虚拟经济企业较之实体经济企业的所得税负担更重。据图9显示，虚拟经济企业负担均超过40%，是实体企业的两倍之多。造成该项差别的因素中，起决定性作用的是两类企业的盈利能力差异，具体而言，在流转税负担占比相近的企业间，企业贡献的所得税体量大小是利润水平的客观映照，盈利能力强的企业利润更为丰厚，由此承担的所得税负担更重，继而形成企业间税负落差。此外，除两大实体经济企业因生产经营使用土地及厂房，致使其在土地使用税和房产税负担有较小的负担比例外，其他税种均占比甚微。

（2）企业规费类负担内部结构剖析。总体而言，在企业规费负担中，实体经济企业的土地使用成本更重，而社保负担近三年在多数企业中也呈上升趋势。具体而言，由于两类经济体经营形式的差别，导致企业间土地使用成本负担差异较大。与虚拟经济不同，实体经济企业为满足生产经营需要，需自行购置土地及厂房，致使其成本负担偏重。以2016年为例，仅土地使用权一项，作为实体经济企业的冀东水泥和凯迪生态分别以5 822.5万元和1 970.95万元的当期摊销额，形成1.564%和1.374%的负担率水平，而虚拟经济企业浦发银行和山西证券则以1 200万元和3.45万元的摊销额，仅占据总营业收入的0.001%和0.007%。在实体经济企业土地成本高企的同时，高额负担无疑将占压大量企业资金，干扰企业资金流动性。

再从企业社保负担来看，由于企业总体社保负担为企业职工个体负担的累计结果，因此，使用人均社保负担指标进行分析，能更为客观地映射社保负担与企业员工个体的对应关系，也能在一定程度上反映企业人员的工资状况、福利水平与负担情况。图10显示，2012～2016年4家企业人均社保负担水平呈现一定程度的分化，以冀东水泥为例，其人均社保负担处在最下游水平

(1.14万~1.68万元),近年仅微幅上升。与之相对的是,浦发银行在3.9万~5.07万元的上游区间缓步上涨,近两年在5万元附近趋于平稳,彰显出企业员工相对较高的福利水平,也表明该类企业承担了与实体经济企业完全不同的较为高昂的人工成本。

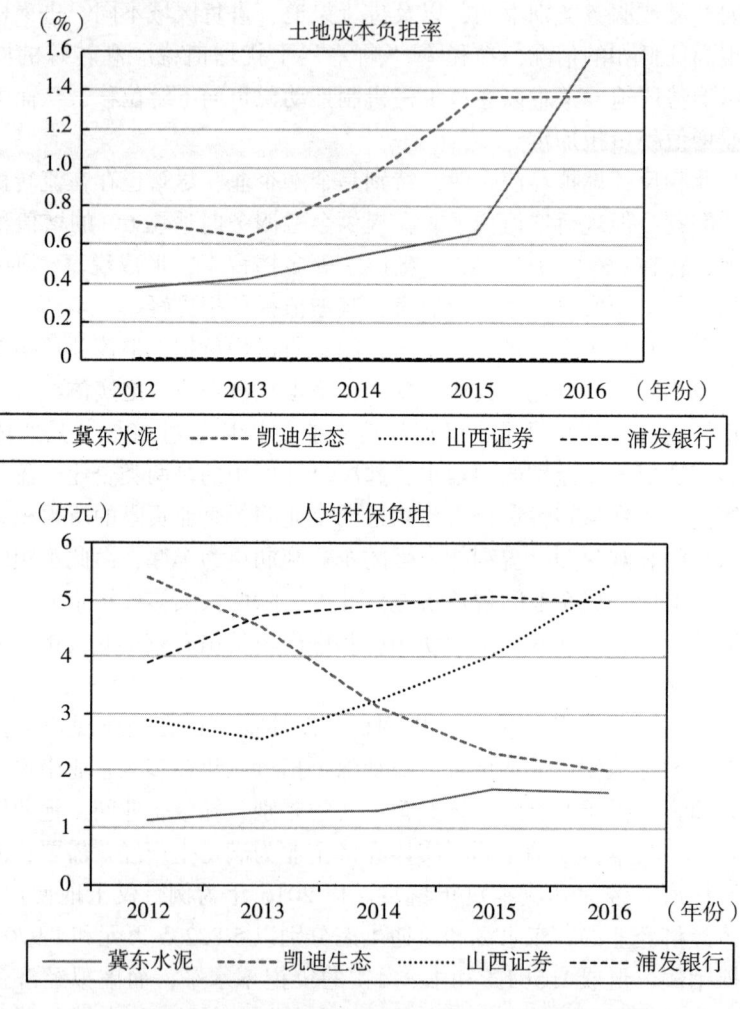

图10 2012~2016年4家企业土地及人均社保负担状况

而凯迪生态与山西证券呈现出X形的变动路径,且变动幅度较为明显。具体来看,凯迪生态从2012年的人均4.9万元一路走低,跌至2016年的2万元/人。造成该运动轨迹的主要诱因是2014年该企业发生了重大重组,致使人员结构发生重大变动,引致一线工人数量激增,直接造成与员工工资紧密勾稽的社保负担发生变动,拉低人均社保负担额。而山西证券该项负担的趋势性上涨主要源于企业业绩的重要推动,传导至员工工资层面,继而在社保负担水平上得到体现。

(3) 企业成本及费用类负担内部解构。总体来看，成本及费用类负担中，土地使用成本与人工成本在虚实经济体间呈反向配置格局，即资产使用成本在实体经济企业中占比更高，而人工成本在虚拟经济体享有更大比重。其中，"资产使用成本"项目负担主要描绘了各企业当年固定资产及无形资产的折旧与摊销成本，图11较好地展现了虚实经济体该项负担在企业成本费用负担中的地位差异。

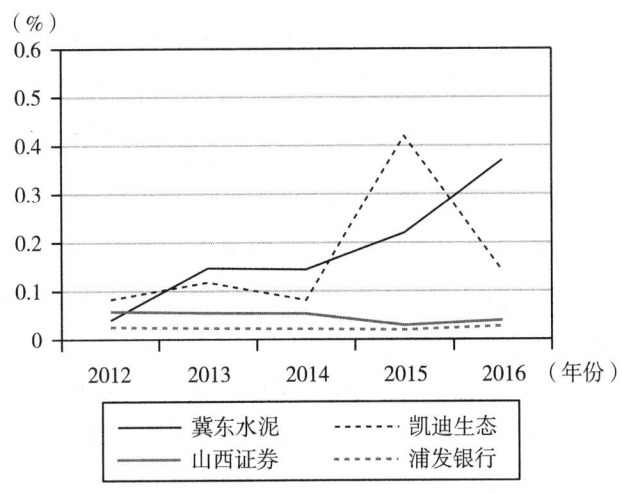

图11　2012~2016年4家企业资产使用成本所占比重

从图11可以看出，除2012年冀东水泥较山西证券比重略低外，其他年份两家实体经济企业该项负担占比均高于虚拟经济企业。其中，冀东水泥自2012年起，负担占比一路走高，2016年达到37.27%的最高点；凯迪生态在2015年升至42%的顶峰后，出现一定程度的回调。但两家虚拟经济企业在2012~2016年中波动较小，均在2.5%~6%之间波动。

与资产使用成本相反，主要包括职工工资、奖金、津贴和补贴、"五险一金"、职工福利费、辞退福利、非货币性福利、劳务费以及其他薪酬的人工成本，2012~2016年4家企业在虚拟经济体中的占比均远居实体企业之上，特别是山西证券，其成本费用类负担的1/2被人工成本覆盖，而传统制造业行业的冀东水泥该类负担占比最小，仅为7%~10%，见图12。

值得注意的是，券商行业作为金融行业的"赚钱机器"，在2015年"牛市"期间人均年薪达到令人艳羡的77万元，尽管在2016年回落至人均53万元，但仍远高于金融业11.74万元的平均收入水平，更是将5.95万元的制造业平均工资水平远远甩在身后。

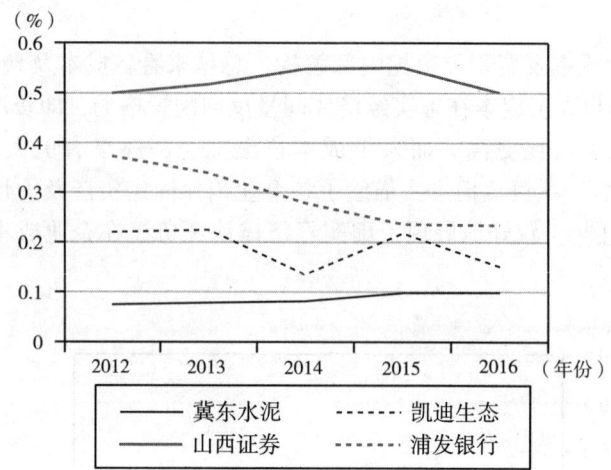

图 12　2012~2014 年 4 家企业人工成本所占比重

而运输、环保与安全成本在虚实经济体间同样存在显著差异。图 13 对比了规模相近的三企业运输、环保与安全支出情况①。可以看出，制造业企业冀东水泥以 0.953522 亿~2.768349 亿元的体量大幅超越另两家企业，居负担之首，且呈现绝对额逐年大幅增加态势；水利水电行业的凯迪生态次之，而虚拟经济体山西证券负担最轻，其 2016 年仅为冀东水泥绝对额的 2.6%。

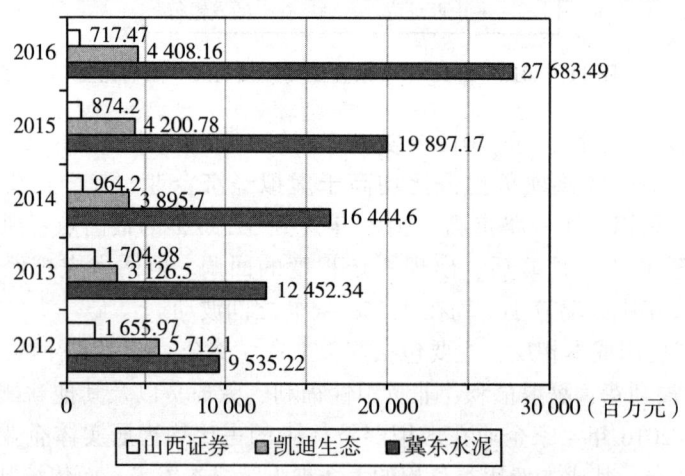

图 13　2012~2016 年 3 家企业运输、环保与安全成本

3. 企业总成本及盈利水平对比分析。企业盈利水平既是对其自身盈利能力的客观反映，也是对企业收入流与支出流中主导力量的生动诠释。其基本规

---

① 鉴于浦发银行各年财报尚未明确列示该项目支出，故本文仅就前 3 家企业该项支出状况进行比较分析。

则是，总成本负担率和营业利润率为显著而直接的此消彼长负相关关系，即总营业收入一定的情况下，总成本负担率越高，其该年度营业利润率越低，反之则反是，见图14。

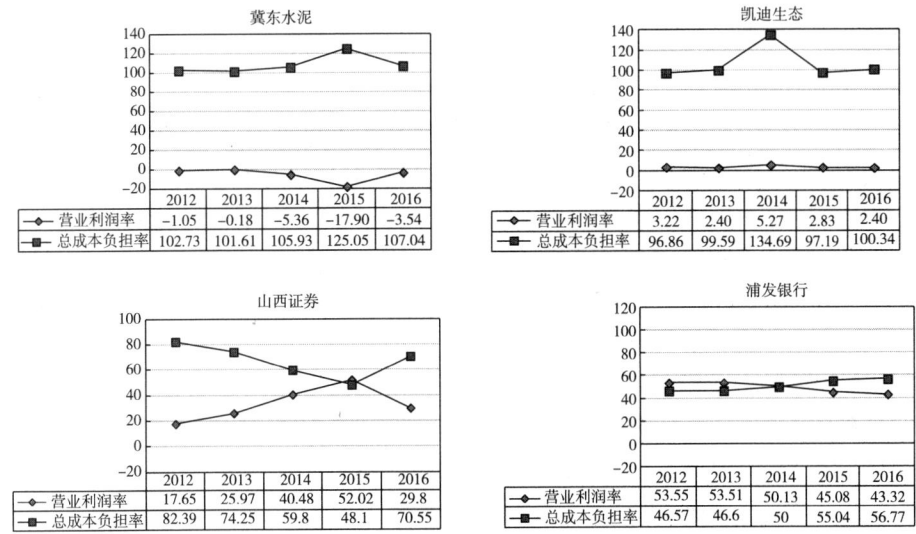

图14 2012~2016年4家企业总成本负担率及营业利润率走势

分企业类型来看，虚实经济体间"两线"走势存在鲜明的特征分化。从实体经济企业来看，两企业均呈现"两线"分立无交叉的走势形态，且历年两企业总成本负担率均在95%之上，在营业收入不甚丰厚的基础上，极大地压低了企业的利润水平，使得企业利润终年见底。具体来看，冀东水泥连续五年出现营业亏损，特别是2015年，总成本的飙升严重制约了企业的盈利能力，使营业利润率达到-17.9%，而其他三年企业营业利润率均处于-0.18%~5.36%区间浮动。

凯迪生态营业利润率与总成本负担率差异同样显著，尽管盈利水平较之冀东水泥略高，但由于该企业成本负担过重，使得营业利润率仍停留在2.4%~5.27%之间筑底运行。特别是2014年，营业外支出和财务费用的显著抬升，致使企业总成本大幅攀升，并达到134.69%的峰值水平。与此同时，鉴于该年度企业营业利润出现一定程度攀升，使得营业利润率出现逆势上扬，达到5.27%，其后两年出现小幅回落。

从虚拟经济企业来看，两企业均在50%水平附近形成两线交叠，且五年间两企业利润水平较之实体经济企业更为丰裕，总成本负担则相对更低。具体来看，山西证券两指标各年变动幅度较大，成本和利润分别形成"V"字和倒"V"字的两相背离轨迹。其具体路径为，2012~2015年"两率"渐次趋近，直至2016年"两线"反向变动。而浦发银行两指标形成"X"形变动轨迹，

2012~2016年中该企业总成本负担水平与营业利润水平较为接近,均处于45.08%~55.04%区间运行,2014年前营业利润水平略高于成本负担水平,自2014年后出现形势反转,两者差距稍有扩大。

而以金融服务业为代表的虚拟经济企业,之所以表现出超过社会平均水平的利润率,主要原因在于,金融业在资本回报率和资产所有者权益报酬率均较高的同时,其可变资本周转速度相对而言更为迅速。而在其他条件相同的情况下,可变资本周转速度越快,其一年内所带来的剩余价值量就越多,从而年剩余价值率也越高。例如,在实行T+1制度的我国,每月有22个交易日,假定某金融机构每次均动用其固收业务部门的全部资金,以执行1天期国债逆回购操作进行试算,则该部门全年资金大体可周转264(即22×12)次。显然,在历次投资回报率相同的情况下,资本周转次数愈多,利润体量愈庞大,利润规模亦因此迅速膨胀。反观实体经济企业,即便运用现代化技术实行零库存管理的准时制生产(Just in Time),企业资本周转次数也由于实体采购、制造、流通和销售业务的自然限制,而远低于虚拟经济的水平。况且,实体经济企业相对较低的资本回报率,即便以乘积形式进行利润计算,企业利润率也必然远低于相同规模金融业。

四、结论与启示

通过对以上虚实经济体之间及其内部负担结构的分析,可以得出如下基本结论:第一,在经济体量相近的虚实经济体之间,实体经济企业需承担更重的总体负担,换言之,虚拟经济体的综合负担率相对较轻,因而易造成两类经济体在资本吸引力方面的差异。第二,从企业负担的主要构成来看,成本费用负担在各类经济体中均占据最大比重,是引起企业负担"痛感"的首要诱致因素,但两类企业的成本费用结构及其物质形态构成存在显著差异。具体而言,实体企业具象化、物质形态化的资本品引致沉重的实体化运营成本,而虚拟经济企业的资本品则仍然保持着货币形态,形成抽象化的轻量运营成本。第三,从两类企业税负结构而言,则呈现出实体经济企业偏重流转税负担,而虚拟经济企业则为流转税与所得税并重的"双主体"格局,但囿于偏重收入的以流转税为主体税种的税制结构,及现行增值税多档税率并存、抵扣机制不完善、基本税率较高等缺陷,直接诱致我国实体经济企业,特别是制造业企业承担着相对更为繁重的增值税负担。而虚拟经济企业的所得税负担同样不轻,尽管在一定程度上彰显出对量能负担原则的贯彻深度,但对于促进企业稳健发展仍有可能形成阻滞效应。

为此,破解企业间负担状况失衡难题,需从以下三个维度着眼:从成本费用维度,应加快降低实体企业能源与物流成本步伐,合理降低企业人工成本;完善土地供应制度,降低企业用地成本。在税收负担方面,需进一步加快增值税规范步伐,适当降低企业所得税税率水平,并在企业纳税主体与自然人纳税主体之间进行"有增有减"的税负调配,将税负施力重心向自然人偏移。从政府规费负担视域,应着力降低土地使用成本,进一步完善社会保障制度,降低制度性交易成本,以适应企业永续发展的现实需求,减少企业发展中的不确定因素。

参考文献

[1] 成思危. 虚拟经济的基本理论及研究方法 [J]. 管理评论, 2009 (1).

[2] 冯永春, 崔连广, 张海军, 刘洋, 许晖. 制造商如何开发有效的客户解决方案? [J]. 管理世界, 2016 (10).

[3] 李增福. 税率调整、税收优惠与新企业所得税法的有效性——来自中国上市公司的经验证据 [J]. 经济学家, 2010 (3).

[4] 刘骏民, 伍超明. 虚拟经济与实体经济关系模型——对我国当前股市与实体经济关系的一种解释 [J]. 经济研究, 2004 (4).

[5] 庞凤喜, 刘畅. 关于企业微观税负的衡量问题探讨 [J]. 税务研究, 2017 (6).

[6] 庞凤喜, 刘畅, 米冰. 减税与减负:企业负担的类型与成因 [J]. 税务研究, 2016 (12).

[7] Birnbaum J. H., 1987, "Showdown at Gucci Gulch", National Tax Journal, Vol. 40, pp. 357 – 361.

[8] Holland K., 1998, "Accounting Policy Choice: The Relationship between Corporate Tax Burden and Company Size", Journal of Business Finance and Accounting, Vol. 25, pp. 265 – 288.

[9] Zimmerman J. L., 1983, Taxes and Firm Size, Journal of Accounting and Economics, Vol. 5, pp. 119 – 149.

Enterprise Burden and Profitability: Real Economy Versus Virtual Economy

—Case Study Based on Listed Companies

Pang Fengxi　Liu Chang

Abstract: On the basis of a multi-case study contained two typical real economy enterprises and two virtual economy businesses, this paper summarizes their burden, profitability and the formation mechanism, which provides a new perspective to research about the real economy and the virtual economy businesses. The study find that, compared with the lightweight asset allocated of virtual economy, the real economy enterprises should bear heavier overall burden; the costs and expenses account for the largest share of all economies on the type side, whereas differ in structure layout; the tax burden and fees burden also show different patterns. Furthermore, the operating characteristics shape the strong profitability and competitive advantage of the virtual economy, which may produce or even enlarge the siphon effect of capital. To boost the real economy, we should not only cut down fees and taxes continually, but also need to reduce all kinds of burden on the enterprises side, and accelerate the normative reform of taxation system, promote structural adjustment of the tax burden between varies taxpayers. At the same time, continue to screened fees and establish tax laws to provide a free environment for the real economy to develop.

Keywords: Real Economy Businesses, Virtual Economy Businesses, Enterprise Burden, Profitability

PPP 项目全生命周期税务风险识别及其防控探讨*

刘同洲**

摘 要： 近年来，政府和社会资本合作模式（PPP 模式）已成为供给侧改革的在投融资领域的突出着力点，被决策层认定为一种新型治理模式。税收政策是激励社会资本参与 PPP 项目的重要因素。当前，我国 PPP 项目税收政策的碎片化，增大了 PPP 项目参与各方的税务风险，加之 PPP 项目复杂的业务流程和社会资本整体偏弱的内控能力，税务风险防控已刻不容缓。目前，PPP 项目全周期中存在诸多税务争议，加剧了社会资本的税收不确定性，对社会资本的税收成本、现金流、投资收益率产生了不利影响。有必要全面梳理 PPP 项目现阶段的税收政策，加强税务风险的识别与防控能力，缓解由税收不确定性引致的税收成本与现金流压力；同时，应优化 PPP 参与各方的内部控制流程，以大数据、云计算技术构建税务风险预警机制，完善与税务机关的沟通及协调机制，以促进 PPP 模式健康可持续发展。

关键词： PPP 模式；税务风险；投资激励；风险防控

一、引言与文献评述

当前，PPP 模式被地方政府在缓解债务压力、破解公共支出约束、满足公共服务需求等方面寄予厚望，如何发挥社会资本的创新性与执行力优势，进一步释放社会资本投资公共服务的潜力是解决上述问题的关键。税收政策作为激励社会资本参与 PPP 投资的重要因素，直接影响社会资本的税收成本、现金流状况和投资收益率，成熟的税收政策能够防范和化解社会资本的投资风险，充分发挥平衡风险配置和激励投资的双重功效。PPP 模式虽已在我国实践数年，但相关的法律和政策仍不完善，尤其缺乏针对 PPP 项目的专项税收政策，税收政策在促进社会资本投资上仍有较大的激励空间。目前，涉及 PPP 项目

---

* 本文为中南财经政法大学 2016 年度研究生教育创新计划项目"后'营改增'时代 PPP 模式税务风险及防控机制研究"（项目编号：2016Y414）的阶段性成果。感谢匿名审稿人意见，文责自负。

** 刘同洲，中南财经政法大学财政税务学院博士生。

的税收政策总体呈现碎片化和弱激励性的特点，加之 PPP 项目组织结构复杂，风险分担机制涉及多方利益主体，项目生命周期较长，因税收政策碎片化而引致的利益调整及风险变化也随之而来，致使 PPP 项目生命周期各个阶段存在诸多的税收不确定性，增加了 PPP 模式参与方（政府平台公司、社会资本、项目公司）的税务风险与税收成本，降低了项目预期投资收益率，对民间资本参与 PPP 项目的积极性有一定影响，不利于现有投融资机制的转型和升级。

目前，国内外研究主要集中在 PPP 模式税收政策的梳理、对比、作用、局限和优化建议领域，具体围绕以下两个方面展开：

（一）PPP 模式的税收政策梳理与国际经验借鉴的研究

Robert Waruiru（2015）、Michael Curran（2013）总结了各国 PPP 模式常见的税收优惠措施，诸如降低所得税率、定期免税优惠、允许亏损结转、扣除合理费用等。温来成等（2016）对当前我国 PPP 模式涉及的企业所得税、增值税、耕地占用税税收政策予以梳理，并对美国、德国、菲律宾 PPP 模式实践中的一揽子税收政策予以介绍。马蔡琛等（2016）从 PPP 的税收优惠政策、PPP 税收法规体系、PPP 税收优惠的作用及局限三个层次对 PPP 税收政策的相关文献予以梳理，并以企业所得税优惠政策为主视角总结国外常见的 PPP 税收优惠政策与制度安排。黄晓珊（2017）从投资补贴、会计核算与所得的政策三个维度，对新加坡 PPP 模式的涉税政策体系予以分析，认为构建稳定清晰的税收政策体系才真正对社会资本具有吸引力。

（二）PPP 模式税收政策作用、局限与优化的研究

当前，税收政策对各国 PPP 项目发展有较大的激励作用。短期而言，PPP 模式税收优惠政策会减少政府收入，但缓解了地方政府债务压力，破解了公共支出约束，从长期看更促进了经济增长和社会福利的进步（Michael Curran，2013）。郭建华（2016）认为 PPP 模式的发展会倒逼税制改革，增进"公共福利"，降低"税收扭曲效应"。马蔡琛等（2016）认为现有 PPP 模式税收管理面临三大挑战，即流转税为主体的税制结构与 PPP 模式发展的挑战，PPP 模式长周期性与税制安排变动性的挑战，地方税收激励政策与税权划分的矛盾，并以此导向提出了应对策略。陈刚（2016）、唐祥来等（2016）、武彦民等（2016）以 PPP 项目全生命周期为视角，分析了 PPP 项目税收政策状况，并提出了相关激励政策。陈新平（2016）认为涉及我国 PPP 模式的税收政策存在特殊涉税问题考虑不周、税收优惠覆盖面窄、税收减免与税制改革不适应等诸

多不足，并提出完善税收法规促进 PPP 发展的建议。戴慧（2017）从税收政策系统性、政策覆盖面、政策匹配性等方面分析了 PPP 项目税收政策所存在的问题，并提出相应改进建议，以期更好地发挥税收政策对 PPP 投资的激励效应。吕敏、廖振中（2017）基于税收中性的原则，以 PPP 税务实践为依据，比较了将 PPP 融入现有税法体系与单独制定税收制度这两种 PPP 税收制度嵌入路径，并基于此提出了完善建议。

综上可知，国内外文献主要集中于 PPP 项目的国际经验借鉴以及国内税收政策梳理、作用、局限与优化的研究，其核心主要以税收政策对民间资本投资的激励效应为目标导向，政策建议的落脚点多以优化税收优惠政策而终。由于现有文献目标导向在于如何完善税收优惠政策以促进投资，对 PPP 项目现有税收政策设计缺陷的分析浅尝辄止，未全面地规整税务争议问题，未能深度识别与防控 PPP 项目各利益主体的税务风险。此外，现有研究采用政府方视角，缺乏企业层面的论述，这对于进一步激励与规范民间资本投资 PPP 项目较为不宜。因此笔者在现有研究成果的基础上，以 PPP 项目税务争议所引致的税务风险识别及防控为目标导向，可能的贡献主要有三方面：一是梳理了 PPP 项目全周期内因税收政策不完善引致的税务争议问题；二是以规范分析的范式探究引致 PPP 项目税务风险的原因；三是以项目公司视角为主，兼顾政府平台公司、社会资本，全方位对 PPP 项目各利益方的税收不确定性予以明确，对税务风险的类型与程度予以识别，并基于此提出改进建议。

本文结构安排如下：第二部分为 PPP 项目税收政策现状与影响；第三部分为 PPP 项目全生命周期风险识别；第四部分为 PPP 项目税务风险的防控策略。

二、PPP 项目税收政策现状与影响

（一）PPP 项目税收政策现状

目前，我国 PPP 项目缺乏统一的税收政策，现有税收政策散布于多个税种的法规文件中，主要涵盖增值税政策、企业所得税政策、契税政策、城镇土地使用税政策等。

1. 增值税政策。PPP 项目的增值税政策，主要包括热力、教育、医疗类减免税政策，电力生产、销售再生水、污水与垃圾处理即征即退政策，以及其他增值税优惠政策，具体如表 1 所示。

表1　　　　　　　　　　　PPP 项目增值税政策

税收优惠形式	税收优惠范围
免征	热力生产类 PPP 项目，对居民提供采暖服务实行免征增值税政策①；教育、医疗类 PPP 项目，提供的教育服务与医疗服务实行免征增值税政策②
即征即退	电力生产类 PPP 项目，根据燃料种类的差异分别实行增值税即征即退 50%、70%、100%；污水处理类 PPP 项目，销售再生水与污水处理分别实行增值税即征即退 50% 和 70% 的政策；垃圾处理类 PPP 项目，垃圾处理实行增值税即征即退 70% 的政策③
其他	项目公司贷款利息支出不能作为进项税额抵扣；④房地产开发企业可将土地出让金作为扣除项（以财政票据为凭，无须增值税专用发票），在增值税销售额中扣除⑤

注：①《关于供热企业增值税 房产税 城镇土地使用税优惠政策的通知》（财税〔2016〕94 号）。
②《关于全面推开营业税改征增值税试点的通知》（财税〔2016〕36 号）。
③《关于印发资源综合利用产品和劳务增值税优惠目录的通知》（财税〔2015〕78 号）以及《关于风力发电增值税政策的通知》（财税〔2015〕74 号）。
④《营业税改征增值税试点实施办法》（财税〔2016〕36 号附件一）第二十七条第六款。
⑤《营业税改征增值税试点有关事项的规定》（财税〔2016〕36 号附件二）第一条第三款。

2. 企业所得税政策。PPP 项目的企业所得税政策，主要包括公共基础设施优惠、投资抵免、股利分配减免、地区性减免以及其他优惠政策，具体如表 2 所示。

表2　　　　　　　　　　　PPP 项目企业所得税政策

税收优惠形式		税收优惠范围
减免税	公共基础设施	公共基础设施类（铁路、公路、机场、港口）与垃圾处理、污水处理、电力生产类 PPP 项目自取得第一笔生产经营收入年度起，享受企业所得税"三免三减半"优惠政策①
	股利分配	经营期间项目公司在境内居民企业间的股息红利权益性投资所得，免征企业所得税；其次，如果项目公司有境外股东，跨境分配股息给境外非居民企业，一般适用 10% 的预提所得税；若境外非居民企业所在国与中国间签订有双边税收协定，在符合一定条件下可适用税收协定安排下的优惠预提所得税税率②

续表

税收优惠形式		税收优惠范围
减免税	地区性	项目公司设立在西部大开发地区、平潭综合实验区、横琴新区、前海深港现代服务业合作区,且属于国家扶持型行业,可享受15%的企业所得税税率优惠[③];项目公司设立在新疆霍尔果斯经济开发区,自取得第一笔生产经营收入所属年度5年内免税[④]
抵免税	环保节能设备	PPP项目中购置并实际使用环境保护、节能节水、安全生产的专用设备,可按设备投资额的10%从当年应纳所得税中抵免,当年不足抵免的可以在以后5个年度结转抵免[⑤]
其他		项目公司以无偿划拨方式取得土地,满足条件时[⑥]可认定为企业所得税不征税收入,不缴纳企业所得税,取得土地不能在企业所得税前扣除和摊销

注:① 《关于执行公共基础设施项目企业所得税优惠目录有关问题的通知》(财税〔2008〕46号)、国家税务总局《关于实施国家重点扶持的公共基础设施项目企业所得税优惠问题的通知》(国税发〔2009〕80号)以及《国家发展改革委关于公布环境保护节能节水项目企业所得税优惠目录》(试行)(财税〔2009〕166号)。

② 《企业所得税法》第26条。

③ 《关于深入实施西部大开发战略有关税收政策问题的通知》(财税〔2011〕58号)与《西部地区鼓励类产业目录(2014)》(国家发展和改革委员会第15号令)以及《关于广东横琴新区福建平潭综合实验区深圳前海深港现代服务业合作区企业所得税优惠政策及优惠目录的通知》(财税〔2014〕26号)。

④ 《关于新疆喀什霍尔果斯两个特殊经济开发区企业所得税优惠政策的通知》(财税〔2011〕112号)。

⑤ 《企业所得税实施条例》第100条。

⑥ 《关于专项用途财政性资金企业所得税处理问题的通知》(财税〔2011〕70号)。

3. 契税政策。项目公司以无偿划拨的方式从政府取得的土地免征契税[①];项目公司以作价出资方式取得土地,以合同约定的出资价为计税依据缴纳契税;[②] 项目公司以招拍挂和协议出让方式取得土地,以土地成交价为计税依据缴纳契税。[③]

① 《关于进一步支持企业事业单位改制重组有关契税政策的通知》(财税〔2015〕37号)。

② 《中华人民共和国契税暂行条例》第2、4条以及《中华人民共和国契税暂行条例实施细则》第9、11条。

③ 《关于国有土地使用权出让等有关契税问题的通知》(财税〔2004〕134号)第1条。

4. 城镇土地使用税政策。国家产业政策扶持发展的能源、交通、水利设施类等新征用土地 PPP 项目，如在建期间没有经营收入、建设周期较长存在纳税困难，经批准后可免征或减征城镇土地使用税。

（二）PPP 项目税收政策对社会资本投资的影响

税收政策涉及社会资本的税收减免、税收负担、重复征税等诸多问题，直接关乎税务成本，继而影响 PPP 项目的现金流与投资收益率，已成为社会资本投资决策的重要考量因素。当前，税收政策对社会资本投资的影响亦是积极层面与消极层面并存，具体情况如下：

投资激励效应初显。税收政策对社会资本投资激励作用较为显著，全国 PPP 项目成交规模、中标社会资本项目金额、项目公司新立量和项目金额屡创新高；公共服务供给效率提升。现行税收政策对社会资本投资收益具有调节作用，一定程度上平衡了社会资本收益性与项目公益性的关系，为公共服务供给的质量和效率提供了保障。虽然税收政策在引领社会资本投资上屡建新功，但也暴露了诸多问题，产生了消极影响。

税收政策的碎片化致使社会资本参与 PPP 项目存在制度上的"先天缺陷"。碎片化的税收政策是导致社会资本产生税务风险的外部客观因素。具体而言，现行 PPP 项目的税收政策散布各个税种，涉及问题复杂，存在税务争议，呈现碎片化和模糊化的特点，未充分考虑 PPP 模式的复杂性和风险性，在利益补偿与风险分担的平衡上仍显不足。特别是缺乏统一的 PPP 项目税务指引，造成社会资本的税收政策运用的不确定性。此外，现行税收政策与 PPP 实践的协调性与匹配度存在一定差距。从政策设计背景而言，当前具有投资激励作用的税收政策大多基于 2008 年金融危机后促进传统基建投资而设计，政策初衷与鼓励社会资本的 PPP 投资存在差异；上述两点致使现行税收政策未能与 PPP 实践较好地融合，产生了诸多政策空白，使各方缺乏一个权威、统一的解读，这也是诸如可行性缺口补助、超额分红等涉税争议产生的根源。由于各地税务机关对上述涉税问题处理尚未统一，致使社会资本政策运用便有了"先天缺陷"，存在潜在的税务风险，一旦社会资本对政策解读有误或涉税争议处理不当，极易发生税收政策性风险。

社会资本内控制度的"后天不足"加剧了税务风险程度。社会资本内控制度薄弱是产生税务风险的内部主观因素，加大了因政策不完善而发生税务风险的概率。现阶段，我国社会资本内控管理能力整体偏弱，税控的内部环境急需优化，存在着 PPP 业务流程的复杂性与相关业务人员综合能力不相匹配，致使业务人员运用税收政策易出现偏差；此外，社会资本的税务内控流程管控体系建设滞后，风险的事前、事中、事后防控脱节，导致风险追踪、类别分析、成因分析能力偏弱。同时，社会资本的税务风险预警建设也极不完善，未能及时有效地预测税务风险点并设计防控方案，继而丧失了税务风险识别与防控的最后一道屏障。因此，社会资本风险防控的"后天不足"加剧了由政策"先天缺陷"引发的风险程度，税务风险的识别与防控刻不容缓。

三、PPP项目全生命周期的税务风险识别

PPP项目的税务风险，是指PPP项目参与方（政府平台公司、社会资本、项目公司）在遵从税法过程中的实际行为与应达到的标准存在差异，而导致企业未来利益流失的不确定性。这种差异的产生，除去传统意义上企业税务风险内控制度不健全的内部因素，PPP项目税务风险的外部影响因素更加突出，即由于涉及PPP项目的税收政策和法规体系的不完善而致使政府平台公司、社会资本、项目公司偏用误用税收政策而导致的风险。由于PPP模式较复杂的业务流程与碎片化的税收政策，如何在PPP项目全周期中识别参与各方的税务风险并降低税收不确定性，已成为税收政策发挥其激励效应的前提。

PPP项目全生命周期税务风险，主要涉及项目筹建期的税务风险、项目建设运营期的税务风险以及项目移交期的税务风险，具体分析如下：

（一）PPP项目筹建期的税务风险

PPP项目具有投资金额大、周期性长、交易结构复杂的特点，项目内外部环境存在诸多不确定性，尤其涉及参与各方差异化的设立方式、出资方式、社会资本取得的投资收益，极易产生税务风险。因此，筹建期合同的拟定是PPP项目稳定运行的保障。

1. PPP项目差异化的设立方式及出资方式导致的税务风险。PPP项目公司采用新设模式，政府出资方（政府平台公司）以实物出资，社会资本以货币出资，共同创建项目公司。以政府出资方（政府平台公司）的视角而言，其实物资产或无形资产出资需按资产作价的出资金额缴纳增值税；当实物资产或无形资产的作价高于新购资产的成本，政府出资方（政府平台公司）应以资产作价超额部分计入企业所得税应纳税所得额。在此税务处理过程中，政府出资方（政府平台公司）应详细解读《关于企业重组业务企业所得税处理若

干问题的通知》(财税〔2009〕59号)① 与《关于企业重组业务企业所得税处理若干问题的通知》(财税〔2014〕109号)② 对财产转让等企业重组行为适用的特殊税务处理的规定，准确把控相关限额标准。由于财产转让等企业重组行为的税务处理具有特殊性与复杂性，政府出资方（政府平台公司）因政策解读不透而导致的税务风险及经济损失的概率也较高；对社会资本而言，以货币出资的涉税业务简单，相应的税务风险较小。对PPP项目公司而言，涉税业务也较为简单，仅需受让的实物资产和货币资产就其实收资本和资本公积的增加额缴纳万分之五的印花税，税务风险较低。

　　PPP项目公司为股权收购模式，社会资本购买政府平台公司出让的项目公司股权，成立新的项目公司。以政府出资方（政府平台公司）的视角而言，政府平台公司出让项目公司股权价格高于其投资成本的超额部分计入企业所得税应纳税所得额，缴纳企业所得税；以社会资本的视角而言，其业务人员应做好合同管控和税收筹划，准确把控购买股权的规定比例，不满足股权收购支付比例的不能享受所得税递延③。社会资本以股权交易方式收购政府平台公司持有的原项目公司股权，由于原项目公司未必从事PPP领域的经营活动，新项目公司若立即改变重组资产原来实质性经营活动④，则会被税务机关认定为特殊性税务处理有误，不得享受相关的税收优惠政策。

　　2. 社会资本按合同约定的投资回报率取得分红收益的增值税缴纳争议。根据《财政部　国家税务总局关于全面推开营业税改征增值税试点的通知》(财税〔2016〕36号)附件1注释⑤对金融服务部分的规定，以货币资金投资收取的固定利润，应按贷款服务缴纳增值税。目前，政府出资人（政府平台公司）、社会投资人通常会在PPP合同体系中约定5%～10%不等的"预期投资回报率"，产生的投资回报是否具有固定利润的属性，而政府平台公司和社会投资人按预期投资回报率收取分红的行为是否被认定为以货币资金投资收取固定利润而缴纳增值税，对于政府平台公司和社会投资人而言都是极大的税务

---

① 《关于企业重组业务企业所得税处理若干问题的通知》规定："资产收购，受让企业收购的资产不低于转让企业全部资产的50%，且受让企业在该资产收购发生时股权支付金额不低于其交易支付总额的85%"。

② 《关于促进企业重组有关企业所得税问题处理通知》。

③ 《关于企业重组业务企业所得税处理若干问题的通知》(财税〔2009〕59号)规定："股权收购，收购企业购买的股权不低于被收购企业全部股权的50%，且收购企业在该股权收购发生时的股权支付金额不低于其交易支付总额的85%"。

④ 《关于企业重组业务企业所得税处理若干问题的通知》(财税〔2009〕59号)企业重组同时符合下列条件适用特殊性税务处理规定："企业重组后的连续12个月内不改变重组资产原来的实质性经营活动。"

⑤ 财税〔2016〕36号文附件一《营业税改征增值税试点实施办法》所附《销售服务、无形资产、不动产注释》。

风险。

3. 社会投资人未按合同约定出资比例而取得股权投资收益的免税认定争议。社会资本未按约定出资比例分回的投资收益是否享受居民企业之间权益性投资收益的免税政策。即由于项目公司中政府股东让渡股利或其他因素，致使社会资本（股份有限公司或有限责任公司形式）获得超出按约定出资比例分配的股息、红利是否享受《企业所得税法》第26条第2项"符合条件的居民企业之间的股息、红利等权益性投资收益免征企业所得税"的税收优惠。详析《企业所得税法》第26条第2项可知，该条款未明确界定符合免税条件的股息、红利需与出资比例相配比，社会资本（股份有限公司或有限责任公司形式）若仅以此条款对超额分红作免税收入处理，有虚增免税收入少缴税款的嫌疑，具有较大的税务风险。

而《公司法》第34条①与第166条②对股东未按约定出资比例分红另有解读。详析《公司法》上述法条可知，社会资本（股份有限公司或有限责任公司）可不按出资比例分红是有前提条件的，即必须满足全体股东在公司章程中事先约定，若无事先约定则社会资本应按出资比例予以分红，不允许进行超额分红。

国家税务总局关于发布《企业所得税优惠政策事项办理办法》的公告（国家税务总局2015年第76号）③似乎可对股东未按约定出资比例分红的涉税争议提供一些指导性建议。根据相关法规④，超额股息、红利分配的社会资本（股份有限公司或有限责任公司）需提交项目公司（被投资企业）的公司章程，税务机关通过审核公司章程是否具有事先约定的特殊分配条款，以此判别社会资本的超额分红收益是否享受免税政策。因此，社会资本（股份有限公司或有限责任公司）未按出资比例分红的事项应在项目公司（被投资企业）的公司章程中事先约定并在税务机关登记备案。

然而，现阶段社会资本相对薄弱税收筹划能力和内部控制制度，致使其公

---

① 《公司法》第34条规定："股东按照实缴的出资比例分取红利。公司新增资本时，股东有权优先按照实缴的出资比例认缴出资。但全体股东约定不按照出资比例分取红利或者不按照出资比例优先认缴出资的除外"。

② 《公司法》第166条规定："公司弥补亏损和提取公积金后所余的税后利润，有限责任公司依照本法第34条的规定分配；股份有限公司按照股东持有的股份比例分配，但股份有限公司章程规不按持股比例分配的除外"。

③ 《企业所得税优惠政策事项办理办法》的附件《企业所得税优惠事项备案管理目录（2015年版）》。

④ 国家税务总局2015年第76号文规定："在办理符合条件的居民企业之间的股息、红利等权益性投资收益免征企业所得税优惠备案时，纳税人需提交的主要留存备查资料，若企业取得的是被投资企业未按股东持股比例分配的股息、红利等权益性投资收益，还需提供被投资企业的最新公司章程"。

司章程与相关合同的事前风险监控不足。因此，事先在项目公司的公司章程中约定特殊分配条款是较困难的，社会资本存在不满足免税条件而误用"居民企业间权益性投资收益"与"股东未按约定出资比例分红"免税政策的可能性，因而社会资本存在较大的虚增免税收入风险。

（二）PPP项目建设运营期的税务风险

由于PPP项目涉及行业众多，而不同行业间税收政策也各不相同，在此背景下更暴露了增值税抵扣链尚不完善的缺陷。加之现有政策对来源于政府补助的税务定性尚未统一，易产生不同的流转税影响。因此，建设运营期的增值税进项税抵扣与政府补助的税务定性，都将是项目公司识别税务风险的重要考量因素。

1. 增值税抵扣链条尚不完善。

（1）项目公司征地拆迁费增值税抵扣的税务风险。PPP项目建设中由政府方完成工程建设用地的征用和拆迁工作，项目公司将征地拆迁费以据实或包干的方式支付给政府方，并由政府方向项目公司开具行政事业单位收据。根据税法关于增值税抵扣凭证的现有界定①，行政事业性收据并不在此范围，原则上不可抵扣销项税额。项目公司营运期以其营运收入全额计征销项税，故前期的拆迁费金额较大且不能抵扣时，项目公司则产生了较大的税务成本，致使总投资成本增加，影响PPP项目的预期投资收益率。类似问题，房地产开发企业的征地拆迁费却允许扣除②。然而，上述征地拆迁费增值税处理是否适用PPP模式尚不明确，若项目公司在税收成本的压力下对房地产开发企业的征地拆迁费增值税处理直接套用，则会产生较大的税务风险。

（2）项目公司前期建设产生的进项税抵扣问题。当项目公司从事业务属于享受现有增值税税收优惠行业，即从事再生水、污水、垃圾处理等免征增值税或即征即退增值税的行业，由于免征增值税，项目公司不产生销项税，前期项目建设产生的巨额的进项税无法抵扣；当项目公司从事业务不属于现有增值税税收优惠行业，其进项税额虽可抵扣，但对项目公司产生较大的现金流动性压力。因为PPP项目较长的建设期致使营业收入产生较晚，销项税额产生较

---

① 《税法》规定可作为增值税抵扣凭证的有：增值税专用发票、农产品销售发票和完税凭证、农产品收购发票、海关进口增值税专用缴款书以及路、桥、闸的通行费发票。

② 财税〔2016〕36号文附件二《营业税改征增值税试点有关事项的规定》："房地产开发企业中的一般纳税人销售其开发的房地产项目（选择简易计税方法的房地产老项目除外），以取得的全部价款和价外费用，扣除受让土地时向政府部门支付的土地价款后的余额为销售额"，其中政府部门支付的土地价款包括土地受让人向政府部门支付的征地和拆迁补偿费用、土地前期开发费用和土地出让收益等。

晚，会产生一笔较大的留待以后抵扣的增值税进项税额，前期的巨额建设成本和不能在当期抵扣的进项税额会降低项目公司的现金流动性。因此，现有的增值税税收优惠政策有一定局限性，可能会间接地增大社会资本的投资成本，降低预期投资回报率，产生了税收的投资约束效应，影响社会资本投资的积极性。

（3）银行贷款利息的增值税抵扣。项目公司贷款利息不能作为进项税额抵扣违背增值税中性原则。PPP项目中社会资本自有资金一般仅为总投资的20%~30%，约70%~80%的资金主要以项目公司名义通过银行贷款的方式筹集。因此，贷款利息在项目公司运营成本中占比较大，能否作为进项税额予以抵扣直接影响营运期现金流和投资总成本。然而，根据财税〔2016〕36号文附件1第27条规定："纳税人购进的贷款服务，相关进项税额不得从销项税额中抵扣"。上述法规将增值税抵扣链条中断，以政策设计而言有一定不合理的因素：贷款服务供给方已根据其利息收入计征增值税销项税，而贷款服务购进方（项目公司）的利息费用实质即为贷款服务供给方的利息收入，已在上一环节计征过增值税销项税，从法理上而言贷款服务购进方（项目公司）可作为进项税额予以抵扣。因此，从完善增值税抵扣链角度而言，现阶段银行贷款利息增值税抵扣政策是有缺陷的，其影响了增值税制度的中性，加重了企业的融资成本和税收负担。

2. 社会资本获得政府补助的税务定性不明晰。政府向社会资本提供的补助可分为建设阶段的投资补助和运营阶段的价格补贴，建设阶段的投资补助依据财税〔2011〕70号文①规定可认定为不征税收入，而运营阶段的价格补贴是否也认定为不征税收入存在一定的争议。一种观点认为应参照投资补助认定为不征税收入；另一种观点认为营运阶段政府向社会资本提供的价格补贴只是形式上符合不征税收入的条件，但实质上价格补贴不具备不征税收入的本质属性。这是因为价格补贴是政府为平抑公共产品价格，对PPP项目实行政府定价或指导价政策，是可行性缺口补助，是一种差价补偿方式，其本质上是社会资本经营收入的组成部分，故应借鉴北京模式②，认定为项目公司的主营业务收入。然而，北京模式将使项目公司取得的价格补贴同时缴纳增值税和企业所得税，增加了税务成本，在PPP项目投资回报率普遍较低的当下，是否具备了推广的时机。由于现行税收政策对上述问题缺乏统一的界定，加之项目公司

---

① 《关于专项用途财政性资金企业所得税处理问题的通知》（财税〔2011〕70号）规定："企业从县级以上各级人民政府财政部门及其他部门取得的应计入收入总额的财政性资金，凡符合条件的，可作为不征税收入，在计算应纳税所得额时从收入总额中扣除"。

② 《北京市关于创新重点领域投资融资鼓励社会投资的实施意见》（京政发〔2015〕14号）第34条规定："新增PPP项目要将现行的财政运营补助政策转变为政府购买服务，按照主营业务计入收入"。

财税与税务人员涉税分析能力良莠不齐,项目公司若将营运阶段的价格补贴也认定为不征税收入,则可能被税务机关认定为虚增不征税收入。因此,项目公司应事先与主管税务机关沟通并获得共识,避免因政策曲解而导致的税务风险。

(三) PPP 项目移交期的税务风险

PPP 项目在移交阶段项目设施所有权归属的差异会导致不同的税收法律关系,加之现有税收政策的碎片化和模糊性,致使项目公司无偿移交过程中可能面临增值税、企业所得税的"视同销售"问题,加大不确定性风险。

PPP 项目所有权归属的税务风险。当项目的设施所有权为国有民营时,特许经营者在不改变土地用途的前提下,在特许经营期内可无偿使用,其间社会投资人建设的相关设施所有权属于政府,合约期结束后由社会投资人无偿移交给政府。财税〔2016〕36 号文虽然对无偿不动产转让视同销售的有明确规定①,但未对公益事业和社会公众予以具体范围界定,PPP 模式下社会资本投资的公共服务领域是否可全部认定为公益事业或服务社会公众?在 PPP 项目专项税收政策出台前,项目公司无偿转让不动产则有可能被税务机关认定为增值税视同销售。此外,由于项目公司不拥有相关资产的所有权,原则上在此流程中发生的双向转移并未形成事实上的销售,不应做企业所得税的视同销售处理。但是,现有税收政策缺乏对 PPP 项目转让时涉税问题详细指导,上述分析是否符合国税函〔2008〕828 号文②的精神,能否被税务机关认可,仍未可知;当项目的设施所有权为民有民营时,项目设施转让过程中必将涉及增值税和土地增值税,有较高的交易成本。虽然民有民营的项目设施涉税争议较小,税务风险较低,但涉及的税费较多,明显感知现有税收政策给予的优惠幅度较小,税收政策促进社会资本投资的激励空间有限。

四、PPP 项目税务风险的防控策略

(一) 加速出台系统化的 PPP 专项税收政策

针对 PPP 的运作模式,提升 PPP 模式与税收制度的融合度,加速构建系

---

① 财税〔2016〕36 号文第 14 条规定:单位或者个人向其他单位或者个人无偿转让无形资产或者不动产,但用于公益事业或者以社会公众为对象的除外。

② 《关于企业处置资产所得税处理问题的通知》(国税函〔2008〕828 号)。

统化的PPP专项税收政策,填补现行政策空白,对碎片化税收政策引致的税务争议给予权威解读,为社会投资人提供解决路径。从政策设计上弥补现行税收政策的"先天缺陷",降低社会资本因外部政策环境而发生的税务风险。

1. 加强现行企业所得税税收政策与PPP模式的融合度,弥补政策空白与漏洞。由于现行税收政策与PPP模式融合不佳,存在诸多政策空白与漏洞,这就造成社会资本与税务机关对同一涉税问题的解读与处理存在地域性差异,加剧了社会资本追求税收负担最小化与税务机关确保税收收入应收尽收之间的矛盾,这种政策"先天缺陷"使社会资本的政策解读与运用存在较大隐患。其中,尤以PPP项目公司的收入定性争议为代表。对于来源于政府的收入应明确是以收入性质的差异而分别纳税,还是制定单一税率而统一纳税。因此,财政部、国家税务总局应加速出台系统化的PPP专项税收指引,对PPP涉税问题(如可行性缺口补助、社会投资人的超额分红收益、项目公司转让资产收入等)的政策性缺失予以弥补,对PPP项目全周期中存在税务争议的业务予以界定,降低社会资本的潜在税务风险。

2. 优化PPP项目进项税抵扣制度,缓解社会资本现金流压力。PPP项目在前期建设期呈现出高投入、长周期、低盈利、少抵扣的特点,前期大量的资本投入致使社会资本的现金流压力和投资成本陡增。究其原因,一方面是现行增值税进项抵扣制度不完善,抵扣链条还未健全,像社会资本的融资利息费用按现有法规不能作为进项予以扣除;另一方面,现有增值税抵扣政策对PPP模式社会资本的投资风险未充分考虑,仍按一般项目处理。因此,是否可针对PPP项目建设期高投入、长周期的特点,对其进项税予以一定比例退税,以体现增值税抵扣政策对社会资本投资的激励性。

(二) 优化社会资本的内控管理制度

在完善PPP税收政策的同时,也应重视PPP模式参与各方的内控制度改进状况,降低因内部防控机制缺失而引致的税务风险。由全国PPP综合信息平台项目库数据可知①:非上市公司是社会资本参与PPP项目的主要力量,其内控制度能否有效防控税务风险已成为各方关注焦点。由于我国非上市公司与上市公司现有内控制度的差异性,在税务风险防控对策上也应各有侧重。

1. 优化税务内控流程,构建事前、事中、事后全流程业务管控体系。社会资本为非上市公司时,内控制度相对薄弱,其内控制度缺陷引致税务风险的

---

① 2014年1月~2017年4月,上市公司中标PPP项目538个,占总项目数的18%。上市公司中标项目规模16167亿元,占项目总金额的36%;非上市公司中标PPP项目2331个,占总项目数的82%。非上市公司中标项目规模28 373亿元,占项目总金额的64%。

可能性增大。因此，应以优化税务管理流程为税务风险防控的重点。在做好税务基础数据管理的前提下，梳理 PPP 项目的涉税政策法规并建立税收法规资源库，设立风险指标数据库对税务风险予以事前控制；通过 PPP 项目设计、采购、施工、运营等全生命周期的合同监控，以及加强业务流程与审批流程的管理，对税务风险予以事中控制；通过风险预警、数据分析、自查评估等环节，追踪风险源头、探析风险分布状况并进行原因分析，对税务风险予以事后控制；以上述措施优化非上市社会资本的内控制度，降低 PPP 模式参与各方因内控制度引致的税务风险。

2. 依托大数据、云计算技术，构建税务风险预警机制。目前，社会资本为上市公司参与 PPP 项目的，其内部控制制度相对健全，有一定的防弊纠错和提升经营效率作用，但内控制度在信息与交流、监测两个构成环节①中有天然的缺陷，迫切需要引入大数据、云计算技术弥补短板。因此，PPP 模式下社会资本为上市公司的参与方，其税务风险防控应以构建信息化的风险管理机制为重点，通过数据分析、风险评估、运筹规划、挖掘建模等一系列技术方法，构建分级分层的税务风险防控系统，及时预测税务风险点。以税务环境控制、纳税申报流程和税收政策合规性为导向，梳理企业税务风险防控状况，综合分析引致税务风险的内控制度因素与税收政策因素，设计成熟的解决方案，降低 PPP 模式参与各方的税务风险。

3. 完善与主管税务机关的沟通及协调机制。加强 PPP 模式下各利益主体（政府平台公司、社会投资人、项目公司）与税务机关的沟通交流，建立涉税争议快速响应通道，完善税企双向联动机制。社会投资人应将 PPP 模式现阶段存在的涉税争议与主管税务机关反馈与协商，达成税务处理的共识，防止因误用偏用税收政策而产生的税务风险。

参考文献

[1] Michael Curran. Tax Incentives for public private partnerships [R]. RMIT School of Accounting and RMIT APEC Research Centre. 2013.

[2] Robert Waruiru. public private partnership Taxation [Z]. KPMG International Cooperative. Public Sector Seminar. 2015 (6).

[3] 税收中性视野下 PPP 的税收制度嵌入路径 [J]. 税务研究，2017 (5).

[4] 郭建华. 我国政府与社会资本合作模式（PPP）有关税收问题研究 [J]. 财政研究，2016 (3).

[5] 马蔡琛，袁娇. PPP 模式的税收政策与管理 [J]. 税务研究，2016 (9).

[6] 温来成，王涛. PPP 特许经营项目税收支持支持研究 [J]. 税务研究，2016 (9).

[7] 唐祥来，刘晓慧. 促进 PPP 模式发展的税收政策取向 [J]. 税务研究，2016 (9).

---

① COSO 对内部控制构成划分为控制环境、风险评估、控制活动、信息与沟通、监测五项构成要素。

[8] 武彦民,岳凯. 我国 PPP 项目税收支持政策：现状与完善［J］. 税务研究, 2016（9）.

[9] 黄晓珊. 国外 PPP 税收政策研究［J］. 国际税收, 2017（9）.

[10] 陈刚. PPP 全生命周期税经［J］. 新理财, 2015（9）.

[11] 陈新平. PPP 涉税问题研究［J］. 中国财政, 2016（14）

[12] 赵福军,汪海. 中国 PPP 理论与实践研究［M］. 北京：中国财政经济出版社, 2015

[13] 格雷赛姆,刘易斯. PPP 革命：公共服务中的政府和社会资本合作［M］. 北京：中国人民大学出版社, 2016.

Probe into Tax Risk Identification and Prevention of Full Life-cycle of PPP Project

Liu Tongzhou

Abstract: In recent years, the mode of government and social capital cooperation (PPP mode) has been the focus point of supply-side reform in the field of investment and finance, which is the recognized as a new governance model by the decision-makers. At present, it is urgent to prevent and control the tax risk due to the fragmentation of tax policies and complex business processes and social capital weak internal control ability of PPP projects, which increase the tax risk of PPP project participants. PPP projects have many tax disputes in the whole cycle, which aggravate the tax uncertainty of social capital and have the negative effect on tax cost of social capital and cash flow and investment. It is necessary to review the current tax policies of PPP projects and strengthen the identification and prevention ability of tax risks in order to alleviate the tax cost and cash flow pressure caused by tax uncertainty. we should optimize internal control process of PPP project participants and construct the tax risk early warning mechanism by big data and cloud computing technology and improve the communication with the tax authorities and coordination mechanism, so as to encourage sustainable development of the PPP mode.

Keywords: PPP Project, Tax Risk, Investment Incentive, Risk Prevention and Control

"积分落户"制度对农业转移人口市民化影响研究*

梅建明 罗惠月**

摘 要:农业转移人口市民化是我国实施区域协调发展战略的重点,是我国加快城镇化建设、优化人口分布和区域结构调整的核心,更是我国实现"两个一百年"目标、促进社会稳定和谐的内生动力。然而农业转移人口市民化道路中至关重要的一步就是解决户籍问题。"积分落户"制度正是户籍改革中的创新之举,其为农业转移人口落户城市开辟了新道路。文章通过归纳总结和比较分析法研究现行的"积分落户"制度对农业转移人口市民化的影响。根据国务院以人口规模对城市的划分,文章分别在超大城市和特大城市中选取样本城市,从社保、年龄、个人素质和纳税状况四大指标入手,分析比较各大城市的积分落户制度申请条件和积分规则,揭示在现行积分落户制度下,农业转移人口申请难度大、积分分值低的现象,阻碍了农业转移人口市民化进程的现象。最后,文章通过分析积分落户制度对农业转移人口市民化产生负面影响的潜在原因,提出合理的可行性建议,推动农业转移人口市民化进程。

关键词:积分落户制度;农业转移人口;市民化

一、"积分落户"制度出台的背景

"农业转移人口市民化"作为我国城镇化建设的核心内容,其概念首次提出可追溯到党的十八大报告中。目前,针对农业转移人口市民化的概念、内涵、标准的探讨仍很激烈,学术界也暂未达成统一。如农业转移人口与农民工一样,从农村迁移到城市,从事第二、第三产业的人群(孙友然等,2016),还是包括仍然留在从村从事着第一产业中,但已符和市民化条件的人群?对于农业转移人口市民化的标准,王桂新等(2008)从居住条件、

---

* 本文为国家社会科学基金项目"推进农业转移人口市民化的制度困局及其优化策略研究"(15BRK007)的阶段性成果之一。感谢匿名审稿人的建议,当然文责自负。

** 梅建明,中南财经政法大学教授,博士生导师;罗惠月,中南财经政法大学财政税务学院财政学博士生。

经济生活、社会关系、政治参与、心理认同五个方面进行研究,卢海阳等(2015)从经济、社会、文化、心理和身份五个维度进行分析。申兵(2011)则认为实现农业转移人口市民化即是实现该群体职业和社会身份的双向转换,同时,该群体应能获得城市居民同等的公共服务。尽管各位学者对农业转移人口市民化的内涵未能达到统一,但他们都一致肯定了身份转换的重要性。

然而,介于我国长期以来处于城乡二元制结构,户籍成了区分身份的主要标志。户籍的改革,也是打破身份差异的关键问题。对此,从新中国成立之后,我国户籍制度不断地进行调整,整体改革可分为三个阶段。第一阶段为严格限制阶段。该阶段体现在1958年,国务院颁发《中华人民共和国户口登记条例》将城镇人口和农村人口进行划分,建立了"农业户口"和"非农业户口"的城乡二元户籍制度,严格限制人口从农村迁往城市。第二阶段为逐步放松阶段。其表现为1984年,国务院颁布《关于农村进入集镇落户问题的通知》允许有能力和有技术专长的农民转移至集镇;次年,在公安部颁布的《关于城镇暂住人口管理的暂行规定》中引入"暂住证"制度来加强对外来人口的登记管理。但"暂住证"并未完全消除农业人口和城市人口身份上的差异,户籍的限制使农业转移人口无法享受与当地人同等的公共服务和社会保障。第三阶段为彻底放开阶段。该阶段改革力度极大,改革强度很高。2003年后,我国各省市逐步开始取消户籍区分,推行城乡户口一体。2010年,为了促进社会公平,推动城镇化建设,国家发展改革委颁布《关于2010年深化经济体制改革重点工作的意见》,首次提出在全国范围内实行居住证制度。与暂住证不同,居住证除了可以用于对外来人口登记管理外,还承载了公共服务和社会保障两大功能,让持证者在就劳动就业、医疗保险、子女教育、租房购车等方面得到一定的保障。居住证虽对打破城乡藩篱有积极作用,却具有局限性,仍不能让农业转移人口与城市人口享受完全平等的待遇,也未从本质上解决农业转移人口身份的转换问题,更无法完成农业转移人口市民化的目标。

"为促进有能力在城镇稳定就业和生活的常住人口有序实现市民化",2014年,国务院颁布《关于进一步推进户籍制度改革的意见》(以下简称《意见》)。《意见》指出,"常住人口规模在300万~500万的大城市可结合本地需求,建立积分落户制度。常住人口规模在500万以上的特大城市和超大城市,建立完善积分落户制度。"从此,户籍改革在居住证制度的基础上又进一步做出了突破性的变革。"积分落户"制度即落户城市通过设置一套赋予一定分值的指标体系对满足"积分落户"申请条件的外来人口进行量化考核,当累计积分达到规定分值即可申请落户的制度。该制度最早于2004年在上海实行,但是当时的申请者只局限于高校毕业生。2010年,在广东省政府出台

《关于开展农民工积分制入户城镇工作的指导意见》后,广州市开始实施以居住证为基础的"积分入户"制度。随后,上海市放宽申请者身份的限制,也添加了对居住证的要求后,全面推行积分落户制度。深圳、北京、天津、武汉等城市也依据自身实际积极推出"积分落户"制度。

二、"积分落户"制度的实施办法

我国实行"积分落户"制度的城市主要集中在超大城市[①]中,部分特大城市[②]也结合本地区需求,制定了积分指标体系,推行了该制度。本文根据城市规模、地理位置和是否出台"积分落户"政策为标准,在超大城市中选取北京、上海、广州、深圳、天津、武汉为样本;在特大城市中北部选取沈阳、东部选取南京、南部选取东莞为样本,从社会保险、年龄、个人素质、纳税情况四个指标上梳理和比较各城市的"积分落户"制度的具体实施办法。以下"积分落户"制度的申请条件和积分规来自《北京市积分落户管理办法(试行)》《2017年上海市积分落户细则及政策新规定》《深圳市积分入户办法(试行)》《广州市积分制入户管理办法实施细则》《天津市居住证及分指标及分值表》《武汉市积分入户管理办法(试行)》《关于认真贯彻落实〈沈阳市人民政府关于进一步推进户籍制度改革的意见〉的通知》《南京市积分落户实施办法》和《东莞市积分制人才入户实施细则》。

1. 各城市关于社会保险的要求。社会保险是社会保障制度的重要组成部分,主要包括养老保险、医疗保险、失业保险、工伤保险和生育保险。各大城市"积分落户"政策中对社保要求和积分规则各不相同,具体如表1和表2所示。

表1　　　　　　　　超大城市社保指标的积分比较

	地区	北京	上海	深圳	广州	天津	武汉
申请条件	最低参保年限	7年	7年	5年	4年	1年	无要求
	是否连续	是	无要求	无要求	是	是	是

[①②] 根据《国务院关于调整城市规模划分标准的通知》(国发〔2014〕51号)文件,以城区常住人口为统计口径,城区常住人口在1 000万以上的,称为超大城市。城区常住人口在500万以上1 000万以下的,称为特大城市。

续表

地区	北京	上海	深圳	广州	天津	武汉
积分规则	每连续缴纳本市社会保险满1年积3分	最高积分100分，具体标准如下： 1. $0.8B \leq A < B$，积25分； 2. $B \leq A < 2B$，积50分； 3. $A \geq 2B$，积100分	缴纳本市养老保险每满一年积3分，缴纳其他社保每满1年积1分	无	最高积12分/年。其中：参加基本养老保险：4分/年；参加基本其他社保：各2分/年	在本市连续缴纳社保每满1年积2分，最高30分

注：A＝申请人最近连续3年在上海市缴纳职工社会保险费基数；B＝上海市上年度职工社会平均工资。

表2　　　　　　　　　　特大城市社保指标的比较

地区		沈阳	南京	东莞
申请条件	最低参保年限	无要求	2年	无要求
	是否连续	无要求	连续	无要求
积分规则		最高积30分，参加本市社保，每满一年积5分	每满1年加10分。累计补缴年限，每满1年加5分	每个险种，每累计满1年，积2分

由表1可知，超大城市在"积分落户"申请条件中在社会保险指标上对申请者要求较高，不仅限制了社保的最低缴纳年限，北京、广州、天津、武汉更对缴纳社保的连续性也作了要求。六个超大城市中，北京、上海对社保缴纳年限的要求最为严格，其已超出国务院颁发的《关于进一步推进户籍制度改革的意见》中社保年限要求整整2年。在积分规则中，上海通过比较申请人近3年在上海缴纳的社保基数和一定比例的上海市上年度职工社会平均工资，对申请人采用分段式积分。广州市未将社会保障作为积分指标。余下的四座城市以申请人在该市缴纳社保的年限按比例积分。其中，深圳市和天津市在养老保险上所赋比例分值高于其他四项社会保险。

表2中的特大城市在"积分落户"申请条件中，仅南京市对社保缴纳年限和连续性未作要求，为2年。在积分规则中，三个城市皆以比例分值积分，其中沈阳市限制了最高分值为30分，南京的比例分值最高。

2. 各城市关于年龄的要求。虽然大部分样本城市在年龄要求上基本都为法定退休年龄，但皆在加分体系表中表现出对年轻人的倾向。具体评分及积分标准如表3、表4和表5所示。

表 3　　　　　　　　北京、上海、深圳年龄指标的比较

地区	北京	上海	深圳
申请条件	Y≤法定退休年龄	无说明	男性：Y≤55 周岁；女性：Y≤50 周岁
积分规则	1. Y≤45 周岁，20 分； 2. Y>45 周岁，不积分	最高 30 分，其中： 1. 56 周岁≤Y≤60 周岁，积 5 分； 2. Y<56 周岁，每减少 1 岁，加 2 分	1. 18 周岁≤Y<35 周岁，积 5 分； 2. 35 周岁≤Y<40 周岁，不积分； 3. 40 周岁<Y≤45 周岁，每增长 1 岁，减 2 分

注：Y = 申请年龄。

表 4　　　　　　　　广州、天津、武汉年龄指标的比较

地区	广州	天津	武汉
申请条件	Y≤45 周岁	Y≤法定退休年龄	Y≤法定退休年龄
积分规则	无	1. Y≤35 周岁，积 20 分； 2. 36 周岁≤Y<45 周岁，积 10 分	最高 20 分；其中： 1. Y≤45 周岁，积 20 分； 2. Y>45 周岁，每增加 1 岁，减 1 分

注：Y = 申请年龄。

表 5　　　　　　　　沈阳、南京、东莞年龄指标的比较

地区	沈阳	南京	东莞
申请条件	无要求	无要求	1. 具有高级专业技术职称或高级技师职业资格者，Y<50 周岁；或者 2. 大学本科及以上学历，并获得学士及以上学位者，Y<45 周岁
积分规则	最高 30 分； 1. Y>60 周岁，积 5 分； 2. Y≤60 周岁，每减少 1 岁，加 1 分	最高 20 分； 1. Y>45 周岁，无分； 2. Y=45 周岁，积 5 分； 3. Y<45 周岁，每减少 1 岁，加 1 分	1. 18 周岁≤Y≤35 周岁，积 5 分； 2. 35 周岁<Y≤45 周岁，积 1 分； 3. Y>45 周岁，每增加 1 岁减 3 分

注：Y = 申请年龄。

表3、表4显示六个超大城市在"积分落户"申请条件中对年龄指标的要求和具体的年龄指标积分规则。北京、天津、武汉对申请者年龄限制较低,都以法定年龄为最高年龄标准;深圳对不同性别申请者的年龄要求标准不同,男性比女性的年龄上限多5年;广州要求申请者年龄不超过45周岁;上海在申请条件中没有规定申请年龄的上限,但在积分标准中明确表明,年龄积分从56~60周岁开始,当申请者年龄小于56周岁,采取加分制,最高可加至30分。北京、天津在年龄积分中采取分段积分。深圳、武汉不仅引入分段积分,还采用了超年龄减分制。广州在积分体系中未对年龄赋予分值。总而言之,超大城市更偏好于吸纳年轻人。

表5表明,相比超大城市,特大城市在申请条件上对年龄指标要求宽松一些。基本申请条件上,沈阳、南京对年龄未作要求,东莞结合申请者学历和技能水平限制申请者的年龄上限,其中依技能规定的年龄上限比依学历规定的年龄上限要多5周岁。在积分规则中,三个样本城市皆采用分段积分制,但分段标准却各不相同。沈阳以60周岁为界限;南京以45周岁为界限;东莞则以18周岁、35周岁和45周岁为积分分界线。沈阳、南京对低于界限年龄的申请者,采取减龄加分制,东莞对超出界限年龄的申请者,采取增龄减分制。虽然东莞与沈阳、南京采取的积分方式不同,但三座城市都体现了对年轻申请者的偏好。

3. 各城市关于个人素质的要求。个人素质指标包含文化程度和技能水平两项内容。在此指标下,各大城市虽然积分规则迥异,但都倾向于吸纳高技能、高学历的人才。具体个人素质指标如表6、表7和表8所示。

表6　　　　　　　　北京、上海、深圳个人素质指标的比较

地区	北京	上海	深圳
文化程度	1. 研究生学历并取得博士学位:37分; 2. 研究生学历并取得硕士学位:26分; 3. 本科学历并取得学士学位:15分; 4. 专科(含高职):10.5分	1. 博士研究生学历学位:110分; 2. 硕士研究生学历学位:100分; 3. 大学本科学历和学士学位:90分; 4. 大学本科学历:60分; 5. 大专(高职)学历:50分	1. 大专以上学历并具有中级以上全国统考专业技术人员职业(执业)资格:100分; 2. 非全日制的本科学历并具初级专业技术资格:90分; 3. 非全日制的本科学历:80分; 4. 大专学历并具有初级专业技术资格或高级技能职业资格(紧缺类):80分; 5. 全日制大专学历:70分; 6. 非全日制的大专学历:60分

续表

地区	北京	上海	深圳
技能水平	无	1. 持证人取得技能类国家职业资格一级或高级专业技术职务任职资格，140分； 2. 持证人取得技能类国家职业资格二级、中级专业技术职务任职资格或相当于中级专业技术职务任职资格的专业技术类职业资格，100分； 3. 持证人取得技能类国家职业资格三级，60分； 4. 持证人取得技能类国家职业资格四级，30分； 5. 取得技能类国家职业五级：15分	1. 专项职业能力一级（紧缺类）：100分； 2. 技师（紧缺类）：90分； 3. 专项职业能力二级（紧缺类）：90分； 4. 高级技能（紧缺类）：70分； 5. 专项职业能力三级（紧缺类）：70分； 6. 中级技能（紧缺类）：40分； 7. 专项职业能力四级（紧缺类）：40分

表7　广州、天津、武汉个人素质指标的比较

地区	广州	天津	武汉
文化程度	1. 本科及以上学历：60分； 2. 大专或高职：40分； 3. 中职或高中：20分	1. 本科及以上学历：40分； 2. 大专学历：30分	1. 本科学历，且获学士学位：60分； 2. 本科学历，无学士学位：50分； 3. 大专学历：40分； 4. 高中、中职学历：10分
技能水平	1. 中级职称、技师：50分； 2. 高级工、事业单位工勤技术工岗位三级：30分； 3. 中级工、事业单位工勤技术工岗位四级：10分； 4. 现从事与上述专业技术资格证书、职业资格证书相对应职业工种工作：10分	1. 高级职称、高级技师：50分； 2. 中级职称、技师：40分； 3. 高级工：30分； 4. 初级职称：20分； 5. 中级工：15分； 6. 初级工：5分	1. 中级专业技术资格：80分； 2. 中级工：60分； 3. 初级专业技术资格、初级工：30分

表 8　　　　　　　沈阳、南京、东莞个人素质指标的比较

地区	沈阳	南京	东莞
文化程度	1. 博士研究生：100 分； 2. 硕士研究生：90 分； 3. 大学本科学历：80 分； 4. 大学专科学历：70 分； 5. 高中学历（含中专、中职）：60 分； 6. 初中学历：50 分； 7. 小学以下文化程度：40 分	1. 博士研究生学历：140 分； 2. 硕士研究生学历：100 分； 3. 本科学历：80 分； 4. 大专或高职学历：60 分； 5. 中专或中技学历：40 分	1. 本科及以上学历：80 分； 2. 大专学历：60 分； 3. 高中学历：20 分
技能水平	1. 取得一级（高级技师）国家职业资格证书：100 分； 2. 取得二级（技师）国家职业资格证书：90 分； 3. 取得三级（高级）国家职业资格证书：80 分； 4. 取得四级（中级）国家职业资格证书或五级（初级）国家职业资格证书：60 分； 5. 取得专项能力证书：50 分	1. 中级专业技术资格：120 分； 2. 国家职业资格三级：100 分； 3. 初级专业技术资格：80 分； 4. 国家职业资格四级：60 分； 5. 国家职业资格五级：40 分	1. 中级工：60 分； 2. 初级工：30 分

表 6 结果显示三个城市皆按文化程度阶梯式积分，最低积分要求为大学专科文凭。相比北京、上海，深圳对文凭要求相对较低。在深圳，大专以上文凭的申请者积分分值无差异，即博士和全日制本科生所积分数是一致的。而在北京、上海，以大专学历为积分底线，大专以上学历层次与积分分值成正比。相比于北京，上海更加看重高学历人才。在上海，获得博士学位学历的人可积分值与获得专科学历的人可积分值相差 60 分，而北京两类人群分值差距为 26.5 分。与北京、上海学历单项积分不同，深圳对学历的加分中除了采用学历单项积分模式外，还引用学历、职称相结合的双项积分模式。在技能方面，北京无加分，上海、深圳按级别阶梯式加分。比较文化程度和技能水平的加分政策，上海、深圳更倾向高技能人才，上海在技能上的最高分为 140 分，而文化程度的最高分为 110 分。

由表 7 可知，相比北京、上海、深圳，广州、天津、武汉在个人素质指标的要求较低，积分规则简单。在文化程度方面，三个城市在积分规则中不区分本科及以上学历。相比天津，广州、武汉对申请者学历要求更为宽松。在该指标下，天津最低积分学历为大专学历，而广州、武汉对中职学历也赋予一定分

值。在技能水平上，与表 6 的三个城市相比，表 7 列示的三个城市更看重技能等级。在广州、武汉，拥有中级职称或技师等级的申请者即可获得技能指标满分，而在天津，同等条件的申请者只能得到部分积分。

与超大城市相同，表 8 中的特大城市在个人素质指标的积分规则设置上也采用多层次积分模式。三个城市中，东莞的积分规则最简单，积分层次也最少。东莞在文化程度指标中仅分本科及以上学历、大专学历、高中学历三个层次，而沈阳、南京对本科以上学历进行了进一步细分，并按学历等级分别赋分。在本文所选的所有样本城市中，沈阳对申请者学历划分的层次最多，积分规则对学历下限的要求也最低，即为小学及以下文化程度。而其他城市中，最低积分学历为中专或高中。

4. 各城市关于纳税的要求。结合样本城市有关纳税情况指标的内容和文章的研究对象的收入获取方式只选取与申请者劳动所得相关的个人所得税的积分规则进行分析比较。由于各城市经济发展水平不同，因此，积分标准也不同。具体要求见表 9、表 10 和表 11。

表 9　　　　　　　　　北京、上海、深圳纳税指标的比较

地区	北京	上海	深圳
积分标准	1. 申请人在本市近 3 年连续纳税； 2. AVSIT≥10 万元	1. 申请人在本市投资创办企业； 2. 最近连续 3 年纳税； 3. AVIT≥10 万元	1. 申请人在本市近 3 年纳税； 2. ASIT 以 7.6 万元下限，按 6 级阶梯式积分
积分规则	6 分	1. 最高积 100 分 2. AVIT 每满 10 万元，积 10 分	1. ASIT＞24 万元：100 分 2. 20.2 万元＜ASIT≤24 万元，90 分； 3. 15.7 万元＜ASIT≤20.2 万元，80 分； 4. 11.2 万元＜ASIT≤15.7 万元，70 分； 5. 9.4 万元＜ASIT≤11.2 万元，60 分； 6. 7.6 万元＜ASIT≤9.4 万元，50 分
其他	有涉税违法行为记录的个人，每条记录扣 12 分	平均每年聘用上海籍户籍人员人数≥10 人，按 10 分/10 人积分	须在最近 3 个年度内每年均有完税记录（以申报日期/入库日期为准），但最近 3 个年度内累计纳税达到 24 万以上的除外

注：AVSIT（average income tax from salary and remuneration）＝工资、薪金所得以及劳务报酬所得目下平均每年的个人所得税应纳税额；AVIT（average income tax）＝近 3 年平均每年应纳个人所得税税额；ASIT（accumulative income tax from salary and remuneration）＝工资、薪金所得（含全年一次性奖金）以及劳务报酬所得税目下近 3 年累计缴纳的个人所得税税额。

表 10　　　　　　　广州、天津、武汉纳税指标的比较

地区	广州	天津	武汉
积分标准	1. 申请人在本市近3年纳税； 2. NAIT≥10 万元	1. 申请人在本市近3年纳税； 2. AIT≥10 万元	1. 申请人在本市纳税； 2. ASIT 以 0.5 万元为标准尺度，累计积分
积分规则	20 分	20 分	1. 10 分； 2. SIT 每增加 0.5 万元，加 10 分； 3. 最高 100 分
其他	一个纳税年度指当年的 1 月 1 日至 12 月 31 日	无	无

注：AIT（accumulative income tax）= 近 3 年在本市依法缴纳个人所得税累计税额；NAIT（net of accumulative income tax）= 近 3 个纳税年度缴纳个人所得税净入库累计税额；ASIT（accumulative income tax from salary and remuneration）= 工资、薪金所得（含全年一次性奖金）以及劳务报酬所得税目下近 3 年累计缴纳的个人所得税税额。

表 11　　　　　　　沈阳、南京、东莞纳税指标的比较

地区	沈阳	南京	东莞
积分标准	无	1. 近 3 年连续纳税； 2. ASIT 以 0.1 万元为尺度，累计积分； 3. BIT 以 0.5 万元为尺度，累计积分	1. 申请人在本市纳税； 2. IT 以 0.1 万元为标准尺度，累计积分
积分规则	无	1. 最高分值：100 分； 2. ASIT 每增加 0.1 万元，加 5 分	1. 最高分值：100 分； 2. IT 每满 0.1 万元，加 1 分

注：ASIT（accumulative income tax from salary and remuneration）= 工资、薪金所得（含全年一次性奖金）以及劳务报酬所得税目下近 3 年累计缴纳的个人所得税税额；IT（income tax）= 个人所得税。

表9与表10列示的超大样本城市不仅在纳税情况指标中的积分规则各不相同，而且各城市的积分标准也不一致。北京、深圳、武汉都以申请人仅在工资、薪金所得以及劳务报酬所得税目下的个人所得税纳税额为积分标准，其他城市除上海外，都没限定个税的税目。上海在此指标中，要求申请人在该市投资创办企业，其他城市没有此类要求。虽然北京、深圳、武汉对申请人个税要求的种类一致，但标准不同。北京规定依纳税人个税的平均税额进行积分，深圳、武汉仅要求申请人个税的累计额。与所有样本城市不同，广州在此指标中

的积分标准为纳税人的个税净入库累计税额，而非应纳税所得额。对于积分下限的金额，北京、上海、广州、天津都以10万元为标准。其中，北京、广州、天津采取固定分值的积分方式，深圳采用6级超额累进分值的积分方式，武汉则采用比例分值。

表11显示，特大城市在纳税情况指标的积分规则上比超大城市的积分规则简单。沈阳未将纳税情况纳入该市的积分指标体系中，南京、东莞与武汉一样，采用比例分值进行积分。虽然两个城市积分都以累计税额为积分标准，且在此指标下的最高分值相同，但标准的具体内容不同。南京对个税的应纳税额税额仅限于工资、薪金及劳务报酬两个税目，东莞未作特别说明。

三、积分落户制度对农业转移人口市民化的影响

目前，我国城市针对外来人口落户的渠道主要为投资落户、入学落户、人才引进、近亲投靠和"积分落户"。对于农业转移人口而言，除"积分落户"，其他途径都很难实现。但是，通过比较和分析现行的"积分落户"制度后发现，农业转移人口不易满足申请条件，即便符合申请条件，仍难以积得高分。而各城市除划定落户分数线外，还因人数指标的限制，采取对申请者以分数从高到低批准落户。因此，目前超大城市及特大城市实行的"积分落户"制度对农业转移人口来讲无异于"望洋兴叹"。

1. 社会保险指标对农业转移人口市民化的影响。积分落户制度中，无论是北京、上海等超大城市还是沈阳、南京等特大城市，都对缴纳社保的年限作了硬性要求。但对于大多数生活在城市低层，从事简单但重体力工作的农业转移人口而言，达到上述要求，难度巨大。农业转移人口法律意识淡薄，文化层次偏低，从事的工作岗位又不具有竞争力，导致大部分农业转移人口并未与用工企业签订正式劳动合同。缺乏正规合同的约束和降低成本追求利润最大化的目标减少了用工单位为农业转移人口缴纳社保的积极性，因此，大部分农业转移人口在城市未缴纳社保，无法满足"积分落户"制度的申请条件。其次，积分落户申请条件规定了缴纳社保的区域为落户城市，这排除了农业转移人口用其户籍所在地缴纳的农村医疗保险年限来落户的可能。由此可见，积分落户政策中社保指标的要求限制了农业转移人口市民化的进程。

2. 年龄指标对农业转移人口市民化的影响。改革开放以来，大量农业转移人口的涌入，为城市的建设提供了充足且低廉的劳动力，加快了经济增长和城市建设的步伐。以1978年改革开放为时间计算点，结合当时整体社会环境，假设16周岁以上有能力且有意愿从事劳动的农业转移人口为劳动力，经推算，现今这部分为城市发展和经济增长作出巨大贡献的农业转移人口年龄已超过

50周岁，更有甚者已达60周岁。据统计，2017年，在北京，农业转移人口平均年龄为45.3岁，该群体50岁以上人群比例为30.7%①。但各城市的积分落户制度中，集体倾向于中青年申请者，大多数城市将积分区间上线划分到45周岁，深圳、武汉、东莞甚至是出现了年龄减分制，这大大降低了改革开放初期投身城市发展的农业转移人口就地落户的可能性，使这批老一代城市贡献者晚年仍享受不到丰富的城市公共资源和优越的城市福利。因此，年龄指标下的积分规则阻碍了一大批农业转移人口的市民化之路。

3. 个人素质指标对农业转移人口市民化的影响。大多数城市皆以大学专科文凭为教育程度积分底线设立了积分体系，其中北京、上海、天津等城市按文凭高低梯度积分。相对于天津的粗略分类，北京、上海在积分梯度中作了细致划分，即学历高低与积分分值成正比。据悉，在上海，博士研究生仅教育程度项就可积分110分，而该市积分落户申请基准线只为120分。显而易见，对于一个博士申请者，很容易在上海通过积分取得户籍，但对于一个农业转移者却很难实现。据CHNS在1989～2011年的数据显示，农业转移人口的平均教育年限从1989年的6.92年到2011年的8.95年②。虽然农业转移人口的整体平均教育年限有所增加，但仍在全日制大学专科教育年限之下。以北京为例，据统计，该城市农业转移人口的学历多数为初中，占比高达56.1%，大专及以上文化程度占比仅为12.5%③。由此可见，积分落户制度的教育程度指标排除了农业转移人口，制度制定者在农业转移人口与其他流动人口之间并未做到一视同仁。除此之外，许多大城市对高素质、高文凭的人开设了绿色通道，如人才引进、工作落户、投资落户等。不仅如此，各大城市对接受过高等教育的人也表现出政策倾斜，如2017年10月武汉市政府颁发的《关于进一步放宽留汉大学毕业生落户试行政策》明确指出高校毕业生凭毕业证即可在武汉落户。大城市的限"人口"不限"人才"的现象加大了农业转移人口与其他流动人口的差距，增加了农业转移人口落户的难度，阻碍了农业转移人口市民化的进程。再者，推出技能指标积分的部分城市，仅对其紧缺岗位所需技能实行加分，未考虑农业转移人口是否具备该技能能力。由此可见，各城市"积分落户"制度中的个人素质指标在农业转移人口市民化进程中也没能起到推动作用。

4. 纳税指标对农业转移人口市民化的影响。各城市"积分落户"指标体系中的纳税，包含以提供劳动和提供资本获取所得的两种纳税情况。这其中，与农业转移人口相关的是以提供劳动获取所得的个人所得税积分标准。农业转

---

①③ 国家统计局北京调查队公布的《2017年北京农民工监测调查报告》。
② 吴贾，姚先国，张俊森. 城乡户籍歧视是否趋于止步——来自改革进程中的经验证据：1989～2011[J]. 经济研究，2015（11）.

移人口在城市中多数聚集在重体力、低报酬的劳动岗位上,能够达到缴纳个人所得税的免征额的为数不多。虽然在北京、上海,由于城市整体工资水平偏高,个税免征额又未按城市经济状况分别设置,使得部分农业转移人口满足个税起征条件,但其所缴纳个税税额仍很难达到10万元税额的积分下限。其次,工资、薪金和劳务报酬两大税目的纳税方式为代扣代缴。然而,大多数农业转移人口未能与用人单位签订正规劳动合同,未建立稳定的用工关系,导致用工企业不愿承担代扣代缴职责,农业转移人口中的纳税人也就无法取得纳税凭证,无法在积分体系中得到分值。总体来看,纳税指标对农业转移人口市民化进程无法带来积极影响。

四、积分落户制度对农业转移人口市民化负面影响的潜在原因

1. 城市人口空间分布不均,造成城市拥堵假象。在我国,城市以同心圆形式发展,即由于城市中心具有重要的政治职能和经济职能,致使大量优秀资源集中于城中,而对于城市其他地区,资源集中度和资源质量以中心往外逐渐降低。正因为如此,城中经济建设迅速、配套设施完善、公共服务健全、就业机会多。这些优势都吸引着人口大量向中心城区聚集,势必造成中心城区资源紧缺、人口拥挤,而城市郊区却人口稀疏,造成资源浪费。据调查,2010年在北京,以天安门为中心30公里以内的区域容纳了87.11%的常住人口,其中57.31%集中在15公里以内的区域①。近些年,部分城市为缓解人口压力、加速城市发展试图在城市内建立城市圈、在城市间建立经济区,如京津冀都市圈。但在现阶段,这些方法分散人口的功能却不够显著。据资料显示,由于京津冀都市圈内城市间经济发展不均,导致人口向经济重心的北京迁移(尹德挺等,2015),这不仅没有分散北京人口,反而加剧北京人口增长率,增加北京城区拥堵程度。人口分布不均造成的城市拥挤假象促使制度的制定者收紧"积分落户"制度,设置严格的积分体制,加大积分难度,限制落户人数。而受此影响最大的必定是农业转移人口。

2. 城市发展定位有偏差,导致对农业转移人口需求减少。21世纪,信息技术高速度增长和高新技术产业蓬勃发展都加强了我国经济实力,提高了我国经济水平。为了快速提高经济增长率,各大城市都加大了对技术创新的投入,定位于大力发展新兴产业和高新产业。这势必会增加城市对高技术、高文凭人才的需求,减少对文化层次较低,技术水平有限的农业转移人口的需求。除此

---

① 尹德挺,史毅,卢镱逢. 经济发展、城市化与人口空间分布——基于北京、东京和多伦多的比较分析[J]. 北京行政学院学报,2015(6).

之外,农业转移人口多集中在工作流程简单,操作重复单一的制造业、建筑业和服务业中的低端岗位,这些岗位的替代性和流动性较强,且劳动力供给量大于需求量,这也势必降低城市对农业转移人口的需求。然而一个城市经济水平的提高并不是部分产业就能带动的,它需要各产业协调发展。并且,只有将劳动力按结构合理分配才能真正提高效率,促进经济快速增长。综上所述,目前,大多数城市唯高新产业论的观念导致城市定位错位,影响政策制定者对需求人群的判断,使制定者故意提高落户门槛,用学历、技能积分规则拉大农业转移人口和其他流动人口距离,降低其落户的可能。

3. 城市社会保障力度不够,导致农业转移人口角色转换困难。农业转移人口涌入城市后,用工单位并未向其提供充分的合法保障。如用工单位与农业转移人口不签订正规劳动合同、不提供安全的工作环境、无理克扣拖欠工资,不依法为农业转移人口缴纳社保的现象频频发生。与此同时,政府对农业转移人口保障力度也不够,未对用工单位制定完善的监督机制和惩罚体系,使其侵犯农业转移人口权利的成本较低。其次,政府提供给农业转移人口的维权申诉方式单一,途径较少。如劳动纠纷解决途径为劳动仲裁,但很少有农业转移人口真正了解此救助途径。以上原因都会引起农业转移人口在城市难以保障自身合法权益,导致其城市融入感差,在城市中角色转换难度大,使他们产生自卑心理,更有甚者会因此做出触犯法律,危害社会的行为。这些都将影响政策制定者对农业转移人口素质的判断,借以提高社会安全度,促进社会和谐健康发展为由,限制农业转移人口数量,择优落户。

五、结 论

城市人口空间分布不均、城市发展定位有偏和社会保障力度不够都将导致政策制定者在"积分落户"申请条件和积分规则的设定上做出不利于农业转移人口市民化的行为。但是,限制农业转移人口的数量就能解决城市拥挤现象吗?农业转移人口只能是低文化、低技能的人吗?城市发展真的不需要农业转移人口吗?这些问题都值得整个社会不断思考。事实上,东京、多伦多和纽约,这些作为世界上公认的人口密度高的城市,通过合理的城市结构和政策引导,都未因为人口数量的增加而制约城市经济的发展,降低城市居民生活质量[①]。其次,城市的发展不应只是某一经济领域的独立发展,而应是第一产业、第二产业以及第三产业综合发展的过程,而作为服务业的第三产业需要大

---

① 陈佳鹏,黄匡时. 特大城市的人口调控:东京经验及其启发[J]. 中国人口·资源与环境,2014,24(8).

量人工的投入。基于成本和科技水平的限制，服务业中仍存在操作流程简单重复但报酬不高的工作岗位，若让接受过高等教育的大学本科以上人群从事上述工作，势必造成社会资源的浪费；若让农业转移人口流动在以劳动为主导的劳动市场，让接受过高等教育的人才流动到以知识为主导的劳动市场，必定会是社会资源配置得到优化，实现帕累托改进。再者，农业转移人口可以经过正规、系统的社会培训能够获得专业技能，提高技能水平，从而为城市的发展做出贡献。所以，城市的发展离不开农业转移人口，"积分落户"制度应该公平合理地考虑农业转移人口的利益，推动农业人口市民化进程。基于以上分析，文章对建立合理公平的积分落户制度提出几点政策上的建议。

六、政策建议

1. 分类分配指标，对不同群体制定不同积分规则。早在 2004 年，上海对非本市生源高校毕业生实行积分落户开始，我国开始尝试性探讨积分落户制度。如今，大多数已经实行该制度的城市，但积分落户制度只有一套评分体系。将非本地户籍的所有流动人口放在同一起跑线进行积分计算，即农业转移人口与受过良好教育的人群同时开始积分，最终按分值高低排序限制数量的落户，这无疑是加大了农业转移人口市民化的难度。因此，各城市政府可以效仿广州①，尝试每年在落户指标中分一定比例指标给农业转移人口，可以按农业转移人口对城市的贡献程度建立一套完整的积分体系，降低农业转移人口市民化的难度。另外，在现行的积分体系中以文化程度进行比较，农业转移人口必然不及本科以上学历的毕业生。但以对城市的贡献程度来评价，农业转移人口并不一定比硕士、博士低。因此，考虑到相对公平原则，在积分体系中可以在本市的工作年限和学历之间设置阶梯式的转换规则，为农业转移人口市民化扩宽渠道。

2. 加大财政支出，加强地方技能培训，增加考核次数。目前，我国国家职业资格目录共计 140 项职业资格。其中，专业技术人员职业资格 59 项，含准入类 36 项，水平评价类 23 项；技能人员职业资格 81 项，含准入类 5 项，水平评价类 76 项②。上述职业资格，农业转移人口最有可能获取的为技能人员职业资格，相比中国总量为 2.74 亿，外出人员为 1.7 亿的农业转移人口群

---

① 2010 年广州依据《关于开展农民工积分制入户城镇工作的指导意见》出台一套针对农业转移人口的"积分落户"制度和积分体系.
② 国家职业资格目录情况来源于人社部〔2017〕68 号文件.

体①，81项的技能职业资格远远满足不了需求。除此之外，一年一次的考试频率加大了农业转移人口获取证书的难度。因此，为提高农业转移人口的技能水平，提高其对城市的贡献度，各省市应在对农业转移人口职业技能的培训上加大财政投入，可以根据城市发展需求，对于紧缺技能，一年内可多次且系统地组织农业转移人口进行培训，实行考核，颁发证书。在积分体系中，应承认省市颁发的技能证书，并按等级排序并赋予相应分值，促进农业转移人口市民化快速进行。

3. 增加财政扶持力度，完善社会保障体系。现行的积分落户制度和积分指标体系中对申请人参加社保的年限和稳定的住所都有要求。然而，现实中，大多数聘用农业转移人口的企业并未为其缴纳社保，大部分农业转移人口在城市中居住地也不稳定，这势必会严重影响该群体以积分落户的途径完成市民化。对此，当地政府应加快出台系列政策、法规，强制本地企业对聘用的农业转移人口缴纳社会保险。并且，当地政府应该为农业转移人口建立多元化的维权渠道，对没有及时、足额地为农业转移人口缴纳社会保险的企业进行罚款。除此之外，当地政府可结合本地情况合理建设廉租房、公租房，或者为农业转移人口进行保障性住房补贴，从而使该群体在城市找到稳定的落脚点，让他们不再游离在城市之间。这些措施都有助于推动农业转移人口市民化进程，为整个市民化奠定了坚实的社会保障基础。

参考文献

[1] 陈佳鹏，黄匡时. 特大城市的人口调控：东京经验及其启发 [J]. 中国人口·资源与环境，2014，24（8）.

[2] 曹琛琪，祁琪，徐蕊等. 北京、上海、深圳三地积分落户政策比较及分析研究 [J]. 经营管理者，2017（4）.

[3] 卢海阳，梁海兵，钱文荣. 农民工的城市融入：现状与政策启示 [J]. 农业经济问题，2015（7）.

[4] 李强，胡宝荣. 户籍制度改革与农民工市民化的路径 [J]. 社会学评论，2013，1（1）.

[5] 刘唐宇，罗丹. 我国农民工就业歧视：现状、原因及政策建议 [J]. 四川理工学院学报（社会科学版），2014（3）.

[6] 钱正武. 社会排除：农民工市民化进程缓慢的根本原因 [J]. 调研世界，2011（2）.

[7] 申兵. 我国农民工市民化的内涵、难点及对策 [J]. 中国软科学，2011（2）.

[8] 孙友然，凌亢，张新岭等. 我国农业转移人口市民化研究综述 [J]. 西北农林科技大学学报（社会科学版），2016，16（12）.

---

① 王桂新，胡建. 城市农民工社会保障与市民化意愿 [J]. 人口学刊，2015（6）.

[9] 王桂新,胡建. 城市农民工社会保障与市民化意愿 [J]. 人口学刊, 2015 (6).

[10] 吴贾,姚先国,张俊森. 城乡户籍歧视是否趋于止步——来自改革进程中的经验证据: 1989 – 2011 [J]. 经济研究, 2015 (11).

[11] 尹德挺,史毅,卢镱逢. 经济发展、城市化与人口空间分布——基于北京、东京和多伦多的比较分析 [J]. 北京行政学院学报, 2015 (6).

[12] 杨永磊. 农民工"积分落户"与"人地挂钩"协同推进研究 [J]. 上海经济研究, 2016 (2).

[13] 张倪. 积分落户面临大城市病考验 [N]. 中国经济时报, 2015 – 12 – 14 (001).

The Research on the Influence of Points-based Hukou System on the Citizenization of Agricultural Transfer Population

Mei Jianming   Luo Huiyue

Abstract: In China, the citizenization of agricultural transfer population is the key to the implementation of regional coordinated development strategy. It is also the core of acceleration of urbanization construction, optimization of population distribution and adjustment of regional structural. The more important, it is endogenous power for our country to reach "two hundred years" goal, promote social stability, and harmonize the whole society. Nevertheless, the crucial step for the citizenization of agricultural transfer population is to solve the issue of Hukou. The "point-based Hukou system" is an innovative move in the household registration reform, which has opened up a new path for the agricultural transfer population to immigrant in cities. This article uses inductive summarization and comparative analysis to study the impact of the current "point-based Hukou system" on the urbanization of agricultural transfer population. According to the division of cities as the population scale by the State Council, the article selects sample cities in major cities and megacities. This paper compares and analyzes the application conditions and the integration rule in point-based Hukou systems in samples cities under the four indicators of social security, age, personal quality, and taxation status. The result disclosures, under the current point-base Hukou system, it is difficult for agricultural transfer population to apply and the score will be low for them to acquire. These situations hinder the whole process of citizenization of agricultural population. Finally, the article analyzes the potential causes of the negative effect of the point-based Hukou system on the urbanization of the agricultural transfer population, and proposes reasonable feasibility suggestions to promote the process of citizenization of agricultural transfer population.

Keywords: Point-based Hukou System, Agricultural Transfer Population, Citizenization

从 FATCA 到特朗普税改：美国税收"单边主义"评析*

李 波 王泯之**

摘 要：随着经济全球化的深化和发展，跨国公司大量增加，资本、技术、人才等要素在全球范围内流动不断增强，由此引发了诸多国际税收领域的争议和问题。各国为了维护其自身的税收主权和利益纷纷加入到国际税收竞争的行列。美国作为资本输出大国在经济实力和综合实力上占据绝对优势的条件下更加倾向于采用税收"单边主义"行动来保障自身财税利益，增强其税收国际竞争力，最具代表性的就是 2010 年美国《海外账户税收遵从法案》（FATCA）的颁布和 2017 年美国总统特朗普签署并由国会通过的《减税与就业法案》。这两部法案可以说都是美国凭借其超级大国地位增强美国国内法案域外效用的战略路径，是税收"单边主义"行动的具体体现。本文通过对 FATCA 和特朗普税改内容的描述，分析美国税收"单边主义"行动对全球税收治理的影响及中国的应对策略。

关键词：FATCA；特朗普税改；单边主义；税收治理

一、美国《海外账户税收遵从法案》（FATCA）的颁布

FATCA 即美国 2010 年第 111 次国会颁布的《海外账户税收遵从法案》（Foreign Account Tax Compliance Act），一经颁布便引发国际社会的广泛关注，对于国际税收新秩序的建立有着重要的推动作用。该法案是美国为了打击其纳税人通过外国金融或非金融机构隐匿海外资产的逃税行为而制定的国内法案。FATCA 作为过去十年在国际税收领域最重要的美国立法，是在全球论坛框架之外制定的，美国以其国内法的形式来要求海外政府或者金融机构向其公开纳税人涉税信息，为了保全自身的税收利益并没有充分考虑他国的税收主权和利益关系，可以说是"单边主义"行动的典型表现。以下将通过 FATCA 相关内

---

* 本文受中山大学新华学院公共管理课题（F2017STSZD01）和湖北经济学院地方税收研究中心 2017 年课题支持。感谢审稿人的建议，文责自负。

** 李波，中南财经政法大学财税学院教授，博士生导师；王泯之，中南财经政法大学财税学院博士生。

容的介绍，分析该法案所体现的美国税收"单边主义"特点。

（一）FATCA主要内容：报告主体、监管对象和执行模式

FATCA主要内容从报告主体、监管对象和执行模式三个部分来阐述。根据FATCA及其系列文件规定，美国要求外国金融机构和非金融机构均需按照规定向美国联邦税务局公开美国人账户信息以及可缴纳预提税款项。该法案规定账户信息的报告主体是美国人、外国金融机构和非金融机构。这里的美国人泛指美国自然人，同样美国非上市公司、美国信托、美国合伙也被纳入主体范围，即美国自然人或机构拥有一个外国公司的利润或资本分配权益超过10%，或拥有一份外国信托，且不论其所有权比例是多少，这种外国公司、合伙和信托都是FATCA所规定的信息报告主体[①]。外国金融机构又称FFI，是被美国财政部和国税局认定的负有美国账户信息申报义务的存款机构、托管机构、法人投资主体、保险公司和控股公司以及代理客户管理资产等金融机构。外国非金融机构主要指企事业相关部门等，主要是指经济实体。

FATCA主要监管对象是账户信息和可缴纳预提税款项，要求公开的账户信息包括由美国自然人、美国机构或拥有美国实际受益人的外国机构持有的价值总计在5万美元以上的金融账户。账户具体信息包括账户持有人的姓名、住址、纳税人识别号；账户号码；有关金融机构的名称和识别码；该账户所获得的源自美国的红利总额；储蓄账户的利息总额；该账户所获得的其他源自美国且符合美国税法报税规定的收入总额等。可缴纳预提税款项是指可以提前扣缴预提税的款项，不仅包括工资、薪金、利息、股息、租金、奖金等固定收益，也包括出售或以其他方式处分的在美国企业的股票和证券的毛收入[②]。外国机构以转账形式支付给美国人的款项都被囊括其中，这样一来美国人来自美国或者境外的全部所得和毛收入都将进入IRS的监管范围。

FATCA除了对报告主体和监管对象做出明确规定外，还制定了一项强制性保障措施来确保其执行力度，即30%预提税的征收，这是美国FATCA针对不配合的外国机构专门制定的保障性惩罚条款。法案规定外国金融机构必须与美国国税局签订《外国金融机构协议》，其核心内容为：配合税务局进行客户调查，并每年向美国税局提供其美国客户的账户金融信息等[③]，对于拒不签约

---

① 崔晓静. 美国海外账户税收合规制度及我国的应对 [J]. 法商研究, 2013 (1).
② 李华泉. 美国FATCA对中国金融业的影响及中国的对策 [J]. 江西财经大学学报, 2014 (6).
③ 季伟.《海外账户税收遵从法案》的影响及我国金融机构的应对之策 [J]. 金融纵横, 2014 (3).

的外国金融机构或者非金融机构 FATCA 则规定了不同的惩罚性预提税征收方式。针对拒不签约的金融机构其在美投资收益将面临 30% 的预提税征收,完税后才准许汇出;对于外国非金融机构 FATCA 规定其应当识别并报告持有本机构权益份额的美国人账户信息,否则,将对这些美国人账户征收 30% 的预提税。

目前 FATCA 主要有两种执行模式;一种模式是外国机构直接与美国国税局(IRS)签订协议,并向美国国税局公开美国人账户信息,但是对于其过手付款预提 30% 的税款,即是对于未与 IRS 签订协议且不被豁免的外国机构、不予配合账户验证和尽职调查的账户持有人负有代扣代缴预提税款的义务。该模式是美国政府强制要求金融或者非金融机构向其披露涉税信息,并不是税收情报的自动交换。另一种模式是美国政府与其他国家签订政府间协议,要求外国政府向该国的金融机构搜集相关税收情报,自动移交给美国国税局,其金融机构就不必再与美国财政部签订合作协议,美国也将不再对支付给外国金融机构的可预提款项征收 30% 的预提税。在这种执行模式下双方签订政府间协议,外国政府向美国提供美国人账户信息的同时美国也向外国政府提供其所掌握的该国纳税人的账户信息,这种模式是一种双边税收情报交换机制,对于推动税收情报自动交换体系有着重要的意义。

(二) FATCA 法案的"单边主义"特征分析

美国 FATCA 法案本身带有浓厚的税收"单边主义"色彩,可从该法案的性质以及内容两方面来分析。

首先从该法案的性质来看,FATCA 属于美国国内法案,颁布此法案的目的是为了打击纳税人的海外避税行为,作为一部国内法案其适用范围远远超过了本国辖区并且主要监管对象是外国金融机构,单方面要求外国机构向其披露美国人账户涉税信息,推行这种权利义务极不对等的法案背后,战略目的正是利用美国在国际经济中的优势和影响力来实现国内法案的域外效用,凭借其超级大国的地位来影响海外机构。由此可以看出美国以其国内法的形式规定域外机构负有向其公开涉税信息义务的行为非常符合"单边主义"行为特征。

其次从 FATCA 的内容上来分析,其税收"单边主义"主要体现在以下几个方面:

1. FATCA 法案要求向美国税务当局提供有关其公民的信息,但同时仍为在美国投资的外国人提供事实上的银行保密,可见 FATCA 相关的最大风险是它有可能破坏与全球论坛进程相关的互惠和合作,延续并加剧美国国际税收政策的双重标准,特别是征收 30% 的预提税,实际上是一种巨额的惩罚性税收,专门针对拒绝向美国公开涉税账户信息的外国机构采取的惩罚措施。美国作为资本输出大国在资本市场上占有主导地位,对于全球金融机构来讲如果不按照

FATCA 的要求向美国公开涉税账户信息其在美国的投资收益将面临 30% 巨额预提税的征收，金融机构将会遭受巨大的经济损失。这种惩罚性税收是美国凭强制金融业为其开通的税收"绿色通道"，是一种无视他国利益的"单边主义"行为表现。

2. 税收情报交换的非对等性。目前 FATCA 的执行模式有两种：金融机构直接与 IRS 签订协议和美国与他国签订政府间协议，前一种模式下美国单方面要求外国机构向其披露账户信息但是并不对该机构提供其掌握的税收情报，这种税收情报交换的非对等性是美国税收"单边主义"的重要体现。即使第二种模式下美国与他国经过协商谈判签订政府间协议，即在他国金融机构向美国公开税收情报的同时美国也向该国提供其所掌握的纳税人涉税信息，仍然存在这种不对等性。相对美国而言其他国家对于税收情报的获取和利用能力远远不如美国，通过双方税收情报交换美国所取得的税收利益要远远高于其他国家。由此，FATCA 致力于协助美国国税局获得有关离岸投资和美国税务居民储蓄的信息，但其立法不寻求在各国之间制定国际协议或条约，而是迫使外国金融机构单向披露有关美国税务居民所持账户的信息，FATCA 所带来的这种税收情报交换的非对等性可以直接反映出其"单边主义"特征。

3. 忽视与其他国家国内法律的冲突及对别国造成的经济损失。首先 FATCA 作为美国的国内法其相关内容的规定会与金融机构所在国国内法律法规存在冲突。譬如很多国家对金融行业都有相关保密法律规定，金融机构选择向 IRS 公开金融账户信息就有违反本国保密法律法规的风险，但是美国推动 FATCA 执行并不关心与其他国家国内法律法规的冲突问题，这种为了保护自身利益无视他国风险的行为是美国税收"单边主义"的本质体现。其次签订 FATCA 协议会给金融机构所在国带来巨大的经济成本，高额的合规成本会给参与国带来不小的经济损失，金融业界估计大型银行实施 FATCA 的合规成本在 1 亿美元至 2 亿美元之间①，这从侧面体现出 FATCA 法案的"霸权"性质。

二、特朗普税改及法案

2017 年 12 月美国参议院以 51 票对 49 票通过税改法案，美国总统特朗普签署了《减税与就业法案》，该法案是自里根税改以来"美国历史上减税力度最大的税改方案"。美国总统特朗普在竞选期间就多次提及税改计划，之后经

---

① 摩根大通欧洲、中东和非洲（MEA）资产管理业务负责人詹姆斯·博德里奇（James Broderich）：Forbes. FATCA Carries Fat Price Tag [EB/OL]. http://www.forbes.com/sites/robertwood/2011/11/30/fatca-carries-fat-price-tag/，February 17, 2015.

过一系列的修改和投票该法案最终得以落地实施。特朗普税改在税收领域可以说是非常明显的"单边主义"行动。它以世界头号超级大国的身份启动国内税改计划对于现有的国际税收竞争与合作秩序都会带来一定的影响。以下将通过对特朗普税改内容的介绍以及减税规模估算分析特朗普税改对于全球税收竞争所带来的影响以及它如何体现美国税收的"单边主义"。

（一）特朗普税改主要内容

特朗普税改的目的在于通过简化税制，降低中产阶级家庭的税收负担，鼓励海外资本回流美国，刺激居民消费，使得美国企业所得税率更加具有竞争力，主要包括了三个方面内容：公司所得税税率降低及相关调整；个人所得税的税率税制改革；将征税体制变为属地征税制度，对跨国企业的海外滞留利润汇回美国的部分按照低税率一次性征税，此外还对美国企业向海外关联企业支付的有关费用征收税基侵蚀与反滥用税以限制企业间的内部交易，企业的海外无形资产收入按照一个较低的税率征税。下面我们按照企业所得税和个人所得税，分类逐项比较最终通过的法案版本与当前税制的差别。如表1和表2所示。

表1　　　　最终版法案及现行税制对比（企业所得税部分）

分项	最终签署版本	现行税制
企业所得税	21%（2018年生效）	35%
企业 AMT	取消	对应纳税额低于最低纳税限额的部分征税
投资成本的费用化	允许企业立即注销新设备的全部成本（适用于2017.09.27后投入使用的设备，2023.1.1后可费用化比率逐渐降低）	按照普通折旧法或替代折旧法对投资成本进行折旧
利息税收抵扣	对于总收入超过 \$25 000 000 的企业，限制净利息支出抵扣额在企业息税折旧摊销前收益的30%以下	按实际发生的利息抵扣
境外所得税	属地税制，美国拥有10%股份的公司海外股息和红利遣返时无须纳税	全球征税制，用境外税收抵免消除双重税收
海外利润汇回税税率	现金及等价物税率：15.5% 非流动性资产税率：8%	未完税海外利润汇回美国应缴纳35%的企业所得税

资料来源：美国参议院，参议院财政委员会官网，众议院官网，2018-1-25.

表2　　最终版法案及现行税制对比（个人所得税部分）

分项	最终签署版本	现行税制
税率分级	七档：10%、12%、22%、24%、32%、35%、37% 最高税率适用于年收入50万美元以上单身者及年收入60万美元以上家庭联合申报者（2025.12.31到期）	七档：10%、15%、25%、28%、33%、35%、39.6% 最高税率适用于年收入41.84万美元以上单身者及年收入47.07万美元以上家庭联合申报者
标准抵扣额	个人：$12 000 夫妻联合：$24 000（2025.12.31到期）	个人：$6 350 夫妻联合：$12 700
列举抵扣	保留首次购房或购买第二套住房的按揭利息抵扣（上限$750 000）、保留慈善捐款抵扣、保留研发税抵扣、保留州和地方财产税抵扣（上限$10 000）、取消其他列举扣除（2025.12.31到期）	联合扣除额上限：$313 800 个人扣除额上限：$261 500
医疗开支抵扣	在2016.12.31–2018.12.31，为医疗费用超过收入7.5%的群体，提供医疗开支抵扣，2019年后将门槛调整回医疗费用超过总收入10%	为医疗费用超过总收入10%的群体提供医疗开支抵扣，2017.1.1开始门槛降低至医疗费用超过总收入的7.5%
儿童税收抵扣额	$2 000（2025.12.31到期）	$1 000
个人AMT	提升AMT免税门槛 个人：$70 300 夫妻联合：$109 400 提升AMT淘汰门槛 个人：$500 000 夫妻联合：$1 000 000 （2025.12.31到期）	对应纳税额低于最低纳税限额的部分征税
遗产税	保留遗产税，起征点调至现在的两倍（2025.12.31到期）	个人起征金额：$5 490 000
奥巴马医保强制个人参保	取消（2019年生效）	没有参加医保的个人需要交纳税收罚款 个人：$695　儿童：$347.5 家庭：家庭收入的2.5%

续表

分项	最终签署版本	现行税制
个人商业收入税（pass-through busines）	对企业所获收入的前 $315 000 提供 20% 的税收减免（2025.12.31 到期）	按个人所得税纳税

资料来源：美国参议院，参议院财政委员会官网，众议院官网，2018-01-25。

（二）特朗普税改规模估算

从企业层面看，2016 年全年，美国联邦政府企业所得税收入为 2 904 亿美元，企业所得税率从 35% 下降到 21%，降幅为 $100\% \times (35-21)/35 = 40\%$，按照 2016 年联邦政府的企业所得税收入来算，将下降 $2\,904 \times 40\% = 1\,161$ 亿美元。值得注意的是，税改同时还取消了部分税收抵扣和税收减免，根据美国财政部数据显示，2017 全年的税收抵扣额达 1.4 万亿美元，部分被取消的税收抵扣额也将成为联邦政府收入。根据美国财税基金会预测，取消该部分的抵扣将增加政府财政收入 2 130 亿美元。另外在海外所得税上，目前美国企业海外利润对应的现金及现金资产可能达 1.1 万亿美元，应缴纳的税额约为 1 300 亿美元（见表 3）。这部分利润可能在减税后部分回流到美国，这对相关其他国家将会有一定程度的冲击。

表 3　　　　　　　　特朗普减税方案对联邦税收的影响

分项	减税幅度	影响税收
个人所得税	降幅 37.36%	减少 5 753 亿美元
企业所得税	降幅 40%	减少 1 161 亿美元
海外利润汇回		增加 650 亿~1 300 亿美元不等
取消税收抵扣		增加 2 130 亿美元
总计		减少 5 400 亿~6 000 亿美元

资料来源：US Census Bureau，2018-01-28。

（三）特朗普税改的影响及"单边主义"特征分析

通过以上对特朗普税改内容的分析来看，特朗普减税对于全球经济的影响和冲击可以从短期和中长期两个角度分析,短期看,特朗普税改最终版本力度有所减弱(最终通过的企业所得税税率由特朗普版本的15%改为国会版本的21%),对相关国家的税收政策冲击效果有所下降,特别是主要发达经济体如欧元区、日本实行货币+财政双宽松政策为时尚早,新兴经济体实际财政扩张空间也相对有限,全球追随性、大规模、大面积的减税浪潮面临难度,全球减税形成的概率较低。但是中长期看,特朗普税改有望开启全球竞争性税收改革,全球税收竞争将会加剧,竞相减税的可能性存在。目前,大量国家已将推进供给侧改革放到日程中,减税是其中最为重要的内容,中长期全球在美国带动下形成减税浪潮值得密切关注。

之所以说特朗普税改是美国税收"单边主义"行动,一方面《减税与就业法案》是美国的国内法,但是它对全球经济的影响和冲击不容小觑。美国为了维护其自身利益率先减税不考虑对原有税收秩序及资本市场的冲击,正如我们所讨论的减税对美国而言会有大量资本回流,但是对于其他国家来说大量资本外流会造成巨大的经济损失。另一方面特朗普当选美国总统以来一直奉行"美国优先"的外交政策,这种外交政策本身就是"单边主义"在国际关系中的表现。特朗普税改基于这种"美国优先"主义进行的大规模税制改革,虽然短期内不会引发全球减税浪潮但是中长期可能会引发更加激烈的国际税收竞争,导致税收竞争领域的不平衡不对称局面。总而言之,特朗普税改忽视对其他国家造成的税收利益侵害以及对国际税收秩序的冲击,淋漓尽致地展示了美国税收的"单边主义"倾向。

三、美国税收"单边主义"对国际税收治理的影响

我们这里所说的"单边主义"主要是指国际上一些大国为了维护其自身利益忽视其他国家和民众的意愿作出相关政策决定的行为倾向,是国际体系中美国这个"唯一超级大国"惯有的心理与行为偏好方式。其主要表现在做出政策决定时仅仅根据自身利益和判断,不考虑他国利益及影响后果,肆意退出或挑战已制订或商议好了的相关国际性、区域性、集体性规则和制度。通过上文对FATCA以及特朗普税改的分析,可以看出这两部法案虽然是国内法,但是其背后隐藏的战略意义确是美国凭其在国际经济和政治优势地位,为了自身税收权益试图通过国内法案增强域外控制效用,可以说是税收"单边主义"的典型行为倾向。当然美国这种税收"单边主义"行动对于国际税收治理的影响也不完全都是不利的,一定程度上也有其积极作用的一面。下面将结合上文对两部法案的分析阐述美国税收"单边主义"行为对于国际税收治理的积极和消极影响。

美国税收"单边主义"行动对于推动建立税收情报交换体系，提高税收透明度有一定的积极影响。无论是海外账户税收遵从法案的颁布还是特朗普减税法案这些"单边主义"行动对国际税收治理的影响不完全是不利方面，从另一个角度出发正是美国率先采取"单边主义"行动，对原有的政治经济格局造成威胁，从而推动了新的政治经济秩序的建立。现在国际社会随着经济全球化的深入越来越成为你中有我，我中有你的命运共同体，即使美国采取单边主义行动，国际深入合作进一步加深，经济全球化的大背景也不会变，新的国际税收秩序势必是朝着更加有利于全球化经济发展的方向，由此看来美国税收"单边主义"行动对于推动新的国际税收竞争合作秩序的建立有着一定的积极作用。如今正处在国际税收规则调整和改革的关键时期，随着国际资本在全球范围内的流动加速，国际税收领域内的竞争与合作不断深化，各国海外资本不断增加，为了打击国际逃避税行为建立多边税收情报交换体系提高税收透明度的呼声越来越高。

美国国内的税收法案颁布和改革可以说起到了"领头羊"的作用，FATCA条款是美国单方面要求全球金融机构向其公开美国人账户信息，可以说开创了海外账户税收情报交换的先河，有了这种法案框架的基础，2014年致力于倡导多边主义、全球合作与协调的经合组织（OECD）在FATCA基础上制定了CRS（《通用报告准则》），初步构建了国际税收情报自动交换全球统一标准，明确规定了信息交换的内容、主体和标准实施规则。在此基础上，OECD 34个成员国和巴西、新加坡等13个国家进一步签署了《税收信息自动交换宣言》，税收透明度和情报交换，全球论坛会议上51个国家和地区代表签署《多边主管当局协议》，承诺于2017年或2018年实施CRS，另有40多个国家也承诺于2017年或2018年实施①。CRS是在FATCA法案框架基础上制定的多边税收情报自动交换机制，不得不说正是这种单边主义推动了多边税收合作体系的建立。

美国税收"单边主义"对国际税收治理的消极影响主要从它对全球税收格局的冲击，以及对其他发达国家和发展中国家造成的影响这三个方面来探讨。

首先美国税收"单边主义"对全球税收格局的影响主要体现在它会打破现有的税收平衡体系造成全球税收领域的不对称竞争。当前国际税收秩序不断调整和改革的大背景下，各国为了维护自身税收主权和利益都致力于提高自身的税收竞争力。美国单边主义行动会冲击现有的国际税收秩序，打破税收平衡局面，并且由美国单方面驱动的税收改革会造成全球范围内的不对称竞争。具体从FATCA法案来看上文说到其执行模式有两种，其中一种是要求外国机构与美国国税局签订协议，但是这种模式下并不是双方的税收交换而是美国单方

---

① 点评2014年世界十大税收事件[N]. 中国税务报，2015-02-25.

面要求外国机构向其公开涉税信息,但是并不承担对等的税收情报交换义务,况且即使是与政府间签订协议的模式建立双方税收情报交换体系,一些发展中国家由于自身税收征管体系不完善征管水平低下所以并不能获得与美国同样的税收情报所带来的效益,因此这种做法会造成税收领域的不对称竞争。从侧面来讲也可以激励其他国家提高其税收征管能力,才能更好地享有国际税收情报交换带来的税收利益。

其次这种"单边主义"行动对于其他发达国家也会造成不利影响。具体表现在美国拒绝或者不愿意开展多边税收合作而采取单边行动不利于全球税收协调,随着各发达国家海外资本的增加其对于展开多边税收情报交换提高税收透明度的诉求更加明显,而美国的单边行动势必会与其他发达国家多边合作的目标相冲突。美国的"单边主义"行动造成全球税收竞争加剧,发达国家为了降低所受到的经济冲击被迫做出相应的财税政策调整,改变原有的经济计划,承担更多的改革风险。事实上在特朗普税改之后一些发达国家已经开始计划加入减税行列,英国宣称至2020年将企业税下调至17%,法国、日本都宣布有减税计划推出,这就更加证明了美国税收"单边主义"行动对发达国家的影响。

最后美国税收"单边主义"行动对发展中国家的影响主要表现为会阻碍发展中国家的经济增长。由于发展中国家税收征管水平较低,经济综合实力较弱,原本就在国际税收竞争中处于劣势地位,美国的单边行动会引发更为激烈的税收竞争,造成国际税收环境复杂性与不确定性大大增加,发展中国家在这种税收环境下会面临更加严峻的挑战,失去良好的国际税收环境经济增长就会受到限制甚至会承担由于税收竞争造成的资本、人才外流而产生的大量经济损失。

四、结　语

上文主要通过对FATCA方案和特朗普税改法案的介绍分析美国税收"单边主义"对国际税收治理的积极影响和消极影响,面对美国税收"单边主义"行动我国应该站在自身立场上考虑问题及应对策略,在国际税改大背景下秉承打造人类命运共同体的信念积极推动多边税收合作机制建立,不断提高自身的税收竞争力,才能更好地应对美国"单边主义"带来的冲击,具体包括以下几个方面:

加快税制改革,完善税制体系。我国目前正处在税制改革的关键时期,加快完成税制改革完善税制体系,才能更好地与国际接轨。提高税收的国际竞争能力,抵御或降低美国"单边主义"行动对我国的冲击。

努力提高税收征管水平,不断完善税收征管体系。我国目前的税收征管水平与美国相比还存在较大差距，提高税收征管水平是增强国际税收竞争力的基础，只有征管水平提高了才能享受更多由国际税收合作所带来的税收利益，维护自身税收主权不受侵犯。

积极推动建立多边税收情报交换体系，提高税收透明度。应对美国税收"单边主义"最好的办法就是推动多边合作机制的建立，经济全球化大背景下只有展开多边合作才能在经济发展中受益。打击海外避税行为离不开国际间的协调与合作，我国应该同其他国家一起进一步推动多边税收情报交换体系的建立、提高税收透明度。

参考文献

[1] 贾康. 中国应对特朗普减税法案冲击的思路与要领 [J/OL]. 党政研究, 2018 (3): 1-5 [2018-04-19]. https://doi.org/10.13903/j.cnki.cn51-1575/d.20180323.001.2018-04-01.

[2] 黄立新. 特朗普税改法案的总体评析 [J]. 税务研究, 2018 (1): 18-24.

[3] 季伟.《海外账户税收遵从法案》的影响及我国金融机构的应对之策 [J]. 金融纵横, 2014 (3).

[4] 王冠群, 王鹏. 美国《海外账户纳税法案》的战略影响及应对 [J]. 中国经贸导刊, 2014 (6).

[5] 张泽平, 杨金亮. 美国《海外账户税收遵从法案》及其背后的战略意图 [J]. 国际税事评说, 2013 (4).

[6] 杨志勇. 特朗普减税改革主张评析 [J]. 国际税收, 2017 (2).

[7] 姜跃生. 对特朗普税改计划与中国应对之策的思考（下）[J]. 国际税收, 2017 (5).

[8] 朱丹. 自动信息交换的全球化时代到来了吗？——评析美国—瑞士签署执行FATCA协定 [J]. 国际税收, 2013 (5).

[9] 袁征. 美国为何偏爱单边主义 [J]. 人民论坛, 2017 (35).

[10] Elton Wang. 从美国FATCA申报经验谈应对CRS [N]. 第一财经日报, 2017-01-26 (A12).

From FATCA to Trump Tax Reform: an Analysis of American Tax "Unilateralism"

Li Bo　Wang Minzhi

Abstract: With the deepening and development of economic globalization, multinational corporations, elements such as capital, technology, talent flow has been increasing in the global scope, thus caused many disputes and problems in the field of international tax. Countries have joined the international tax competition in order to safeguard their own tax sovereignty and interests. The United States as a capital exporter in economic strength and comprehensive strength has the absolute advantage conditions are more inclined to use tax "unilateralism" action to protect the interests of their own fiscal and taxation and enhance its international competitiveness, tax is the most representative of the United States in 2010 the foreign account tax compliance act (FATCA) promulgated in 2017 and President of the United States signed and trump the tax cuts and employment act passed by congress. Both bills can be said to be the strategic path for the United States to enhance the extraterritorial effect of domestic laws by virtue of its superpower status, and they are the concrete embodiment of tax "unilateralism". Through the description of FATCA and trump's tax reform, this paper analyzes the impact of the us tax "unilateralism" on global tax governance and China's countermeasures.

Keywords: FATCA, Trump, Tax Reform, Unilateralism

中国在全球经济体系中的位置：基于世界投入产出数据库的研究*

蒋业恒　陈勇　张曦**

摘　要：基于2016年发布的世界投入产出数据库，发现中国经济在需求端的特点是资本积累较高、居民消费水平较低，而在供给端的特点是技术创新不足、公共服务水平不高。中国出口中的本国增加值占比经历了先降后升的过程。中国的出口以工业制成品为主，而信息通信、金融保险、专业科技等服务的出口很少。依据增加值核算法，中国对美国的贸易顺差下降了20%。在计算机及电子产品行业上，虽然中国具有贸易专业化优势，但其从事的生产环节技术含量较低、价值附加较少。

关键词：全球经济体系；中国的位置；生产环节；智力密集型；价值附加

一、引　言

2008年以来，受源自美国波及世界的金融危机冲击，全球主要经济体增速持续下行，国际贸易增长缓慢，世界经济活动疲态尽显。由于新一轮的科技革命尚未到来，全要素生产率还未显著提升，全球经济低速增长的态势短期内难有改观。而且，发达国家资本回报率高于整体经济增长率的事实加剧了国内收入不平等现象，导致利益受损的普通劳动者对现状产生不满，反精英、反建制、反全球化思潮涌动，并直接反映在英国脱欧、特朗普当选美国总统等"黑天鹅"事件上。在发达国家本国优先、贸易保护主义等情绪的裹挟下，以全球价值链扩展为特征的全球化浪潮势必要受到冲击，这也意味着发展中国家依赖吸引外资、出口导向来推进经济增长的策略不得不进行相应调整。

加入世贸组织以来，中国更加积极地融入到了贸易和投资自由化的全球潮

---

* 本文为中国林科院2017年基本科研业务费专项资金项目"全球价值链与中国林产品制造业竞争力研究"（项目编号：CAFYBB2017QA019）的阶段性成果。感谢审稿人的建议，文责自负。

** 蒋业恒，中国林业科学研究院林业科技信息研究所助理研究员，博士；陈勇，中国林业科学研究院林业科技信息研究所副研究员，博士；张曦，中国林业科学研究院。

流之中，一举奠定了全球制造基地的地位，在这样的背景下，我国也成为工业制成品生产和贸易大国。但是，与美欧等发达国家相比，我国仍存在自然资源匮乏，制造业体量大效益低，服务业发展不足等问题。事实上，我国制造业现阶段仍未摆脱低技能密集型的行业标签，行业整体技术水平较低，生产率不高，核心竞争力不强。然而，随着"刘易斯拐点"的到来以及人口老龄化速度的加快，我国劳动力供给逐步呈现出短缺的迹象，劳动力价格不断攀升，企业用工成本加速升高。另外，中国在能源、原材料、税费优惠等成本影响因素上也不具有明显的国际优势。出于增加利润的考量，不少企业开始寻找新的成本洼地，不断把生产工厂搬往生产成本更加低廉的东南亚和南亚地区，甚至还出现外资制造业企业回流母国的现象。加上全球经济放缓导致贸易保护主义抬头，经济全球化进程遭遇阻力，中国的外部需求下降的形势短期之内难有起色。为了应对挑战转危为机，中国经济增长模式必须完成从要素投入扩张型到技术进步驱动型的转变，这就需要我国逐渐退出低档产品生产领域，加快向产业链的高端生产环节跃迁。只有坚持这一转型方向，我国产业才能解决低端产品过多而高品质需求得不到满足的供需错配问题，才能有效应对来自印度、印度尼西亚、马来西亚、越南等低劳动力成本国家日益激烈的竞争。世界经济和政治出现的新变化，客观上要求中国在国际竞争中必须进行相应调整，尤其是要提高产业整合和创新能力，并逐步建立由我国主导的全球资源配置体制和机制，进一步提升我国在全球经济体系中的地位。

二、文献评述

要全面地理解中国在全球经济体系中的位置，需要从经济结构、对外贸易、行业竞争力三个方面深入探讨。因此，我们分别从三个方面回顾了相关文献。分析中国经济结构面临问题的典型研究有以下几篇。郭树清（2007）从全球的角度分析了中国经济的外部和内部失衡，认为中国的贸易顺差与自身的经济结构以及美国主导的全球化有关，而内部的不均衡是由自身的体制和政策原因造成的，内外失衡联系紧密，但内部失衡是更为关键和根本的问题。石永拴等（2012）的研究表明，产业结构失衡会造成收入分配结构、投资分配结构的失衡，这是中国经常项目和国际收支双顺差的根源（石永栓、肖继五、高士亮，2012）。李稻葵和徐翔（2013）认为，中国经济结构改善的动力来自居民消费率的提高，未来的经济结构调整应该继续坚持市场化道路（李稻葵、徐翔，2013）。吴敬琏（2016a，2016b）指出中国经济面临"三期叠加"的挑战，认为由于投资报酬递减和杠杆率不断升高，继续以投资作为促进增长的主要抓手是不适当的。中国经济发展存在的问题的根源在于供给侧效率不高，市场在资源配置中尚未起到决定性作用,而提高经济效率依赖于结构性改革,尤其需要注意的是不能以经济结构的调整代替体制性结构改革(吴敬琏,2016a;2016b)。

在中间投入品贸易大量存在的情况下,一国出口额中不仅含有本国增加值,还包含外国增加值。正是这个原因,在分析一国特定行业的贸易竞争力时,我们真正需要关注的是出口中所包含的本国增加值。国外学者较早地开展了相关的定量研究。使用OECD成员国和新兴国家的投入产出表,Hummels等(2001)发现中间投入品贸易增加了40%,而且进口中间投入品在出口中的占比高达30%,他们还将这一概念称为垂直一体化,被后人广为沿用(Hummels,2001)。Gonzales(2012)发现墨西哥出口价值中有37%源于进口的美国中间投入品,而美国出口价值中仅有2%源自进口的墨西哥中间投入品(Gonzales,2012)。将加工贸易融入到分析当中,Koopman等(2012)发现中国在技术密集型行业出口中有高达70%的价值来自国外(Johnson,2012)。Johnson和Noguera(2012)分析了近40年的贸易增加值份额变化情况,发现世界范围内增加值与出口的比例下降幅度在10%~15%,其中大部分下降发生在1990年之后(Koopman,2012)。Koopman等(2014)提出了具有一般意义的出口贸易增加值分解框架,把出口价值分解为四大部分:出口的本国增加值、返回的本国增加值、外来增加值以及重复计算(Koopman,2014)。Wang等(2014)进一步将上述方法推广到双边、行业、双边—行业三个层面上,成为目前最为精细的出口贸易增加值分解方法(Wang,2014)。王飞和郭孟珂(2014)使用出口价值分解、行业上游度等方法分析了我国纺织业在全球价值链中的位置和竞争力(王飞、郭孟珂,2014)。李清如和蒋业恒(2015)解构了日本近20年的对外贸易,发现日本的主要终端国际市场是美国,中国在日本出口中的作用愈发重要。

由于出口导向战略的长期实施以及对外贸易对中国经济增长的显著拉动作用,学者们对中国产业国际竞争力这一话题开展了大量的研究。毛日晟(2006)发现中国制造业专业化竞争力与实际竞争力存在明显差别,专业化竞争力高的低技术和高技术制造业的实际竞争力并不高,而专业化竞争力低的中高技术制造业对许多贸易伙伴表现出较高的实际竞争力(毛日晟,2006)。使用贸易竞争力指数,黄先海(2006)发现劳动密集型产业仍然是中国最具竞争力的产业,但资本技术密集型产业的竞争力逐步提高,已成为规模最大的出口产业(黄先海,2006)。樊纲等(2006)发现中国的出口结构已经从以低技术产品为主转变为以中等技术产品为主,高技术产品还未在中国出口结构中占据首要位置,而且中国在中等技术产品上的主要竞争者是欧盟(樊纲、关志雄、姚枝仲,2006)。金碚等(2007)发现中国入世后制造业的国际竞争力程度有了较大幅度的提升,尤其是钢铁、机械和运输设备等行业(金碚、李钢、陈志，2007）。陈立敏等（2009）认为中国在石油、化学制品、医药等资本技术密集型行业上的国际竞争力尚待加强（陈立敏、王旋、饶思源，2009）。文东伟和冼国明（2011）认为中国制造业出口竞争力来自低技术和高技术两个极端（文东伟、冼国明，2011）。

正如前文所述，本文将对中国在全球经济体系中的位置进行全景展现，这就要分别从中国的内部经济结构、对外贸易、行业竞争力三个方面展开国际比较和分析。基于世界投入产出数据库，使用国民经济核算、全球价值链分解、行业竞争力测定等方法，我们不仅可以分析中国经济的内外部结构，还能与世界主要经济体进行比较，更能为中国在全球经济体系中提升地位指明方向。

三、数据及实证分析方法

本文的实证分析是以世界投入产出数据库为基础的。最新的世界投入产出数据库于 2016 年发布（Timmer et al.，2016），涵盖了 43 个主要经济体和 56 个行业，这些经济体的 GDP 总和约占世界经济总量的 85% 以上，其余的经济体由世界其他（RoW）来代替，数据的时间跨度为 2000～2014 年（Timmer，2016）。为了度量中国在全球经济体系中的位置，我们分别采用国内生产总值核算法、全球价值链分解法、拉斐指数和上游度指数等方法，来比较和分析中国的经济结构、对外贸易结构以及行业竞争力。各个实证方法的具体介绍如下。

（一）国内生产总值核算

采用支出法和生产法核算国内生产总值，便于从需求和供给两端来分析经济结构的特点。根据定义，从支出的角度来看，国内生产总值的表达式为 $GDP = C + I + G + X - M$，其中 C 代表居民消费，I 代表投资（也即固定资产形成），G 代表政府支出，X 代表总出口，M 代表总进口。从生产的角度来看，国内生产总值的表达式为 $GDP = VA + TS$，VA 为各个行业的增加值之和，TS 为税收与补贴之差。

（二）全球价值链分解法

假设一个 3×2（3 个国家 2 个行业）的投入—产出模型，其中 s 代表出口国，r 代表直接进口国，t 代表第三国，记 E 为出口额向量，Y 为最终需求向量，A 为投入产出系数矩阵，X 为总产出向量，V 为增加值系数向量，B 为国际里昂惕夫逆矩阵，L 为本国里昂惕夫逆矩阵。那么，s 对 r 的出口可以按照以下公式分解为 16 项：

$$\begin{aligned}
E^{sr} &= (V^s B^{ss})' \times Y^{sr} + (V^s L^{ss})' \times (A^{sr} B^{rr} Y^{sr}) + (V^s L^{ss})' \times (A^{sr} B^{rt} Y^{sr}) \\
&+ (V^s L^{ss})' \times (A^{sr} B^{rt} Y^{rt}) + (V^s L^{ss})' \times (A^{sr} B^{rt} Y^{tr}) \\
&+ (V^s L^{ss})' \times (A^{sr} B^{rt} Y^{rs}) + (V^s L^{ss})' \times (A^{sr} B^{rt} Y^{ss}) + (V^s L^{ss})' \times (A^{sr} B^{rs} Y^{ss}) \\
&+ (V^s L^{ss})' \times [A^{sr} B^{rs} (Y^{sr} + Y^{st})] + [V^s (B^{ss} - L^{ss})]' \times (A^{sr} X^r) \\
&+ (V^r B^{rs})' \times Y^{sr} + (V^r B^{rs})' \times (A^{sr} L^{rr} Y^{rr}) + (V^r B^{rs})' \times (A^{sr} L^{rr} E^{r*}) \\
&+ (V^t B^{ts})' \times Y^{sr} + (V^t B^{ts})' \times (A^{sr} L^{rr} Y^{rr}) + (V^t B^{ts})' \times (A^{sr} L^{rr} E^{r*})
\end{aligned}$$

其中，等式右边的第 1 项为包含在最终品出口中的本国增加值（DVA_fin），第 2 项为被直接进口国吸收的包含在中间品出口中的本国增加值（DVA_int），第 3 项至第 5 项之和为被直接进口国再出口给第三国的包含在中间品出口中的本国增加值（DVA_intrex），DVA_fin、DVA_int 以及 DVA_intrex 之和即为出口的本国增加值（DVA）；第 6 项至第 8 项之和为返回到国内的本国增加值（RDV）；第 11 项与第 12 项之和为来自直接进口国的增加值（MVA），第 14 项与第 15 项之和为来自第三国的增加值（OVA），MVA 与 OVA 之和为出口中总的外来增加值（FVA）；第 9 项与第 10 项之和为来源于本国的重复计算（DDC），第 13 项与第 16 项之和为来源于外方的重复计算（FDC），出口中总的重复计算（PDC）为 DDC 与 FDC 之和。另外，根据 HIY（2001）的定义，出口中的垂直一体化部分（VS，也即外来部分）即为 FVA 与 PDC 之和。FVA 又可以分解为包含在最终品出口中的外来增加值（FVA_fin）以及包含在中间品出口中的外来增加值（FVA_int），前者为第 11 项与第 14 项之和，后者为第 12 项与第 15 项之和。

（三）拉斐指数和上游度指数

在行业内贸易大量存在的情况下，采用显示比较优势指数对一国行业竞争力进行衡量有可能出现偏差。为了在一定程度上弥补这个缺点，我们采用同时考虑行业进出口的拉斐指数：$Lafay_i = \left[\dfrac{E_i - M_i}{E_i + M_i} - \dfrac{\sum_i (E_i - M_i)}{\sum_i (E_i + M_i)} \right] \times \dfrac{E_i + M_i}{\sum_i (E_i + M_i)} \times 100$，其中令 i 代表行业，E 为出口、M 为进口，这里的进出口均是本国增加值贸易。拉斐指数大于 0 表示一国在 i 行业上具有专业化优势，数值越高贸易专业化优势越强。相反，拉斐指数小于 0 表示一国在 i 行业上不具有专业化劣势，数值越低贸易专业化优势越弱。

为了度量行业 i 在全球生产体系中的位置，我们采用了 Antras 等（2012）

提出的上游度计算法（Antras，2012）。令 x_i 为行业 i 的总产出，z_{ij} 为供应行业 j 的中间投入品，f_i 为最终使用。从产出的角度看，令投入系数 $a_{ij} = z_{ij}/x_j$，那么 $x_i = f_i + \sum_j a_{ij} x_j$，进一步经过连续代入，$x_i = f_i + \sum_j a_{ij} f_j + \sum_{jk} a_{ik} a_{kj} f_j + \sum_{jkl} a_{il} a_{lk} a_{kj} f_j + \cdots$，这可以看作行业 i 的产出供应链。那么，行业 i 的上游度可以定义为：

$$u_i = 1 \cdot \frac{f_i}{x_i} + 2 \cdot \frac{\sum_j a_{ij} f_j}{x_i} + 3 \cdot \frac{\sum_{jk} a_{ik} a_{kj} f_j}{x_i} + 4 \cdot \frac{\sum_{jkl} a_{il} a_{lk} a_{kj} f_j}{x_i} + \cdots$$

四、实证分析结果

（一）国民经济的结构

1. 支出结构分析。从支出法核算的角度，国内生产总值（GDP）由居民消费、政府支出、投资和净出口等四个部分组成。表1解构了中国2014年的国内生产总值，并与世界上其他7个主要经济体进行比较。可以看出，中国有着近10万亿美元的经济规模，总量巨大，与美国同属于一个档次，总体成绩比较突出。从支出结构来看，中国有三个明显的特点：居民消费占比过低、投资占比过高、外需占比较高。其一，中国国内生产总值中居民消费占比约为35%，这在主要经济体中是最低的，不仅远低于透支消费型的美国（69%），也低于出口导向型的德国（49%），甚至与同样人口多、底子薄的印度（62%）也有明显的差距。其二，投资在中国国内生产总值中的占比约为45%，位居次席的印度的数值也不过为26%，而其他经济体的投资占比均为20%。其三，贸易盈余约占中国国内生产总值的6%，这虽排在德国（12%）之后，但对于人口规模巨大的中国而言还是偏高的，而且其他经济体均保有一定程度的贸易赤字（不超过 -3%）。需要指出的是，长期、巨大的贸易顺差既不利于国内市场的成长和完善，也容易招致贸易伙伴的不良反应。

表1　　　　2014年主要经济体的国内生产总值及构成

国家	国内生产总值	居民消费	政府支出	投资	净出口
美国	16.4	68.7	15.6	18.7	-2.9
中国	9.9	34.8	14.0	45.4	5.9
日本	4.2	58.7	21.6	21.4	-1.7

续表

国家	国内生产总值	居民消费	政府支出	投资	净出口
德国	3.2	49.0	22.7	15.9	12.4
英国	2.5	60.6	23.7	16.4	-0.7
法国	2.4	51.2	27.9	21.6	-0.7
巴西	2.2	60.6	21.8	19.8	-2.2
印度	2.0	61.9	12.3	25.9	-0.1

注：国内生产总值的单位为万亿美元，其他单位为百分比。

2. 产业结构分析。国内生产总值也可以通过生产法来核算，也就是各行业的增加值之和。按照国际标准行业分类第4版（ISIC Rev.4）的分类方法，我们进一步把世界投入产出表的56个细分行业归为10大类产业，① 并计算了各大产业的增加值在国民经济中的占比（见表2）。与其他经济体对比来看，中国的产业结构有以下特点：农业和工业占比较高，专业科技和公共服务占比较低。具体地，农业在中国国民经济中的占比约为10%，而欧、美、日等发达经济体的农业占比约为1%。中国的经济总量中工业所占份额约为37%，在所有经济体中排在首位，而同样重视本国工业基础的德国和日本的占比分别为26%以及21%，巴西和印度的工业占比均约为20%，美国、英国、法国的工业占比均低于20%。专业科技活动在中国经济中的占比约为4%，在所有经济体中仅高于印度，而欧美等发达国家多在10%以上。中国经济总量中公共服务的占比为9%，这在所有国家中是最低的，发达国家公共服务在国民经济中的占比约为20%，即便印度的数值也有12%。

表2　　　　　　主要经济体的产业结构（2014年）

产业	中国	美国	日本	德国	英国	法国	巴西	印度
农业	9.5	1.2	1.4	0.7	0.7	1.7	5.2	15.0
工业	37.4	16.7	20.9	25.5	14.6	13.8	19.9	19.2
建筑业	6.8	3.8	6.4	4.5	6.4	5.6	6.7	7.2
批发零售	16.3	17.9	21.0	15.5	18.2	17.6	19.4	25.7
信息通信	2.6	6.2	4.8	4.8	6.0	4.8	3.5	4.8
金融保险	6.1	7.0	4.7	4.4	8.4	5.0	6.4	5.6
房地产	5.7	11.9	12.6	11.0	10.9	12.6	8.8	6.2

① 这里的工业是指采掘业、制造业、电力、水处理等工业活动，不包括建筑业。

续表

产业	中国	美国	日本	德国	英国	法国	巴西	印度
专业科技	4.1	11.3	6.2	10.9	11.8	12.7	7.9	1.6
公共服务	9.2	21.3	18.5	18.7	18.8	23.2	19.4	12.3
其他服务	2.3	2.6	3.6	4.1	4.3	3.1	2.9	2.5

注：单位为百分比。各列加总之和为100，但由于只保留了1位小数，个别数值会略有误差。

以上从需求和供给两个角度分析了中国经济的总体特征。从支出结构来看，中国经济具有投资拉动、出口导向的特点。从生产结构来说，中国经济的科技含量和公共产品供给还存在着不足。需求和供给两端存在的问题本质上还是经济粗放式增长造成的。创新、协调、绿色、开放、共享的新发展理念，供给侧结构性改革的政策调整也正是针对这一问题的直接回应。进一步，技术创新不足、公共服务水平不高的供给端特点必然对应着高资本积累、低居民消费的需求端现状，这其实也是中国经济数量型扩张的一体两面。而且，内需不足以消化掉的大量国内产能只能借道外需，这又会表现为巨幅的对外贸易盈余。下一节，我们将详细分析21世纪以来中国对外贸易的发展情况。

（二）对外贸易的结构

1. 对外贸易的增加值分解。随着全球经济融合程度的加深，单个经济体的外贸产品不再完全来自本地化生产，而是全球资源跨境配置的结果。也就是说，一国出口产品的价值中既有本国成分也有外国成分。按照Wang等（2014）的方法，我们分析了8个外贸大国2014年的出口价值，将其拆解为本国增加值（DVA）、返回增加值（RDV）、外国增加值（FVA）和重复计算（PDC）等四个部分。2014年，中国的出口额为24 255亿美元，较之2000年增长了9倍有余，出口中的本国增加值占比约为81%，外国增加值占比约为13%。如果回溯至21世纪之初，中国出口中的本国增加值占比实际上经历了先降后升的"U"形反转过程，DVA占比先从2000年的82%下降到2007年的75%，后又逐步上升到世纪之初的水平。这一过程反映了我国加入世贸组织后加工贸易的井喷式发展，以及后来贸易结构的改善和优化。美国的出口额为19 271亿美元，本国增加值占比也约为81%，其返回增加值占比约为6%显著高于其他国家，说明美国出口产品中有相当一部分重新被本国市场所吸收，其外国增加值占比约为9%明显低于其他国家。其实，本国增加值和返回增加值同属于本国成分，按照这个概念中国出口中的本国成分约为83%，而美国出口中的本国成分约为87%，为所有国家中最高。德国、法国、意大利等欧洲大陆国家之间经济一体化程度较高,产品生产过程中跨境协作较为频繁,出口中的本国增加值占比约为70%。韩国出口中的本国增加值占比约为64%,为所有国家中最低,而外国增加值占比高达26%,反映了其出口商品的生产对外国,尤其是东亚及东南亚经济体依赖程度较高。另外,日本和英国出口中的本国增加值占比分别约为75%和79%,也处于较高的水平(见表3)。

表3　　　　　　　　　出口价值的分解（2014年）　　　　　　　　单位:%

国家	出口额（亿美元）	本国增加值	返回增加值	外国增加值	重复计算
中国	24 254.6	80.7	2.4	12.7	4.2
美国	19 270.9	80.8	6.4	8.8	4.0
德国	16 822.5	69.8	2.1	19.2	8.9
日本	8 175.1	75.4	1.0	17.2	6.4
法国	7 596.5	71.1	1.2	19.9	7.8
英国	7 516.0	79.3	1.4	13.7	5.6
韩国	6 979.4	64.4	0.4	26.0	9.2
意大利	5 885.9	72.9	0.7	18.9	7.4

2. 对外贸易的产业结构。依据 ISIC Rev.4 所划分的十大产业,我们进一步来分析主要经济体 DVA 出口的结构。2014 年,中国出口的本国增加值为 1.96 万亿美元,其中工业占据了 81%,说明中国出口产品以工业制成品为主。这种结构与德国、日本、韩国类似,三个国家 DVA 出口中的工业品占比分别为 76%、79%以及 82%。与此相反,美国、英国、法国的 DVA 出口中工业品的占比分别为 53%、40%以及 56%,说明服务在出口中占比更高。具体到服务出口,中国与美国和英国的主要差别在于批发零售、信息通信、金融保险、专业科技四个产业上。① 批发零售在中国 DVA 出口中占比为 13%,而在美国和英国的出口占比分别为 20%和 19%。应该说,中国虽有差距但并不显著,与美、英两国尚在同一级别之上。差别最为显著的是下述三个行业。信息通信在中国 DVA 出口中占比不足 1%,而在美国和英国的出口中占比均为 6%。金融保险在中国的出口中占比微乎其微,而在美国和英国的出口占比分别为 7%和 17%。专业科技在中国的出口中占比为 3%,而在美国和英国的出口占比分别为 10%和 14%(见表4)。另外,法国在批发零售和专业科技上的出口占比也远高于中国。

---

① 按照分类,这里的批发零售包括批发零售贸易、运输和食宿。

表4			出口的产业结构（2014年）				单位：%	
产业	中国	美国	德国	日本	英国	法国	俄罗斯	韩国
农业	0.7	3.0	0.9	0.1	0.5	2.7	1.5	0.1
工业	81.2	52.8	76.0	78.6	40.0	55.6	67.6	82.3
建筑业	0.6	0.0	0.2	0.0	0.3	0.0	0.0	0.1
批发零售	13.0	19.8	11.0	18.5	18.7	23.0	30.4	10.4
信息通信	0.7	6.1	3.4	0.4	5.9	2.7	0.2	1.0
金融保险	0.3	7.0	2.5	0.6	16.9	2.4	0.0	0.5
房地产	0.0	0.2	0.2	0.0	0.2	0.0	0.0	0.2
专业科技	2.9	9.5	5.3	1.4	14.3	12.0	0.2	5.1
公共服务	0.1	1.4	0.4	0.1	1.6	0.9	0.1	0.2
其他服务	0.5	0.2	0.1	0.2	1.6	0.7	0.0	0.2
DVA出口（百亿美元）	195.8	155.7	117.4	61.7	59.6	54.0	45.2	45.0

3. 中国的增加值贸易收支。在全球价值链的视角下，传统的贸易收支与增加值贸易收支之间可能存在较大差异。根据我们的计算，2014年中国对美国的传统贸易顺差为2 353亿美元，然而增加值贸易顺差减少了近20%，这与Koopman等（2014）的研究发现类似，说明中国对美国的贸易顺差中有很大一部分来自第三国。因而，下面的分析是基于增加值贸易的。在中国的增加值总出口中，美国、日本、韩国和德国四个国家占据了30%的份额。中国对美、日两国为贸易顺差，而对韩、德两国为贸易逆差。2014，中国对美、日、韩、德的增加值出口分别为2 830亿美元、1 381亿美元、732亿美元和714亿美元，中国从上述四国的增加值进口分别为934亿美元、943亿美元、1 079亿美元以及896亿美元，中国与上述四国的增加值贸易收支分别为1 896亿美元、438亿美元、-347亿美元以及-182亿美元。在中国的增加值出口中，计算机及电子产品、纺织服装、电力设备、机械设备四个细分产业的出口占比为50%。这四个产业的增加值出口分别为3 884亿美元、2 670亿美元、1 745亿美元以及1 543亿美元，增加值进口额分别为2 117亿美元、212亿美元、403亿美元以及783亿美元，增加值贸易收支分别为1 767亿美元、2 458亿美元、1 342亿美元、760亿美元（见图1）。可以看出，中国在计算机及电子产品和机械设备上存在着大量的产业内贸易。而且，虽然位居出口产品首位，但

是计算机及电子产品的增加值贸易盈余小于纺织服装。

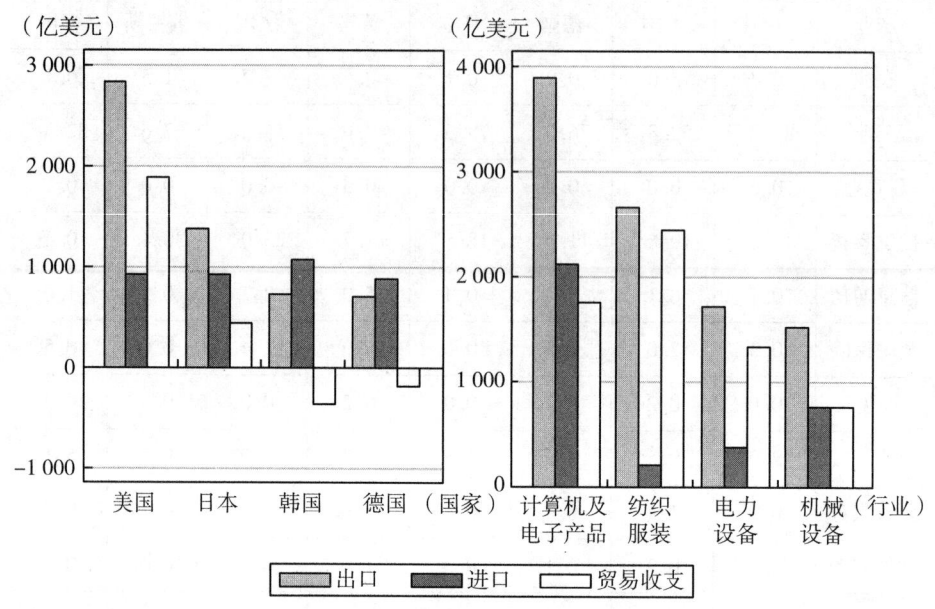

图1 2014年中国的增加值贸易收支

（三）行业竞争力分析

为了更加直观地展现中国在全球生产体系中的位置，下文着重分析中国在计算机及电子产品上的竞争力和上游度。首先，以本国增加值出口来衡量，我们计算了2000年以来中国、美国、日本、德国、韩国等主要贸易国的世界出口份额。2000~2014年，中国计算机及电子产品的出口份额从5.7%增加到32.5%，市场份额增加了近27%，显示出极强的市场抢占能力。与此相对应，美国和日本的世界出口份额同期均经历了下滑，美国的市场份额从17.6%下降到7.5%，日本的市场份额从15.6%下降7.4%，两者的市场份额合计下降约19%。而德国和韩国的世界出口份额基本保持了稳定，两国在2014年的世界市场份额分别为9.5%和5.1%（见表5）。进一步，我们计算了拉斐指数来反映各国在计算机及电子产品上的贸易专业化程度。中国的拉斐指数由负变正，从2000年的-1.8转变为2008年的0.4，后又逐步上升到2014年的1.5，说明中国在该行业上的贸易竞争力逐渐加强，具有贸易专业化优势。与之不同，美国的拉斐指数由正转负，从2000年的0.6下降到2014年的-1.9，表明美国贸易竞争力的减弱，在该行业上呈现贸易专业化劣势。日本的拉斐指数虽然也从2000年的高点持续下降，但是2014年的数值仍然为1.8，表明其在该行业上仍然具有较强的贸易竞争力。韩国的拉斐指数一直处于较高的水平，2014年的数值高达6.9，说明韩国在计算机及电子产品上的贸易竞争力很强，贸易专业化优势十分明显（见表6）。德国的拉斐指数一直为负值，反映了德国在该行业上不具备贸易专业化优势，但是拉斐指数的逐渐升高反映了其贸易竞争力的改善。

表5　　　　　　　　　　计算机及电子产品的世界出口份额　　　　　　　单位：%

国家	2000年	2002年	2004年	2006年	2008年	2010年	2012年	2014年
中国	5.7	8.7	13.8	19.1	22.6	27.0	29.7	32.5
韩国	6.9	7.5	8.8	8.1	8.1	9.1	9.0	9.3
美国	17.6	14.2	11.0	10.2	9.6	8.6	8.1	7.5
日本	15.6	13.4	12.6	10.5	9.3	9.2	8.5	7.4
德国	6.7	7.6	7.8	6.9	7.4	5.4	5.0	5.1

表6　　　　　　　　　　计算机及电子产品的拉斐指数

国家	2000年	2002年	2004年	2006年	2008年	2010年	2012年	2014年
中国	-1.8	-2.1	-0.6	-0.2	0.4	1.5	1.5	1.5
韩国	5.9	7.2	8.7	8.7	8.6	8.9	7.8	6.9
美国	0.6	0.1	0.0	-0.1	-0.5	-1.5	-1.6	-1.9
日本	4.2	3.7	3.3	3.0	2.6	2.0	2.3	1.8
德国	-1.1	-1.2	-0.8	-0.8	-0.6	-0.9	-0.5	-0.5

在全球化的背景下，行业的贸易竞争力不再是行业竞争力的全部，因为行业内各个生产环节的全球分工和协作突破了衡量比较优势的传统方式。在同一行业内，各个环节的科技含量和价值增量是不同的，进口关键技术并组装成品出口的环节可以造就大的贸易体量，但不一定能产生好的贸易效益。以世界投入产出表为基础，我们计算了计算机及电子产品的上游度以及增加值产出比。2014年，中、美、日、德、韩五国的行业上游度分别为3.2、2.1、2.8、2.2以及3.0（见图2）。根据定义，行业的上游度越大，其产出更多的是被其他行业用作中间投入，因此离最终需求越远，也就是说该行业更具有为其他行业提供"原料"的性质。中国的计算机及电子行业具有最高的上游度，说明其被大量用于其他行业的生产，离最终需求最远。而Antras等（2012）的研究表明，行业的上游度与增加值产出比呈负相关，也就说行业的上游度越高增值率越低。经计算，中、美、日、德、韩五国的行业增加值产出比分别为0.2、

0.7、0.4、0.5、0.3。上游度由高到低的顺序为中、韩、日、德、美,而增加值产出比由高到低的顺序为美、德、日、韩、中,明显反映了行业上游度和增值率之间的负相关关系。这明确反映了,在计算机及电子产品上,中国从事的生产环节技术含量较低、价值附加较少,而美国等经济体从事的生产环节技术含量较高、价值附加较多。中国在计算机及电子产品上呈现巨幅贸易顺差,只能说明中国赚了大量的苦力钱,而不能代表中国在关键生产环节上具备很强的竞争力。与此相对,美国在计算机及电子产品上呈现巨幅贸易逆差,这至多说明美国是世界上主要的终端消费市场,而不能掩盖美国在研发设计、品牌营销等关键环节上的明显优势。

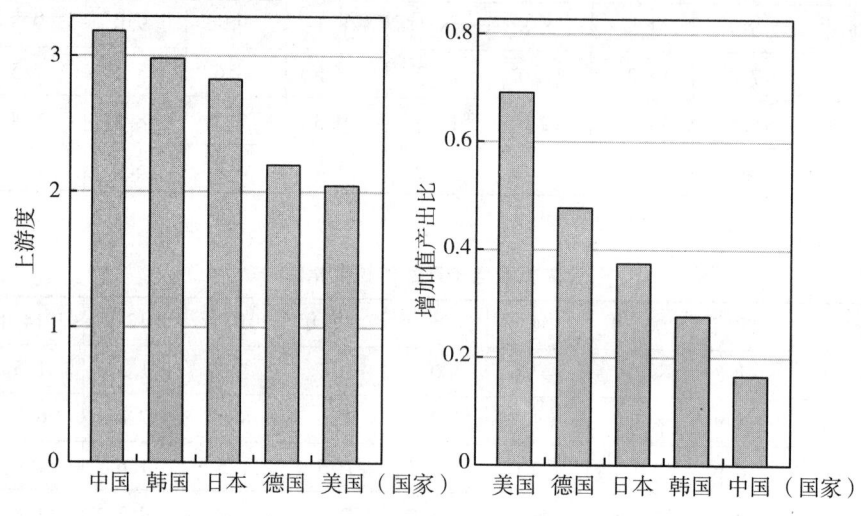

图2 2014年计算机及电子产品的上游度及增加值产出比

五、结论与政策建议

基于2016年发布的世界投入产出数据库,采用国民经济核算、全球价值链分解、指标构造等方法,分析了中国的经济结构、对外贸易结构以及行业竞争力,展现了中国在全球经济体系中的位置。主要结论有以下几点:第一,中国经济在需求端的特点是资本积累较高、居民消费水平较低,而在供给端的特点是技术创新不足、公共服务水平不高,需求端和供给端的问题是粗放式经济发展的一体两面。第二,中国出口中的本国增加值占比经历了先降后升的"U"形反转过程,谷底为观测期中点的75%,期初和期末的数值均略高于80%;中国的出口以工业制成品为主,而信息通信、金融保险、专业科技等服务的出口很少;借助增加值核算法,发现中国对美国的贸易顺差下降了20%,

中国在计算机及电子产品上的贸易顺差低于在纺织服装上的贸易顺差。第三，即使以本国增加值出口来衡量，中国计算机及电子产品的世界出口份额仍高达1/3，拉斐指数为1.5显示出贸易专业化优势；中国计算机及电子产品在全球生产体系中的上游度在主要经济体中位居第一，而其增加值产出比在主要经济体中处于末位，说明中国从事的生产环节技术含量较低、价值附加较少，产出更多地被用于"原料型"中间投入而不是直接面向终端消费市场。概括来说，在全球经济体系中，中国现阶段的角色更像是世界工厂的工人而不是厂长，过低的国内居民消费水平和大体量的外贸顺差很大程度上来自于我们主要依靠出卖"硬苦力"嵌入全球生产过程。

随着国外市场需求增长的放缓以及国内要素投入临近瓶颈，我国经济发展方式亟须从外需导向、要素扩张型转变为内需导向、创新驱动型，其关键抓手就是供给侧结构性改革。进一步，我们认为生产能力是消费能力的基础，生产能力的升级必然带来消费水平的提升。大致上，生产能力包括创造能力和制造能力，而创造能力是更为决定性的因素。生产过程可以划分为智力密集型，体力密集型，资本密集型，资源密集型四个环节。其中，智力密集型环节是最为关键的环节，同时也是价值增量最高的环节，体现着破旧立新的创造能力。而体力密集型、资本密集型、资源密集型三个环节多见于大规模、标准化的生产过程，而这更大程度上是制造能力的反映。在经济全球化的浪潮中，美国专注于智力密集型生产环节，而将体力密集型等可替代程度较高的生产环节转移到低工资的中国，从而将自身的创造能力和中国的制造能力很好地结合在一起，共同推动了中国对外贸易的高速增长。可以说，谁控制了关键环节谁就主导了整个生产过程，谁决定生产谁就决定消费。从这个角度来看，美国对中国的贸易赤字根本原因不在于人民币汇率，更非所谓的低于生产成本的倾销，而在于美国创造—中国制造—美国消费的经济分工模式。

中国需要进一步向全球经济体系的核心位置提升，将体量优势逐步转化为质量优势，从制造中心升级为创造中心。为此我们提出以下几条政策建议：

第一，继续加强政府的社会服务职能。不可否认，中国经济近40年的快速发展很大程度上得益于政府的强力推动，尤其是作为后进的发展中国家，政府主导的经济发展战略更有利于集中精力追赶先行的发达国家。完善的基础设施、齐全的工业门类、稳定的营商环境等都离不开政府的主动促进。然而，随着经济发展步入新常态，我国经济增长的主引擎需要从政府投资转变为市场创新，这意味着资源配置方式要从政府主导转变为市场主导。新时期，政府应着力改善公共产品和公共服务的供给，为市场机制的畅通有效奠定基础，这样才能更有效地激发社会各界的创业精神和创造性，增强经济增长的包容性和可持续性。

第二，提升对外贸易的质量，促进进出口的平衡。贸易的本义在于互通有无,等值交换。从禀赋上看,中国的特征是人口众多、人均资源匮乏、前沿技术不足,这也决定了我们出口劳动密集型产品、进口资源密集型和技术密集型产品的贸易模式。改革开放以来,大量逐利的资本流入中国这个成本洼地,带来了大量加工组装及其配套业务,引发了制造业的快速扩张和对外贸易的激增。进而造成了我们消耗了大量的资源,冒着破坏环境的危险,顶着倾销的恶名,却赚取微薄利润的尴尬局面。然而,始于2008年的全球金融危机打破了支撑中国出口快速增长的外部基础,冲击了美欧等发达国家的消费和储蓄模式,催生了保护本国市场和就业的动向,中国出口增长的空间因而受到制约。在外需放缓的环境下,我们要减少对低价抢占国际市场份额的依赖,增加对质量提高市场效益的努力,加快对国外前沿技术的引进、吸收和再创新,努力形成新的对外贸易优势。

第三,鼓励差异化竞争,大力发展国内市场。鉴于中国经济的体量,我们应该大力培育和开发国内市场,激励以满足内需为导向的生产活动,加强经济增长的内生动力。当前,我国很多行业同质化竞争程度较高,低水平重复建设过多,质量不佳、产能过剩、利润甚微。究其原因,主要在于创新不足、差异化竞争程度较低。然而,创新的要义就是不同和差异,这需要发挥企业和个体的主观能动性,扩大企业和个体的自主决策权。这有赖于政府制定更加透明和公正的市场基本规则,并确保规则的全面和有力执行,让高效率、高品质的企业脱颖而出,让低效率、低品质的企业退出市场。需要注意的是,优胜者应该在统一、开放、竞争、有序的市场体系中脱颖而出,而不是通过其他方式直接或间接地被选拔出来。

参考文献

[1] 郭树清. 中国经济的内部平衡与外部平衡问题 [J]. 经济研究, 2007 (12): 4 – 10.

[2] 石永拴, 肖继五, 高士亮. 我国宏观经济的结构性失衡对"双顺差"的影响研究 [J]. 经济学动态, 2012 (10): 34 – 40.

[3] 李稻葵, 徐翔. 中国经济结构调整及其动力研究 [J]. 新金融, 2013 (6): 10 – 19.

[4] 吴敬琏. 中国经济面临的挑战与选择 [J]. 中共浙江省委党校学报, 2016 (1): 5 – 11.

[5] 吴敬琏. 什么是结构性改革?它为何如此重要?[J]. 清华管理评论, 2016 (11): 8 – 16.

[6] Hummels D., J. Ishii and K. Yi, The Nature and Growth of Vertical Specialization in World Trade [J]. Journal of International Economics, Vol. 54, No. 1, 2001, pp. 75 – 96.

[7] Gonzales J., Vertical Specialization and New Regionalism [D]. PhD thesis, 2012, University of Sussex.

[8] Johnson, Robert and G. Noguera, Fragmentation and Trade in Value-added over Four

Decades [R]. National Bureau of Economic Research Working Paper, No. 18186, 2012.

[9] Koopman R., Z. Wang and S. Wei, Estimating Domestic Content in Exports when Processing Trade is Pervasive [J]. Journal of Development Economics, Vol. 99, No. 1, 2012, pp. 178 – 189.

[10] Koopman R., Z. Wang and S. Wei, Tracing Value-Added and Double Counting in Gross Exports [J]. American Economic Review, Vol. 104, No. 2, 2014, pp. 459 – 494.

[11] Wang, Z., S. Wei and K. Zhu, Quantifying International Production Sharing at the Bilateral and Sector Levels [R]. USITC No. 2014 – 04 – A, 2014.

[12] 王飞, 郭孟珂. 我国纺织业在全球价值链中的地位 [J]. 国际贸易问题, 2014 (12): 14 – 24.

[13] 李清如, 蒋业恒. 全球价值链视角下的日本出口价值分解 [J]. 日本学刊, 2015 (3): 82 – 99.

[14] 毛日昇. 中国制造业贸易及其决定因素分析 [J]. 管理世界, 2006 (8): 65 – 75.

[15] 黄先海. 中国制造业贸易竞争力的测度与分析 [J]. 国际贸易问题, 2006 (5): 12 – 16.

[16] 樊纲, 关志雄, 姚枝仲. 国际贸易结构分析: 贸易品的技术分布 [J]. 经济研究, 2006 (8): 70 – 80.

[17] 金碚, 李钢, 陈志. 中国制造业国际竞争力现状分析及提升对策 [J]. 财贸经济, 2007 (3): 3 – 10.

[18] 陈立敏, 王璇, 饶思源. 中美制造业国际竞争力比较: 基于产业竞争力层次观点的实证分析 [J]. 中国工业经济, 2009 (6): 57 – 66.

[19] 文东伟, 冼国明. 中国制造业的出口竞争力及其国际比较 [J]. 国际经济合作, 2011 (2): 4 – 10.

[20] Timmer M., B. Los, R. Stehrer and G. de Vries, An Anatomy of the Global Trade Slowdown based on the WIOD 2016 Release [R]. GGDC research memorandum, No. 162, 2016, University of Groningen.

[21] Antras P., D. Chor, T. Fally and R. Hillberry, Measuring the Upstreamness of Production and Trade Flows [J]. American Economic Review Papers and Proceedings, Vol. 102, No. 3, 2012, pp. 412 – 416.

China's Position in Global Economic System-an Empirical Study Based on WIOD

Jiang Yeheng   Chen Yong   Zhang Xi

Abstract: Based on WIOD published in 2016, this paper focuses on the position of China in global economic system. From the demand side of the economy, China has high capital accumulation and low household consumption, while from the supply side, China is characterized with low technological innovation and low public service. The ratio of domestic value added in exports first decreases then increases to the same level at the beginning observation point. China's exports are dominated by manufactures, but its service exports, especially information and communication, finance and insurance activities, professional and scientific activities, are quite limited. In terms of value added, Sino-US current account trade balance is reduced by 20%. For computers and electronics industry, despite China shows trade specialization advantage, the specialized production stage is of low skill intensity and low value added.

Keywords: Global Economic System, China's Position, Production Stages, Intelligence Intensive, Value Added

政治互信、经济合作与两岸贸易的发展

杨 权 胡文骏[*]

摘 要：本文采用贸易的政治经济学分析范式，利用 DID 方法实证检验了政治互信、经济合作对两岸贸易的影响，结论表明：政治互信和经济合作均能有效促进两岸贸易的发展，且政治互信的推动作用要大于经济合作。具体而言，政治互信对两岸出口贸易和进口贸易均能起到显著的推动作用，且对对台进口贸易的推动作用要明显大于对台出口贸易；经济合作仅能显著推动对台出口贸易的发展，但却因此能够有效改善两岸贸易结构。由此可见，政治互信是两岸贸易长足发展的根本保障。在政治关系受阻的情况下，即便经济关系有所推进，两岸贸易的结构性问题也难以得到有效改善。当前两岸贸易已经在"政冷经热"状态下到达瓶颈，必须寻求政治解决之道。

关键词：两岸贸易；政治互信；经济合作；DID；政治经济学

一、导 言

两岸贸易是一个极具中国特色的政治经济学问题。自 1979 年祖国大陆与中国台湾恢复经贸往来以来，两岸贸易经历了涨落起伏的发展，其中既有经济发展的自然规律，更有政治关系的潜在影响。虽然两岸贸易是一个经济问题，但是两岸贸易政策的制定却是一个政治问题，不仅需要双方内部政治程序的支持，更需要双方基于共同愿景的友好协商，而这一切都必须以两岸关系的稳定发展为前提，两岸关系的起伏变幻将严重影响两岸贸易政策的制定、进而影响两岸贸易的发展。因此，两岸贸易应该放在政治经济学的框架下进行分析。

进入 21 世纪以来，在两岸关系的发展过程中发生了两件标志性的重大事件，对两岸贸易的发展产生了不容忽视的正向影响。第一件大事发生在 2005 年，时任国民党主席的连战访问大陆，两岸政治互信得到了极大的增强。自从奉行"台独党纲"的民进党候选人陈水扁于 2000 年成为台湾地区"领导人"

---

[*] 杨权，厦门大学经济学院国际经济与贸易系教授；胡文骏，厦门大学经济学院财政系博士研究生。

以来，台湾当局非但没有改变李登辉执政时期提出的"戒急用忍"的两岸贸易政策，反而在此基础上进一步提出了"积极开放，有效管理"这一专门针对祖国大陆的限制性贸易政策，两岸经贸往来受到了严重阻碍。在两岸政治经济交流全方位受阻的非常时期，连战于2005年访问大陆可谓两岸关系的"破冰"之旅，此行不仅以两岸政党之间交流的形式打破了两岸关系之僵局，更与祖国大陆达成了包括促进两岸经济全面交流在内的"五项愿景"。此后，两岸关系逐渐回暖、两岸政治互信得到增强，这为两岸贸易的发展提供了较为稳定的政治环境。

第二件大事发生在2010年，《两岸经济合作框架协议》（ECFA）正式签署并生效，两岸经济合作得到了极大的深化。自从奉行"不统不独"政策的国民党候选人马英九于2008年成为台湾地区领导人以来，台湾当局逐渐在政治上放弃与祖国大陆的对立，转而在经济上积极寻求与祖国大陆的深度合作，并主动提出希望与祖国大陆签署《海峡两岸经济合作框架协议》这一政治经济诉求。2010年6月29日，两岸正式签订ECFA，双方承诺将逐步减少或消除海峡两岸之间多数货物贸易的关税和非关税壁垒，逐步减少或消除海峡两岸之间涵盖众多部门的服务贸易限制性措施，促进贸易投资便利化，推动海峡两岸货物贸易和服务贸易进一步自由化，进而推动两岸贸易的发展。签订ECFA以来，两岸经济合作的步伐明显加快、程度明显加深、政治性阻碍明显减少，这为两岸贸易的发展创造了自由化程度较高的经济环境。

但是，在两岸关系的发展过程中，始终存在着各种负面声音。这些负面声音不仅来自"台独"势力对连战访问大陆、签订ECFA的负面评价，还来自部分台湾民众对两岸经贸合作的误解甚至敌意。2014年3月，"逢陆必反"的民进党利用台湾岛内部分民众担心两岸经贸合作可能对台湾经济产生不利影响的心态，在台湾岛内鼓动、策划了反对签署《海峡两岸服务贸易协议》（ECFA的后续协议之一）的"太阳花运动"，最终导致服务贸易协议无法在台湾顺利完成"立法"，两岸服务贸易自由化进程因"台独"势力的干扰而陷于停滞。由此可见，如果不对这些关于两岸政治互信和经济合作的质疑予以强有力的回应，那么负面声音最终将演变为阻碍两岸贸易发展的实际行动。

2016年以来，秉持"台独"政见的民进党重新获得台湾地区的执政权，新一任的台湾当局不仅在两岸关系根本性质这一大是大非问题上采取模糊态度，而且还拒绝承认"九二共识"，两岸政治互信的基础受到严重破坏，两岸经济合作的步伐也逐渐放缓甚至停滞。在此关键时刻，研究并检验政治互信、经济合作对两岸贸易的影响无疑具有重要的理论和实践意义。本文尝试采用贸易的政治经济学分析框架，将两岸政治互信和经济合作放在一个框架里，检验其对两岸贸易的影响，并在此基础上对两岸政治经济关系与未来发展做出评析。

二、文献综述

(一) 政治因素、经济合作对国际贸易的影响

政治因素对国际贸易的影响一直是学界的研究热点,国际贸易的政治经济学强调各种政治因素对一国贸易政策的影响。Krasner(1976)发现,一国若在国际体系中拥有绝对优势的权力,则该国必将选择推进全球贸易自由化的政策。Grossman 和 Helpman(1994)提出了保护待售模型(Protection for Sale),将国内利益集团看作特定贸易政策的需求方、将政府看作特定贸易政策的供给方,并认为政府在利益集团给出的政治献金总水平下选择自身最大化效用水平的贸易政策。进一步,Tovar(2011)分析了游说成本对贸易政策制定的影响,Bombardini 和 Trebbi(2012)分析了不同行业游说模式的决定因素。Stoyanov 和 Yildiz(2015)的研究则表明,不同国家执政党的政治倾向将显著影响两国之间的贸易模式。目前,国内的部分学者已经开始尝试在政治经济学框架下研究中国的对外贸易问题。盛斌(2001)指出,在国际贸易政治经济学的研究范式中,贸易政策既可能是"慈善"的政府实现社会福利函数和提供社会保险的途径,也可能是"自利"的政府为了寻求政治支持或竞选获胜向少数利益集团出售的政治商品。鲍晓华和朱钟棣(2006)利用"国家利益"和"利益集团"特征指标解释了中国技术性贸易壁垒保护政策形成的原因。唐宜红和徐世腾(2007)在保护待售模型的基础上对贸易摩擦的成因进行了分析。王孝松和谢申祥(2010)研究了中国出口退税政策的决策机制和形成因素,结果表明中国的出口退税政策是政府兼顾国家利益和国内各种利益相关群体诉求的折中结果。Wang 等(2013)分析了美国对华贸易法案的立法过程,发现对华贸易法案是否通过取决于特殊利益集团对政府的影响。

经济合作对国际贸易的影响也是学界长期跟踪的热点话题。Baldwin 和 Jaimovich(2012)研究了越来越多的国家加入自由贸易区这一"多米诺"现象。Anderson 和 Yotov(2016)研究了自由贸易协定(FTA)对一国贸易条件的影响。Hur 等(2010)利用 96 个国家 1960~2000 年的面板数据研究了 FTA 对贸易流量的影响,结果表明:除了直接的贸易自由化影响之外,FTA 的辐射性特征还会为贸易流量的增长带来额外的正向影响。Leung(2016)分析了 FTA 对美国与其贸易伙伴之间双边贸易的影响,结果表明:签订 FTA 使得双边贸易流量平均增加了 155%。关于经济合作对中国对外贸易的影响,目前的研究主要集中在加入 WTO 和建立中国—东盟自由贸易区这两件大事上。关于

加入WTO，毛其淋和盛斌（2014）基于异质性企业贸易的理论框架，使用中国工业企业微观数据进行的分析表明：中国加入WTO显著推动了企业的出口参与，其中对本土企业的推动作用更大，并且入世主要是通过集约边际的途径影响企业的出口行为。Imbruno（2016）分析了加入WTO对中国制造业进口贸易的影响。刘啟仁和黄建忠（2016）利用1998~2007年中国工业企业数据和DID方法分析了加入WTO对中国企业层面贸易的影响，结果表明：进口关税削减的"规模效应"在初期抑制了存活企业对生产率进步的贡献幅度，但其后的"竞争激励效应"又提升了存活企业的生产率贡献幅度。关于建立中国—东盟自由贸易区，陈雯（2009）运用引力模型对2002~2006年中国和133个贸易伙伴的贸易数据进行分析，考察中国—东盟自由贸易区的建立对中国与东盟国家进出口贸易的影响，结果表明：中国—东盟自由贸易区的建立在一定程度上促进了中国同东盟国家的进出口贸易。Yang和Martinez-Zarzoso（2014）基于引力模型的实证分析表明，中国—东盟自由贸易区在农业、化工产业和装备制造业等行业引致了大量的、明显的贸易创造效应。周曙东等（2006）和仇焕广等（2007）则利用GTAP模型分析了中国—东盟自由贸易区对区域农产品贸易的动态影响。此外，彭支伟和张伯伟（2013）还分析了TPP和亚太自由贸易区对中国的影响。

总的来看，在关于政治因素对国际贸易的影响方面，已有的研究主要关注的是"国际贸易政策制定的政治经济学"，较少关注政治因素对国际贸易流量的影响；在关于经济合作对国际贸易的影响方面，已有的研究普遍认为签订FTA、建立自由贸易区有助于推动双边贸易流量的增长。

（二）政治互信、经济合作对两岸贸易的影响

关于政治互信对两岸贸易的影响，已经有学者开始注意到这个问题的重要性。李非和蒋含明（2012，2012b）、陈必修（2013）在引力模型的基础上引入了政策虚拟变量进行分析，结论均表明：两岸"三通"的实现有效降低了贸易成本，但台湾当局所制定的"戒急用忍"和"积极开发，有效管理"等针对祖国大陆的限制性经贸政策提升了两岸贸易成本。因此，海峡两岸可以搁置政治争议，继续挖掘贸易成本下降的途径，降低两岸经贸往来中的障碍与壁垒，促进两岸经济交流与合作以实现共同繁荣。

关于经济合作对两岸贸易的影响，目前学者们主要在GTAP模型的框架下分析了ECFA的政策效果。张光南等（2011，2012）利用GTAP模型及相关地区关税校准，分析了ECFA"早期收获"和"全面实施"两种降税安排对两岸的经贸影响，研究发现：短期内，早期收获计划将对大陆的贸易余额和贸易条件产生负面冲击，但长期动态条件下将显著促进两岸贸易、经济增长和福利水

平,且台湾地区的改善幅度大于大陆。蒋含明和李非(2012a)采用GTAP模型,从宏观经济和产业层面模拟预测了ECFA的建立对于两岸经济贸易等方面所可能造成的影响,模拟结果显示:ECFA的签订推动了两岸贸易的成长,提高了两岸实际GDP的增长速度与福利水平。谢锐等(2012)采用GTAP模型模拟中国大陆参与东亚区域贸易自由化的各种不同场景,结果显示:通过ECFA参与中国大陆区域贸易自由化进程的三种模式均有利于提高台湾对大陆出口垂直专业化的贡献度,有利于台湾走出在东亚分工体系中被边缘化的困境,从而优化海峡两岸产业垂直分工体系。此外,顾国达和陈丽静(2011)利用联立方程模型模拟了ECFA早期收获清单的实施对两岸贸易及台湾经济增长的影响,结果显示:ECFA早期收获清单的实施无论对两岸贸易还是整个台湾经济都具有较为显著的增长效应。向洪金和赖明勇(2011)利用局部均衡COMPAS模型,就ECFA对两岸纺织品生产和贸易的影响进行了模拟分析,结果表明:ECFA对两岸间纺织品贸易会带来积极影响,但由于供需弹性、市场规模的差异,ECFA对台湾纺织品出口祖国大陆的积极影响要远大于对祖国大陆纺织品出口台湾的积极影响。

综上所述,从国际贸易的政治经济学研究看,在统一的框架内研究政治因素、经济合作及经济基本面因素对贸易流量的影响,早就已经成为国际贸易研究的基本范式;然而,从已有的对两岸贸易的研究来看,虽然目前已经有学者开始注意到政治因素对两岸贸易的影响,但是绝大部分研究都仅从经济合作一个角度来考察两岸贸易,尚未有研究将两岸贸易的发展放在政治经济学的框架下进行系统研究。据此,本文试图在已有的文献基础上设计一个包括政治因素、贸易政策及经济因素在内的分析框架,对两岸贸易关系进行探索性的研究。本文余下的部分安排如下:第三部分介绍两岸贸易流量政治经济学分析的基本框架和实证方法,以及具体的计量模型设定和数据来源;第四部分报告了实证结果;第五部分对实证结果进行了总结和讨论,并提出相应的政策涵义。

三、研究方法、模型设定与数据来源

(一) 研究方法

本文采用双重差分法(Difference-in-Difference,DID)来研究连战访问大陆、签订ECFA对两岸贸易的影响。DID模型的基本表达形式如下:

$$y_{it} = \beta_0 + \beta_1 treat_i \times D_t + \beta_2 treat_i + \beta_3 D_t + \varepsilon_{it} \tag{1}$$

式中，y_{it} 是被解释变量，$treat_i$ 是处理组虚拟变量（如果 i 属于处理组，则 $treat_i = 1$；如果 i 属于对照组，则 $treat_i = 0$），D_t 是政策虚拟变量（政策冲击发生之前，$D_t = 0$；政策冲击发生之后，$D_t = 1$），ε_{it} 是随机扰动项。

对于处理组，政策冲击发生后，$E(y|treat=1, D=1) = \beta_0 + \beta_1 + \beta_2 + \beta_3$；政策冲击发生前，$E(y|treat=1, D=0) = \beta_0 + \beta_2$。因此，处理组的差分估计：

$$E(y|treat=1,D=1) - E(y|treat=1,D=0) = \beta_1 + \beta_3 \quad (2)$$

对于对照组，政策冲击发生后，$E(y|treat=0, D=1) = \beta_0 + \beta_2$；政策冲击发生前，$E(y|treat=0, D=0) = \beta_0$。因此，处理组的差分估计：

$$E(y|treat=0,D=1) - E(y|treat=0,D=0) = \beta_3 \quad (3)$$

式（2）减去式（3），即差分之后再差分所得到的结果为 β_1。因此，处理组虚拟变量和政策虚拟变量的交乘项系数即为"双重差分估计量"，反映了政策冲击的净效应。

在运用双重差分法之前，首先必须确定政策冲击。图 1 表明，连战访问大陆和签订 ECFA 之后，两岸之间的进出口贸易、出口贸易和进口贸易均获得了大幅度、稳健持续的增长，大陆对台湾持续贸易逆差的状态也得到了一定程度的缓解。这表明，作为增进两岸政治互信、推动两岸经济合作的标志性事件，连战访问大陆和签订 ECFA 不仅推动了两岸贸易的总量增长，还提高了两岸贸易的自由度、改善了两岸贸易结构。因此，将连战访问大陆设定为政治冲击、将签订 ECFA 设定为经济冲击是比较合适的。

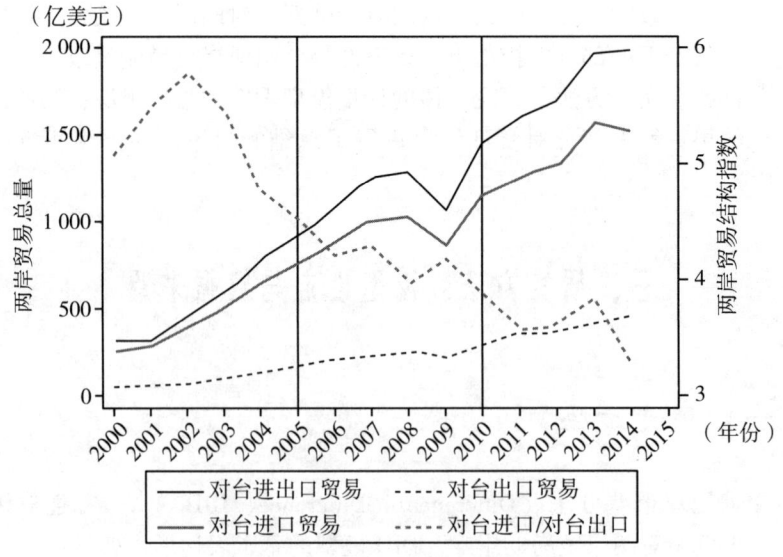

图 1　2000~2014 年两岸贸易情况

政治互信、经济合作对两岸贸易产生了不可忽视的影响,但是对不同地区的影响又不尽相同。在长期的对台交流中,祖国大陆的沿海地区始终与台湾保持着密切的经贸往来,海西地区则更是具有"先行先试"的政策优势。而台湾当局在与祖国大陆各省份的交流中,也对沿海省份采取了相较内陆省份而言更大规模的开放政策。因此,沿海省份对台交流相较于内陆省份而言更加密集。此外,由于距离是外生变量,根据距离来划分样本不会造成内生性问题。基于此,本文参照韩军等(2015)的做法,根据地理位置来划分样本,将沿海地区(对台交流的高强度地区)设定为处理组,将内陆地区(对台交流的低强度地区)设定为控制组。

图2表明,高强度地区的对台贸易总量和贸易逆差程度均远远超过低强度地区,尤其是连战访问大陆和签订ECFA前后的对比更为明显。这表明:连战访问大陆和签订ECFA这两个重要事件对于两岸贸易的总量和结构均产生了重要影响,而且对沿海省份和内陆省份的影响差别极大,这构成了本文使用DID方法的基础。

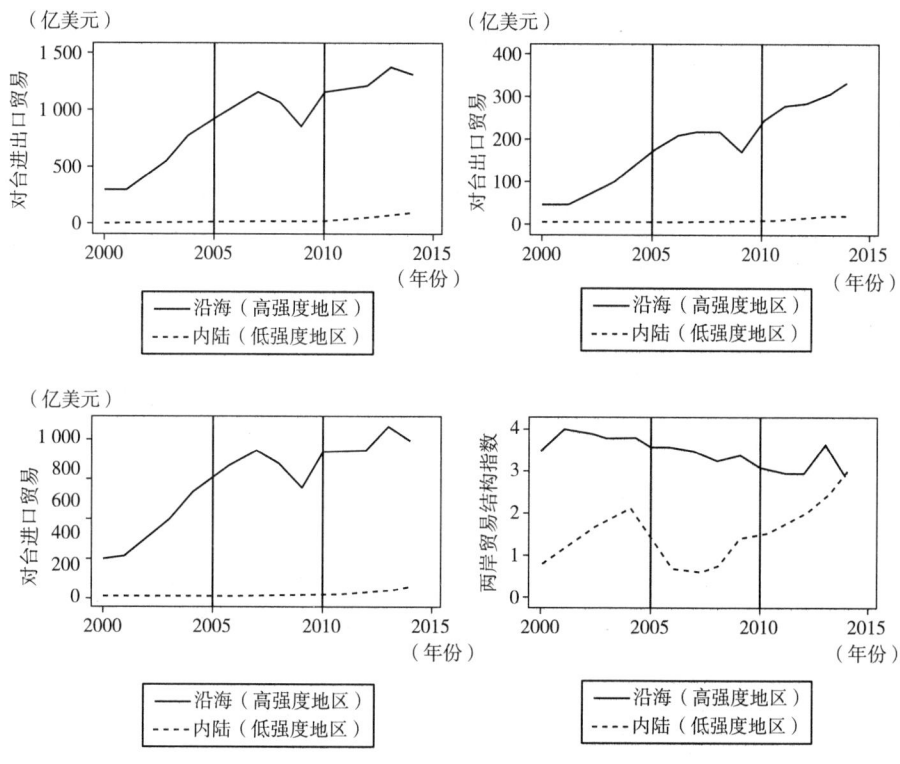

图2 2000~2014年不同地区的两岸贸易情况

(二) 模型设定与数据来源

本文采用 DID 模型来分析政治互信对两岸贸易的影响,具体的回归模型如下:

$$Trade_{it} = \alpha_0 + \alpha_1 \times High_i \times LianZhan_t + \alpha_2 \times High_i \times ECFA_t + \alpha_3 \times High_i + \alpha_4 \times LianZhan_t + \alpha_5 \times ECFA_t + \phi X_{it} + \omega Z_{it} + \mu_i + \lambda_t + \varepsilon_{it} \quad (4)$$

$$Export_{it} = \beta_0 + \beta_1 \times High_i \times LianZhan_t + \beta_2 \times High_i \times ECFA_t + \beta_3 \times High_i + \beta_4 \times LianZhan_t + \beta_5 \times ECFA_t + \phi X_{it} + \omega Z_{it} + \mu_i + \lambda_t + \varepsilon_{it} \quad (5)$$

$$Import_{it} = \gamma_0 + \gamma_1 \times High_i \times LianZhan_t + \gamma_2 \times High_i \times ECFA_t + \gamma_3 \times High_i + \gamma_4 \times LianZhan_t + \gamma_5 \times ECFA_t + \phi X_{it} + \omega Z_{it} + \mu_i + \lambda_t + \varepsilon_{it} \quad (6)$$

$$Stru_{it} = \delta_0 + \delta_1 \times High_i \times LianZhan_t + \delta_2 \times High_i \times ECFA_t + \delta_3 \times High_i + \delta_4 \times LianZhan_t + \delta_5 \times ECFA_t + \phi X_{it} + \omega Z_{it} + \mu_i + \lambda_t + \varepsilon_{it} \quad (7)$$

式中:$Trade_{it}$表示对台进出口贸易,$Export_{it}$表示对台出口贸易,$Import_{it}$表示对台进口贸易,$Stru_{it}$表示两岸贸易结构指数(对台进口/对台出口);$High_i$是处理组虚拟变量(高强度地区=1,低强度地区=0),本文定义沿海省份为高强度地区,内陆省份为低强度地区;$LianZhan_t$是第一个政策虚拟变量,连战访问大陆之前为0、之后为1,即 2000~2004 年为0,2005~2014 年为1;$ECFA_t$是第二个政策虚拟变量,ECFA 签订之前为0、签订之后为1,即 2000~2009 年为0,2010~2014 年为1;X_{it}是能够直接影响两岸贸易的控制变量,Z_{it}是可能会影响两岸贸易的控制变量,μ_i是个体固定效应,λ_t是时间固定效应,ε_{it}是随机扰动项。

能够直接影响两岸贸易的控制变量X_{it},主要包括两岸市场规模(Market)与两岸贸易成本(Cost)。关于两岸市场规模,为了克服传统贸易引力模型将 GDP 作为市场规模变量所带来的内生性问题,本文参考张少军(2013)的做法,将人口作为市场规模的代理变量,具体算法为 Market = 大陆省份的人口总数/台湾的人口总数;关于两岸贸易成本,鉴于汇率波动与贸易距离均会显著影响两岸贸易成本(李非等,2012),本文用两岸汇率与两岸贸易距离的乘积来表示两岸贸易成本(Cost),两岸汇率为人民币兑新台币的名义汇率,两岸贸易距离为大陆各省省会城市与台北市的经纬度坐标距离。

可能会影响两岸贸易的其他控制变量Z_{it},主要是指大陆省份的经济环境中可能会影响两岸贸易的因素。鉴于出口退税、金融发展、所有制结构均会对进出口贸易产生不容忽视的影响(钱学锋等,2015;施炳展和齐俊妍,2011;马俊英等,2015),本文进一步选取宏观税率 Tax(税收总收入/GDP)、金融发展 Finance(金融机构年末人民币贷款余额/金融机构年末人民币存款余额)

和所有制结构 Stateown（国有经济固定资产投资/全社会固定资产投资）作为控制变量。

在本文构建的上述 4 个模型中，系数 α_1、β_1、γ_1、δ_1 分别表示连战访问大陆对两岸进出口、出口、进口和贸易结构的影响，而系数 α_2、β_2、γ_2、δ_2 则分别表示签订 ECFA 对两岸进出口、出口、进口和贸易结构的影响。

具体而言，本文使用 2000~2014 年各省统计年鉴中的对台进口、出口数据进行实证研究。基于数据的可获得性，本文的数据包括 19 个省级单位，即天津、河北、山西、黑龙江、上海、江苏、浙江、安徽、江西、山东、湖南、广东、广西、海南、重庆、云南、陕西、甘肃、新疆。根据地理位置是否沿海，把天津、河北、上海、江苏、浙江、山东、广东、海南归为高强度地区，把山西、黑龙江、安徽、江西、湖南、广西、重庆、云南、山西、甘肃、新疆归为低强度地区。高强度地区受两岸政治互信的影响更大，区位优势与长期以来形成的政策优势使得这些地区的对台贸易总量远远高于低强度地区。相关变量的描述性统计见表 1。

表1　相关变量的描述性统计

变量	样本数	均值	标准差	最小值	最大值
Trade	285	398.8	862.0	0.859	4 662
Export	285	83.62	178.1	0.341	926.6
Import	285	315.2	712.7	0.151	4162
Stru	285	2.336	2.314	0.0789	11.28
High	285	0.421	0.495	0	1
LianZhan	285	0.667	0.472	0	1
ECFA	285	0.333	0.472	0	1
Market	285	1.977	1.058	0.342	4.159
EDist	285	6 336	3 218	2 261	18 330
Tax	285	0.167	0.0832	0.0699	0.531
Finance	285	0.719	0.0965	0.467	0.988
Stateown	285	0.359	0.123	0.114	0.703

四、实证检验

(一) 政治互信、经济合作对两岸进出口贸易的影响

首先,对式(4)进行回归,用以检验政治经济冲击对两岸贸易总量的影响。从回归结果来看(见表2),在未添加控制变量时,High × LianZhan 的系数为525.1、显著为正,High × ECFA 的系数为207.8、显著为正;在添加了能够直接影响两岸贸易的控制变量之后,High × LianZhan 的系数为502.5、显著为正,High × ECFA 的系数为149.7、显著为正;在进一步添加可能会影响两岸贸易的其他控制变量之后,High × LianZhan 的系数为412.9、显著为正,High × ECFA 的系数为127.8、显著为正。这表明,连战访问大陆和签订 ECFA 之后,两岸进出口贸易总量有了显著增长,且连战访问大陆这一政治冲击对两岸贸易的推动作用要大于签订 ECFA 这一经济冲击。因此,可以得出以下结论:政治上的互信和经济上的合作均能有效促进两岸贸易的发展,而政治互信的推动作用要大于经济合作。

表2　　　　　　　政治经济冲击对两岸进出口贸易的影响

变量	Trade	Trade	Trade
High × LianZhan	525.1*** (92.29)	502.5*** (87.92)	412.9*** (86.97)
High × ECFA	207.8*** (71.80)	149.7** (66.79)	127.8* (66.33)
LianZhan	23.52 (94.68)	176.3 (164.7)	315.6* (184.8)
ECFA	155.2** (64.38)	131.4* (78.94)	125.4 (88.88)
High	74.43 (69.60)	1 370** (670.4)	1 608** (670.3)
Market		1 700** (765.9)	2 045*** (735.7)

续表

变量	Trade	Trade	Trade
Cost		−0.177*** (0.0512)	−0.191*** (0.0499)
Tax			1 658 (1 115)
Finance			476.8 (319.1)
Stateown			710.5 (537.4)
个体固定效应	是	是	是
时间固定效应	是	是	是
常数项	−61.98 (92.12)	−4 395** (2 221)	−6 235*** (2 108)
观测值	285	285	285
R-squared	0.915	0.924	0.926

注：*、** 和 *** 分别表示 10%、5% 和 1% 水平上显著，括号中为 t 值，下同。

此外，控制变量的回归结果也能够反映一些有益的结论。在进一步添加可能会影响两岸贸易的其他控制变量之后，Market 的系数仍然显著为正、Cost 的系数仍然显著为负，这说明引力模型的基本结论适用于两岸贸易，即两岸贸易总量与双方的相对市场规模成正比，与双方的贸易成本成反比。

（二）政治互信、经济合作对两岸出口贸易、进口贸易的影响

其次，分别对式（5）、式（6）进行回归，分别检验政治经济冲击对两岸出口贸易和进口贸易的影响。具体而言：

从对台出口贸易的 DID 回归结果来看（见表3），在未添加控制变量时，High × LianZhan 的系数为 116.5、显著为正，High × ECFA 的系数为 84.14、显著为正；在添加了能够直接影响两岸贸易的控制变量之后，High × LianZhan 的系数为 104.6、显著为正，High × ECFA 的系数为 70.27、显著为正；在进一步添加可能会影响两岸贸易的其他控制变量之后，High × LianZhan 的系数为 74.51、显著为正，High × ECFA 的系数为 57.09、显著为正。这表明，连战访问大陆和签订 ECFA 之后，对台出口贸易总量有了显著增长，且连战访问大陆

这一政治冲击对对台出口贸易的推动作用要大于签订 ECFA 这一经济冲击。因此，可以得出以下结论：政治上的互信和经济上的合作均能有效促进对台出口贸易的发展，而政治互信的推动作用要大于经济合作。

此外，从控制变量的回归结果来看，Market 的系数不显著、Cost 的系数显著为负，说明相对市场规模无法显著影响对台出口贸易，但是贸易成本对对台出口贸易的抑制作用仍然稳健存在；Tax、Stateown 的系数显著为正，说明随着宏观税率、国有经济占比的提高，大陆会更加积极地展开对台出口贸易。

从对台进口贸易的 DID 回归结果来看（见表3），在未添加控制变量时，High × LianZhan 的系数为 408.5、显著为正，High × ECFA 的系数为 123.7、显著为正；在添加了能够直接影响两岸贸易的控制变量之后，High × LianZhan 的系数为 397.9、显著为正，但是 High × ECFA 的系数不再显著；在进一步添加可能会影响两岸贸易的其他控制变量之后，High × LianZhan 的系数为 74.51、仍然显著为正，而 High × ECFA 的系数依然不显著。这表明，连战访问大陆对之后，对台进口贸易总量有了显著增长，而签订 ECFA 则没有给对台进口贸易带来显著、稳健的正向影响。因此，我们可以得出以下结论：政治上的互信能有效促进对台进口贸易的发展，但是经济上的合作则不具备此方面的显著影响能力。

表3　政治经济冲击对两岸出口贸易、进口贸易的影响

变量	Export	Export	Export	Import	Import	Import
High × LianZhan	116.5*** (23.19)	104.6*** (21.65)	74.51*** (18.57)	408.5*** (74.18)	397.9*** (70.09)	338.4*** (72.06)
High × ECFA	84.14*** (21.19)	70.27*** (20.20)	57.09*** (19.31)	123.7** (58.63)	79.45 (52.90)	70.69 (52.50)
LianZhan	5.600 (22.57)	121.0** (46.79)	118.7** (50.44)	17.92 (76.20)	55.24 (126.7)	196.9 (143.6)
ECFA	42.10* (23.69)	63.93** (27.35)	59.17* (30.43)	113.1** (48.13)	67.47 (60.05)	66.18 (66.06)
High	-19.48 (20.45)	-200.8 (142.6)	-78.62 (113.4)	93.91* (55.21)	1 570*** (575.0)	1 687*** (589.3)
Market		-138.3 (141.4)	61.77 (104.5)		1 838*** (670.3)	1 983*** (658.3)
Cost		-0.0646*** (0.0180)	-0.0700*** (0.0153)		-0.112*** (0.0370)	-0.121*** (0.0381)

续表

变量	Export	Export	Export	Import	Import	Import
Tax			1 085*** (379.5)			573.4 (777.9)
Finance			39.26 (80.97)			437.6* (252.7)
Stateown			238.2* (137.0)			472.4 (424.7)
个体固定效应	是	是	是	是	是	是
时间固定效应	是	是	是	是	是	是
常数项	-6.281 (22.17)	569.5 (429.5)	-220.8 (309.5)	-55.70 (73.88)	-4 964** (1 933)	-6 014*** (1 888)
观测值	285	285	285	285	285	285
R-squared	0.851	0.859	0.873	0.920	0.931	0.933

注：*、** 和 *** 分别表示10%、5%和1%水平上显著，括号中为t值，下同。

此外，从控制变量的回归结果来看，Market 的系数显著为正、Cost 的系数显著为负，说明引力模型的基本结论适用于对台进口贸易；Finance 的系数显著为正，说明随着金融发展程度的加深，大陆会更积极地展开对台进口贸易。

总的来看，政治互信对两岸出口贸易和进口贸易均能起到显著的推动作用，且对对台进口贸易的推动作用要明显大于对台出口贸易；但是，经济合作虽然能够显著推动对台出口贸易的发展，却不能稳健地影响对台进口贸易。

（三）政治互信、经济合作对两岸贸易结构的影响

对式（7）进行回归，用以检验政治经济冲击对两岸贸易结构的影响。从回归结果来看（见表4），在未添加控制变量时，High × LianZhan 的系数不显著，High × ECFA 的系数为1.482、显著为负；在添加了能够直接影响两岸贸易的控制变量之后，High × LianZhan 的系数仍然不显著，High × ECFA 的系数为1.752、显著为负；在进一步添加可能会影响两岸贸易的其他控制变量之后，High × LianZhan 的系数依旧不显著，High × ECFA 的系数为1.711、显著为负。这表明，连战访问大陆这一政治冲击并未有效改变两岸贸易结构，但是签订 ECFA 这一经济冲击有效改善了祖国大陆对台贸易长期逆差的状况。因此，我们可以得出以下结论：经济上的合作能够有效改善两岸贸易结构，但是

政治上的互信对两岸贸易结构的影响不甚明显。

表4　　　　　　　　政治经济冲击对两岸贸易结构的影响

变量	Stru	Stru	Stru
High × LianZhan	0.186 (0.361)	0.0407 (0.339)	−0.0292 (0.370)
High × ECFA	−1.482*** (0.362)	−1.752*** (0.382)	−1.711*** (0.374)
LianZhan	0.245 (0.488)	1.439* (0.827)	0.795 (1.030)
ECFA	1.330* (0.734)	1.389** (0.694)	0.931 (0.740)
High	2.936*** (0.375)	5.941** (2.498)	5.514** (2.551)
Market		4.555 (2.763)	4.488 (2.916)
Cost		−0.000960** (0.000413)	−0.000844** (0.000422)
Tax			3.050 (4.826)
Finance			1.354 (1.639)
Stateown			−3.288* (1.682)
个体固定效应	是	是	是
时间固定效应	是	是	是
常数项	1.110*** (0.227)	−9.132 (8.147)	−9.102 (9.451)
观测值	285	285	285
R-squared	0.665	0.682	0.685

注：*、**和***分别表示10%、5%和1%水平上显著，括号中为t值，下同。

此外,从控制变量的回归结果来看,Cost 的系数显著为负,Stateown 的系数也显著为负,这表明贸易成本的增加和国有经济占比的提高都将对两岸贸易结构的改善发挥积极作用。

综上所述,政治互信能够全方位推动对台出口贸易和进口贸易的总量增长,而且影响力度要远远大于经济合作,但是却不能有效改变大陆对台湾长期逆差的状况;经济合作能够有效推动对台出口贸易的总量增长,但是不能有效推动对台进口贸易的总量增长,不过却能有效改善大陆对台长期逆差的贸易结构。

上述实证结果在一定程度上契合了两岸贸易的特殊性:长期以来,祖国大陆始终对台湾实行政策性进口,而台湾当局则对大陆商品进岛重重设限,因而祖国大陆对台贸易长期逆差的状态有其深刻的政治经济诱因。在这样的政治经济格局下,政治上的互信更多地体现在祖国大陆对台湾人民展示友好与善意,因而其影响更多地表现为总量增长、而非结构改善;经济上的合作则必须兼顾提升经济效率这一目标,因而其影响更多地表现为结构改善、而非总量增长。

五、结论及讨论

本文在大陆与台湾地区双边贸易流量的研究中,首次采用贸易的政治经济学分析范式,运用 DID 方法实证检验了政治冲击和经济合作冲击对两岸贸易流量和贸易结构的影响,主要结论有:第一,从总量上看,政治互信和经济合作均能有效促进两岸贸易的发展,且政治互信的推动作用要大于经济合作。第二,分别从出口和进口看,政治互信对两岸出口贸易和进口贸易均能起到显著的推动作用,且对对台进口贸易的推动作用要明显大于对台出口贸易;经济合作虽然能够显著推动对台出口贸易的发展,却不能稳健地影响对台进口贸易。第三,经济上的合作能够有效改善两岸贸易结构,但是政治上的互信对两岸贸易结构的影响不甚明显。

本文的研究结论具有明显的政策涵义。首先,以政治互信为基础的政治关系良性发展是两岸经济合作和贸易发展的根本所在。这或可回答两岸政治经济关系的未来走向。当前,两岸经济合作受到阻碍、经贸交流已经到达瓶颈,而破题的关键在于以政治互信为基础,推动两岸进行政治接触、甚至是政治谈判。台湾当局如果持续以各种理由抗拒政治关系进入良性互动的发展轨迹,无疑会使得两岸政治、经济关系双双陷入困境。在两岸关系中,"政冷经热"的局面在中长期似乎难以为继,而经由"先经后政"次序达成两岸统一似乎也只能是权宜之计,两岸终需共同寻求政治解决之道。在两岸关系发展的关键时刻,2005 年中国共产党和中国国民党共同迈出了历史性一步,通过政党对话建立起的两岸沟通新模式,有助于推动两岸关系向着打破僵局、平等互利、良性互动的方向发展,为两岸关系和平发展奠定了坚实基础。值得庆幸的是,在"台独"势力重掌台湾地区执政权的今天,我们看到中国国民党继续扛起了"以政党良性互动推进两岸政经互动"的大旗。2016 年 9 月 4 日,中国国民党第 19 次全代会通过了题为"真诚反省、勇于改革"的政策纲领案,"探讨以和平协议结束两岸敌对状态可能性"的提法首度明确写入该党政纲,中国国民党将积极扮演台海和平与稳定的角色,这有利于推动两岸交流与合作。

其次,在政治关系受阻的情况下,即便经济关系有所推进,两岸贸易的结构性问题也难以得到有效改善。在"台独"势力掌权的陈水扁执政时期,两岸关系突出表现为"政冷经热",此阶段两岸贸易表现出了明显的非均衡发展特征,两岸贸易结构亟待改善;在"台独"势力重新抬头的马英九执政后期,《海峡两岸服务贸易协议》的制定在台湾受阻,两岸贸易自由化进程受到了极大制约;及至代表"台独"势力的蔡英文执政以来,两岸政治关系严重受阻、经贸交流几近停滞,两岸贸易的发展受到了明显阻碍。两岸交流的历史经验告诉我们,在两岸政治关系难以深入发展的情况下,"政冷经热"的模式是不可持续的,无助于两岸贸易的持续健康发展。基于此,我们呼吁台湾当局(尤其是奉行"台独"党纲的民进党当局),应在两岸关系的基石——九二共识的基础上,保持与祖国大陆的良性政治互动关系。这是推动两岸贸易关系持续健康发展的基础,也是事关两岸人民福祉的真正所在。

以上两方面的政策启示,是本文在两岸贸易研究的一个贡献。与当前关于两岸贸易的主流观点——"搁置政治争议,促进两岸经济交流与合作以实现共同繁荣"(李非和蒋含明,2012,2012b)相比,本文认为:政治互信是两岸贸易长足发展的根本保障,当前两岸贸易已经在"政冷经热"状态下到达瓶颈,必须寻求政治解决之道。

参考文献

[1] Stephen D. Krasner. State Power and the Structure of International Trade. World Politics, 1976, 28 (3), pp. 317 – 347.

[2] Gene M. Grossman, Elhanan Helpman. Protection for Sale. American Economic Review, 1994, 84 (4), pp. 833 – 850.

[3] Patricia Tovar. Lobbying Costs and Trade Policy. Journal of International Economics, 2011, 83 (2), pp. 126 – 136.

[4] Matilde Bombardini, Francesco Trebbi. Competition and Political Organization: Together or Alone in Lobbing for Trade Policy. Journal of International Economics, 2012, 87 (1), pp. 18 – 26.

[5] Andrey Stoyanov, Halis Murat Yildiz. Preferential versus Multilateral Trade Liberalization and the Role of Political Economy. European Economic Review, 2015, 80, pp. 140 – 164.

[6] 盛斌. 贸易保护的新政治经济学:文献综述 [J]. 世界经济, 2001 (1): 46-56.

[7] 王孝松, 谢申祥. 中国出口退税政策的决策和形成机制——基于产品层面的政治经济学分析 [J]. 经济研究, 2010 (10): 101-114.

[8] 鲍晓华, 朱钟棣. 贸易政治经济学在中国的适用性检验:以技术性贸易壁垒为例 [J]. 管理世界, 2006 (1): 41-47.

[9] 唐宜红, 徐世腾. 政府对利益集团收入的关注与贸易摩擦的形成——基于贸易政策的政治经济学分析 [J]. 国际贸易问题, 2007 (6): 14-18.

[10] Wang Xiaosong, Li Kunwang, Xie Shenxiang, Hou Jack. How is U. S. trade policy towards China determined? A political economic analysis illustrated by voting outcome of the PNTR bill. China Economic Review, 2013, 27, pp. 25-36.

[11] Richard Baldwin, Dany Jaimovich. Are Free Trade Agreements Contagious? Journal of International Economics, 2012, 88 (1), pp. 1-16.

[12] James E. Anderson, Yoto V. Yotov. Terms of Trade and Global Efficiency Effects of Free Trade Agreements, 1990-2002. Journal of International Economics, 2016, 99, pp. 279-298.

[13] Jung Hur, Joseph D. Alba, Donghyun Park. Effects of Hub-and-Spoke Free Trade Agreements on Trade: A Panel Data Analysis. World Development, 2010, 38 (8), pp. 1105-1113.

[14] Jennifer Y. Leung. Bilateral vertical Specialization between the U. S. and Its Trade Partners—Before and After the Free Trade Agreements. International Review of Economics and Finance, 2016, 45, pp. 177-196.

[15] 毛其淋, 盛斌. 贸易自由化与中国制造业企业出口行为:"入世"是否促进了出口参与? [J]. 经济学(季刊), 2014, 13 (2): 647-674.

[16] Michele Imbruno. China and WTO Liberalization: Imports, Tariffs and Non-Tariff Barriers. China Economic Review, 2016, 38, pp. 222-237.

[17] 刘啟仁, 黄建忠. 贸易自由化、企业动态与行业生产率变化——基于我国加入WTO的自然实验 [J]. 国际贸易问题, 2016 (1): 27-37.

[18] 陈雯. 中国—东盟自由贸易区的贸易效应研究——基于引力模型"单国模式"的实证分析 [J]. 国际贸易问题, 2009 (1): 61-66.

[19] Shanping Yang, Inmaculada Martinez-Zarzoso. A panel data analysis of trade creation and trade diversion effects: The case of ASEAN-China Free Trade Area. China Economic Review, 2014, 29, pp. 138-151.

[20] 仇焕广, 杨军, 黄季焜. 建立中国—东盟自由贸易区对我国农产品贸易和区域农业发展的影响 [J]. 管理世界, 2007 (9): 56-75.

[21] 周曙东, 胡冰川, 吴强, 崔奇峰. 中国—东盟自由贸易区的建立对区域农产品贸易的动态影响分析 [J]. 管理世界, 2006 (10): 14-21.

[22] 彭支伟, 张伯伟. TPP和亚太自由贸易区的经济效应及中国的对策 [J]. 国际贸易问题, 2013 (4): 83-95.

[23] 李非, 蒋含明. 海峡两岸贸易成本的测度及影响因素分析 [J]. 厦门大学学报(哲学社会科学版), 2012 (6): 86-93.

[24] 蒋含明, 李非. 大陆与台湾地区贸易成本的测度及影响因素分析——基于1995~

2010 年省际面板数据的实证研究 [J]. 国际经贸探索, 2012 (9): 66 - 74.

[25] 陈必修. 大陆与台湾地区水产品贸易成本测度研究 [J]. 商业研究, 2013 (3): 59 - 64.

[26] 张光南, 邱杰宏, 陈坤铭. 中国内地和中国香港的贸易自由化效应研究——基于全球贸易分析模型 GTAP 的分析 [J]. 国际贸易问题, 2011 (9): 57 - 64.

[27] 蒋含明, 李非. ECFA 对两岸经济的影响效果评估——基于 GTAP 模型的模拟分析 [J]. 国际贸易问题, 2012 (8): 22 - 28.

[28] 谢锐, 肖皓, 赖明勇. ECFA 的建立与海峡两岸垂直分工模式 [J]. 世界经济研究, 2012 (6): 75 - 80.

[29] 顾国达, 陈丽静. ECFA 对两岸贸易与台湾经济增长的影响研究——基于联立方程组模型的模拟分析 [J]. 台湾研究集刊, 2011 (5): 67 - 74.

[30] 向洪金, 赖明勇. 建立 ECFA 对两岸纺织品生产和贸易的影响——基于局部均衡 COMPAS 模型的研究 [J]. 国际贸易问题, 2011 (1): 158 - 166.

[31] 韩军, 刘润娟, 张俊森. 对外开放对中国收入分配的影响——"南方谈话" 和 "入世" 后效果的实证检验 [J]. 中国社会科学, 2015 (2): 24 - 40.

[32] 张少军. 贸易的本地偏好之谜: 中国悖论与实证分析 [J]. 管理世界, 2013 (11): 39 - 49.

[33] 钱学锋, 潘莹, 毛海涛. 出口退税、企业成本加成与资源误置 [J]. 世界经济, 2015 (8): 80 - 106.

[34] 施炳展, 齐俊妍. 金融发展、企业国际化形式与贸易收支 [J]. 世界经济, 2011 (5): 42 - 73.

[35] 马俊英, 史晋川, 罗德明. 出口贸易、所有制部门结构与制度进步 [J]. 世界经济, 2015 (12): 108 - 134.

Political Mutual Trust, Economic Cooperation and the Development of Cross-strait Trade

Yang Quan Hu Wenjun

Abstract: This article analyzes the influence of political mutual trust and economic cooperation on cross-strait trade by DID model under the political economics analysis paradigm. The result shows that political mutual trust and economic cooperation can both effectively promote the development of cross-strait trade, and political mutual trust contributes more than economic cooperation. To be specific, political mutual trust significantly spur the export and import trade between Taiwan and Chinese Mainland. Meanwhile the promotion effect on import trade from Taiwan to Chinese Mainland is significantly greater than that on export trade from Chinese Mainland to Taiwan. Economic cooperation can only significantly promote the development of export trade from Chinese Mainland to Taiwan, but it can also effectively improve the structure of cross-strait trade. Thus, political mutual trust is the fundamental guarantee to substantially develop cross-strait trade. Under the condition of blocked political relations, even if the economic relationship can be advanced, the structural problems of cross-strait trade are also difficult to be effectively improved. The current cross-strait trade has already hit plateaus in the state of *Cold Politics and Warm Economy*, which should be solved by political approaches.

Keywords: Cross-Strait Trade, Political Mutual Trust, Economic Cooperation, DID, Political Economics

"一带一路"背景下对外直接投资的税收事先裁定问题研究*

杨 峥**

摘 要：我国现行立法从四个方面正面界定了税收事先裁定的服务范围，这些特征恰好与"一带一路"建设深入实施推动的企业对外直接投资不谋而合。在重大交易涉税政策的不完全契约下，一定程度上制约了我国企业"走出去"的步伐。本文系统梳理了我国对外直接投资的演变历程，分析税收支持政策存在的问题。通过理论模型和数值模拟对不同情景下的税收事先裁定公共服务需求进行解释，认为税收事先裁定制度可以有效规避我国税法不完全性的税务风险。建议将税收事先裁定的服务主体上升为国家税务总局，在现有"正面规定"的基础上增加类型化的"反面列举"事项，根据各地区不同情况制定不同的税收事先裁定申请人标准，促进区域经济均衡发展。

关键词："一带一路"；"走出去"；对外直接投资；税制政策；事先裁定

一、引 言

随着我国对外开放步伐的不断加快，我国逐渐将目光聚焦于"引进来"和"走出去"的政策并举。在财政税收政策的大力支持下，企业纷纷走出国门扩大经营，对外直接投资总额迅速上升（张兵，2012）。作为经济处于较低水平的后发型国家，政策倾斜不仅显著加快了中国对外直接投资步伐（杨校美、张诚，2014），而且对国内就业也产生了显著的促进作用（李磊、白道欢、冼国明，2016）。在"一带一路"背景下，对外直接投资更是"走出去"战略的重要组成部分。国际税收协调通常是消除税收障碍最有效的手段（漆彤，2015）。然而，由于我国与多数沿线国家协定签署时间过早、税种范围过

---

* 本文为国家自然科学基金青年基金项目"中国企业直接对外投资决策机制研究：基于政治嵌入与公司治理的视角"（71702128）、天津市哲学社会科学规划项目"京津冀协同创新视角的天津交通基础设施投融资策略研究"（TJYY16-011）、天津市科技发展战略研究计划项目"京津冀协同发展背景下加快推进天津市智能制造产业创新发展研究"（17ZLZXZF00080）的阶段性成果。

** 杨峥，天津财经大学经济学院财政与公共管理系讲师，博士。

时、常设机构规定复杂以及税收饶让条款覆盖面窄等协定异质性因素，引致"走出去"企业不可避免地面临涉税风险（李勇彬、汪昊，2017），亟须解决重复征税、纳税人的遵从成本高等问题（赵书博、胡江云，2016）。

税收事先裁定制度（Tax Advance Ruling）在欧洲已有超过百年的历史，赋予纳税人就特定的预期交易行为，请求针对税法适用做出正式解释的法定请求权（虞青松、张凯，2016），可以有效防控税务机关和企业双方的税收风险。越来越多的国家选择事先裁定制度以提高税法确定性，根据统计资料，目前OECD有33个国家建立了事先裁定制度，瑞典并不包含其中。事实上，瑞典是世界上最早（1911年）建立事先裁定制度的国家，只是与多数由税务当局主导的国家不同，瑞典成立了事先裁定委员会（The Council for Advance Rulings）负责发布和实施税收事先裁定（Romano，2002）。

2008年，我国借鉴国际经验，国家税务总局成立大企业税收管理司，预约定价安排（APA）成为大企业个性化服务范畴。也正因为如此，2009年，OECD的统计资料中将中国纳入具有事先裁定制度的国家。2014年，国家税务总局发布的《关于印发"便民办税春风行动"实施方案的通知》（税总发〔2014〕29号）中明确提出"试行涉税事项事先裁定制度，增强税收政策确定性和执行统一性"；2015年，《中华人民共和国税收征收管理法修订草案（征求意见稿）》明确提出"税务机关应当建立纳税人适用税法的预约裁定制度"。可能是沿用了预约定价安排（APA）而选用"预约"一词，但是其概念属于被包含事先裁定当中；2016年，国家税务总局印发《关于深化行政审批制度改革切实加强事中事后管理的指导意见》（税总发〔2016〕28号），明确将建立税收政策确定性制度，增强税收政策的统一性、权威性、确定性、协调性和可操作性，便于纳税人和税务机关准确理解、正确适用。

我国现行立法从四个方面正面界定了税收事先裁定的服务范围，即"预期未来发生""有重要经济利益关系""特定复杂事项""难以直接适用税法制度进行核算和计税"，这些特征恰好与企业"走出去"的对外直接投资特点不谋而合。对于追求经济利润最大化的"理性人"企业来说往往厌恶风险，具有确定性效应（Clark，2007）。然而，我国税法在法定语言确切含义、法律具体实际情形运用以及建立必要事实所需充分证据类型等诸多方面均存在着不同程度的不确定性（计金标、应涛，2017）。我国的事先裁定制度与发达国家相比，系统化、制度化、规范化仍然存在较大距离，仅限于税务机关为某些企业的特定涉税问题进行批复（熊晓青，2016）。在重大交易涉税政策的不完全契约下，一定程度上制约了我国企业"走出去"的步伐，事先裁定制度可以有效规避税法不完全性的税务风险（Givati，2009）。

二、我国对外直接投资税收支持政策演变

根据商务部公布的数据（见图1），我国境内投资者2016年全年直接投资于全球164个国家和地区共计7 961家境外企业，投资类型为非金融性直接投资累计达到1 701.1亿美元（折合人民币11 299.2亿元，较同年累计增长44.1%）。对比往年数据，我国对外承包工程2016年全年达到营业额1 594.2亿美元（折合人民币10 589.2亿元，较往年增幅3.5%）。

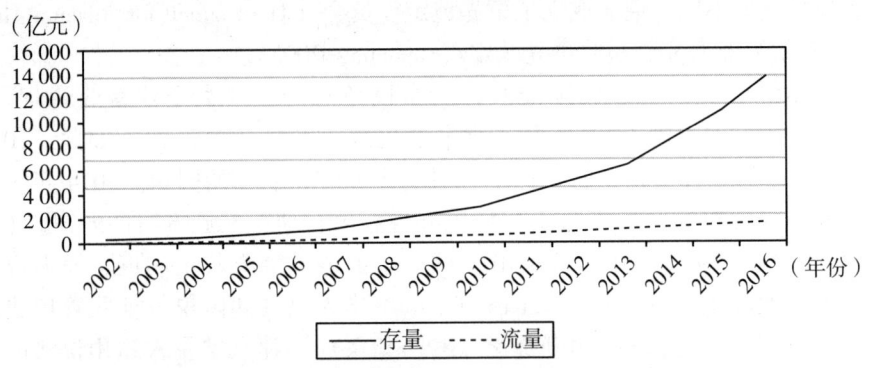

图1 2002~2016年中国对外直接投资存量和流量规模
资料来源：《中国对外直接投资统计公报》。

自改革开放以来，我国经济实力不断增强，国际地位迅速提升，对外直接投资发展阶段大致经历了以下几个阶段：

20世纪80~90年代初期，正处于改革开放初期的人均GDP不足400美元，对外直接投资也只是刚刚拉开大幕，海外投资流量在10亿美元以内。与此同时，由于对海外投资的重视程度较低，相关财税支持政策更是少之又少。1985年，《关于对国营对外承包公司征收国营企业所得税的暂行规定》的出台标志着企业"走出去"税收制度的雏形开始显现。随后，在党的十四大报告中包含了"积极扩大我国企业的对外投资和跨国经营"的表述，当时涉及对外投资的税收政策主要是1991年颁布的《中华人民共和国外商投资企业和外国企业所得税法》和1993年颁布的《中华人民共和国企业所得税暂行条例》，但其中的税收抵免条款只是对国际重复征税问题的解决；1995年颁布的《境外所得计征所得税暂行办法》仅对境外所得企业的减免税、税收抵免方法做了进一步规定。党的十五大之前，抵免法在消除国际双重征税中得以应用，同时在签订的税收协定中亦出现税收饶让条款。

党的十五大报告中"鼓励能够发挥我国比较优势的对外投资"以及

1998~2000年政府工作报告中的相关表述为"走出去"战略进一步提供了坚实基础。2000年以前,中国储蓄与外汇并存的"双缺口"格局虽然逐步得到缓解,掣肘于这一阶段中国企业规模小、资金较为匮乏,大多数的对外投资主要以政府为主体。进入21世纪,我国对外开放进入了更深层次的发展阶段,国家鼓励企业积极利用国内国际两个市场、两种资源,以此适应国家发展战略。此时人均GDP接近1000美元,对外直接投资年流量约为27亿美元。"十五"规划中总括性地提出健全包括财税在内的服务体系,为"走出去"战略创造条件。2004年的政府工作报告中,公共服务内容着重强调了"加强对境外投资的协调和指导",这一"政策鼓励"在"十一五"规划中正式成为"完善境外投资促进和保障体系"的服务内容(姚枝仲、李众敏,2011)。虽然2005年我国对外直接投资流量首次突破百亿美元,但处于深化经济体制改革的背景,对外直接投资并不稳定,起伏较大。

2008年《企业所得税法》的颁布统一了内外资企业所得税制度,初步形成了完整的居民企业境外所得税收政策体系;2008年《企业所得税法实施条例》对对外投资企业的境外所得征收方式采用分国限额抵免。总体而言,引入了间接抵免法可对母子公司按控股给予间接抵免以消除重复征税,但母公司间接持股门槛过高,未能同世界主要发达国家的通行做法接轨,现行税法却只对直接抵免做出了具体规定,并未太多涉及间接抵免的操作方法。2009年国税总局下发的《关于企业境外所得税收抵免有关问题的通知》对间接抵免进行了补充,但实际操作问题却依旧未解决。现行企业所得税法中,与对外直接投资相关的税收激励政策,主要是对我国企业对外直接投资税收抵免的一些政策,这些政策无外乎就是对抵免范围、抵免限额、计算方法等加以明确与规定,以及对纳税申报、成本费用的扣除、亏损弥补和税收饶让等按照实际情况进行规定。

三、理论模型

参照Diller等(2014)的思路构建理论分析框架。假设纳税人在海外的初始投资可以产生税前现金流C,实际税率τ以C为税基计征,如此一来,投资者面临着简单的现金流量税。如果税务机关对于投资税负的解释与纳税人的期望一致,投资者即可获得税后净现金流量$C(1-\tau)$。但税务机关对投资收益存在不同的解释,裁定后会增加投资者税负减少税后收益,$C(1-\tau)-\Delta=C_\Delta$,其中参数$\Delta \in \{0; \overline{\Delta}\}$是随机变量。不考虑潜在的投资风险,只分析税收不确定性的影响效应,排除税务机关可能做出对纳税人预期更有利的税收裁定解释,也即$\Delta \geq 0$。纳税人猜测税务机关对于海外投资项目做出不利的解释概率

为 p，因此：

$$\Delta = \begin{cases} \bar{\Delta}, p \\ 0, 1-p \end{cases}$$

税后现金流达到风险中性纳税人的预期 $E[C_\Delta]$ 时，其目标函数表达为：

$$\Pi = \max E[C_\Delta] = p[C(1-\tau)-\Delta] + (1-p)C(1-\tau) = C(1-\tau) - p\Delta$$

当且仅当 $C(1-\tau) > p\Delta$ 时，境外投资才会付诸实施，$\max\{C(1-\tau) - p\Delta; 0\}$。

作为投资者的纳税人在进行海外投资之前，有关投资的税务问题存在相当程度的不确定性，可以通过税收事先裁定的方式予以确定。税务机关确定税收事先裁定的标价为 ρ，用以表明这项公共服务的需求程度，纳税人据此决定是否申请这项服务，最终做出投资决策并缴纳相应的税款。在这种背景下，可以通过反向归纳来确定均衡收益。假设纳税人申请得到的税收事先裁定负面结果概率分布完全依赖于 Δ，则：

$$\Pi^* = p\max\{C(1-\tau) - \Delta; 0\} + (1-p)C(1-\tau)$$

纳税人申请税收事先裁定的目标函数：

$$\Pi^* - \rho = \Pi \to \rho = (1-p)C(1-\tau) + p\max\{C(1-\tau) - \Delta; 0\} - \max\{C(1-\tau) - p\Delta; 0\}$$

如图 2 所示，当项目前景较为乐观时，$C(1-\tau) > \Delta$，即使税务机关的不同解释可能导致预期税收现金流减少，但只要存在一个正的税后现金流，无论裁定结果如何，投资仍将被执行。相反，境外投资项目存在较大的不确定性，即 $C(1-\tau) \leq \Delta$，申请税收事先裁定成为投资决策的必要选择，可以作为企业抵御可能的税收损失有效屏障。这里 $p\Delta$ 可以被视为一个阈值，表明投资者是否会在税务机关"放任"的情况下实现投资。

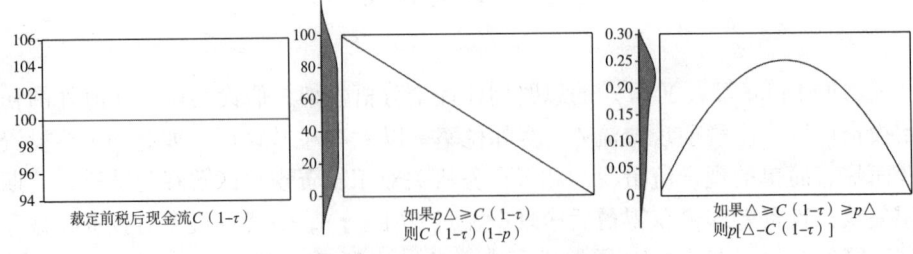

图 2 纳税人税收事先裁定的数值模拟

$p\Delta \geq C(1-\tau)$ 意味着将在没有事先裁定的情况下放弃投资项目，因此对事先裁定的公共服务需求变成纳税人的机会成本。如果税务机关的裁定对企业不利,这笔费用成为纳税人的预期损失。每个具有对外投资意愿的企业增加的税收事先裁定边际成本总和等于公共服务供给的边际成本时,该税收事先裁定公共服务供给量达到最优水平。第 i 个纳税人应纳税额的增加额是按照公共服务的边际成本减去其他 $N-1$ 个企业对该公共服务增量的自愿付费额,每个企业可以按照边际收益比例负担公共服务成本。

四、我国对外直接投资税收支持政策存在的问题

(一)消除国际双重征税制度具有局限性

目前我国采用的分国不分项限额抵免法,与对外直接投资存量排名靠前的国家相比消除国际双重征税的效果较差。德国、英国和法国就境外分支机构汇回的利润给予直接免税,德国、法国和日本也对境外子公司向国内分配的股息都直接免税,并且没有抵免层级的限制或者抵免层级大多高于我国。我国对于境外子公司股息国际双重征税消除方法方面,要求三层间接抵免且持股比例为20%以上。在国际税收协定先于国内税法的前提下,税收协定中的抵免控股比例低于我国之规定更缩小了抵免的使用范围。另外多层抵免涉及的细节问题也没有做出详细规定,使实际工作出现困难。

在直接抵免法下计算抵免限额时,对于对外直接投资企业来自不同国家的单一或多种收入,我国采用分国不分项抵免法,即政府对企业来自不同国家的境外所得,分别计算其各自的抵免限额,各个国家的抵免额和税率不一致,因此超出限额的部分与抵免余额不能相互冲抵;还有一种方法是纳税人可以采用定率抵扣的方法,统一按境外应纳税所得额16.5%的比率抵扣。我国政府视我国与收入来源国的税收协定对跨国企业在东道国享受的税收优惠待遇给予税收饶让。

我国采用的分国限额抵免法使得来自每一个非居住国的所得,都必须按照国内税率计算出各自的抵免限额,当各个非居住国的税率高低不一时,采用此法会使得来自非居住国的抵免限额不能相互调剂使用。一方面在高税国产生的超限额税款得不到抵免,另一方面又会使在低税国产生的不足限额得不到利用,结果使跨国纳税人的总体税负上升,从而偏离资本输出中性,对对外直接投资带来不利影响。在名义税率高于中国的国家直接投资,实际税负反而高于国内企业20%以上(何杨、马宏伟,2013),现行分国不分项的抵免制度对于消除国际重复征税并不彻底。

(二) 税收激励政策缺乏竞争力

由于我国采用抵免法来消除国际双重征税,如果对外直接投资的东道国税率低于母国,那么企业就要向较高税率水平的母国补交税款,削弱了竞争力。"一带一路"64个沿线国家中有48个沿线国家税率低于我国,仅有8个高于我国税率(计金标、应涛,2017)。如前所述,英、法等国对于境外所得直接免税。采用抵免法的国家中,日本23.4%的所得税率也低于我国目前水平。随着特朗普政府通过《减税与就业法案》,自2018年起联邦企业所得税税率降至20%,低于经合组织(OECD)国家25%的平均水平,这样一来竞争力显著提升。此外,美国还存在延迟纳税制度,可以鼓励境外子公司通过延迟履行纳税义务,利用海外利润持续发展。

根据商务部发布的《2016年度中国对外直接投资统计公报》数据,截至2016年,中国对外直接投资存量13 573.9亿美元,相当于美国对外投资存量的10%,日本的50%、德国的30%。德国、英国、法国和日本都在积极与发展中国家缔结协定中存在税收饶让条款,鼓励利用东道国的政策优惠向发展中国家"走出去"。"专利盒"还使得高新技术企业在专利、知识产权转让时享受更低的税率。

我国现行对外投资在行业的选择和区域的规划上过于模式化,政策导向性只有在2005年发布的《关于印发〈对外经济技术合作专项资金管理办法〉的通知》中略微提及。中国在英属维尔京群岛、开曼群岛等低税率国家(或地区)的对外直接投资累计超过70%。事实上,有很大一部分的非洲国家以及发展中国家,不仅自然资源丰富,消费需求也大,这些国家的政府制定了不少吸引外资的政策。现实操作层面,能够获得专项资金、合作发展资金支持而最终"走出去"的企业少之又少,不仅公共利益的公平性存疑,这些前期补助或贷款贴息等资助形式容易引起贸易争端,因此加强国际税收协定谈判的税收减免是通行和普遍认可的做法(陈强、刘海峰、李建昌,2013)。

(三) 税收政策实际操作困难

日本、德国和法国等发达国家允许在境外的税前所得提取一定比例的风险准备金,设立了专门用于弥补亏损的对外投资风险准备金制度。美国的"追补课税"对于弥补亏损的时限、方式大都限制较少、更加灵活。长期以来,我国对外直接投资税收的政策一直处于零散状态,相关文件的出台间隔性较大,没有形成系统性的税收政策体系。2011年,华为公司在美国未成功收购三叶系统这一失败案例就凸显出我国对外投资产业政策导向的不明确，企业一旦遭遇东道国的政治和安全风险、不公平待遇时，缺乏必要的保护制度（陶攀、洪俊杰、刘志强，2013），抗风险政策措施应对不足。我国出于海外投资的照顾角度，大多是从损失后的补助或减免税角度出发。例如，对外投资企业在境外的突发事故给予处理费的补助，对纳税人遇有不可抗性的自然灾害或其他特殊原因而造成巨大损失的给予一年减征或免征的照顾。

税收作为国家提供公共产品的代价，税务机关在代表国家行使征税权的同时，更应体现出税务机关的"服务性"、纳税服务的"个性化"。显然，我国现有措施确实显得有些"捉襟见肘"。在税收服务方面，由于对外直接投资涉及行业广泛且发展程度各有不同，业务内容繁杂，因而需要及时了解东道国的税收政策变化，以做出正确经济决策。然而，我国目前对国外税制与税收政策的介绍、境外所得如何抵免、转让定价等方面的服务依然偏少，且对外投资的事务涉及商务部、财政部、国家税务总局等多个部门，可能造成混乱的机制职责，效率过低。另外，关于常设机构的税收问题，实际操作很容易出现困难。2016年，投资越南的某中国机械进出口公司被加征了企业所得税，就是由于对政策条文解读出现问题，导致常设机构对投资者重复征税。

五、结论及政策建议

必须指出，事先裁定不同于税收筹划和纳税咨询或税收个案批复制度。采取司法模式的事先裁定制度国家一般都具有较为成熟和完善的法律制度准备，而对比来看，引入事先裁定制度的初期阶段，行政模式或许更适合我国法律制度环境（王明世，2015）。我国正处于深化财税体制改革阶段，加之事前执法经验不足，极易造成有限的税务行政资源因重复性的工作而浪费，在现有"正面规定"的基础上增加类型化的"反面列举"事项（朱大旗、姜姿含，2016）。考虑到我国区域发展极不均衡，以及不同地区税务执法和服务水平也不尽相同，难以保证税法适用解释在全国范围内的统一性和连贯性，显然有违制度初衷，可以考虑将税收事先裁定服务主体定位为省级以上税务机关上升至国家税务总局。并以抗风险能力强、财务状况良好且具有并购重组、海外投资等复杂业务的企业作为税收事先裁定的申请人（樊勇、韩文达，2016），但应该根据各地区不同情况制定不同的划分标准避免"一刀切"，有利于区域经济均衡发展。

参考文献

[1] 张兵. 中国对外直接投资的产业战略选择 [J]. 财政研究, 2012 (12): 37-41.

[2] 杨校美, 张诚. 要素禀赋、政策倾斜与中国对外直接投资——基于省级面板数据的分析 [J]. 国际贸易问题, 2014 (5): 124-134.

[3] 李磊, 白道欢, 冼国明. 对外直接投资如何影响了母国就业——基于中国微观企业数据的研究 [J]. 经济研究, 2016, 51 (8): 144-158.

[4] 李勇彬, 汪昊. 我国与"一带一路"沿线国家避免双重征税协定对比 [J]. 税务研究, 2017 (2): 19-23.

[5] 虞青松, 张凯. 税收事先裁定的组织建构初探 [J]. 税务研究, 2016 (6): 92-96.

[6] Carlo Romano. Advance Tax Ruling and Principles of Law: Towards a European Tax Rulings System [M]. IBFD Publications BV, 2002: pp. 13.

[7] Clark. Tax Policy for Investment [J]. Journal of Tax Research, 2007, 5 (2): 244-265.

[8] 计金标, 应涛. "一带一路"背景下加强我国"走出去"企业税制竞争力研究 [J]. 中央财经大学学报, 2017 (7): 19-27.

[9] 熊晓青. 事先裁定热点问题研究 [J]. 国际税收, 2016 (4): 6-9, 2.

[10] Yehonatan Givati. Resolving Legal Uncertainty: The Unfulfilled Promise of Advance Tax Rulings [J]. Virginia Tax Review, 2009, 29 (1): 137-175.

[11] 姚枝仲, 李众敏. 中国对外直接投资的发展趋势与政策展望 [J]. 国际经济评论, 2011 (2): 127-140, 6.

[12] Diller M, Kortebusch P, Schneider GT, Sureth C. Do Investors Request Advance Tax Rulings to Alleviate Tax Risk (And Do Tax Authorities Provide Them)? A joint Taxpayers' and Tax Authorities' View on Investment Behavior [J]. Arqus Discussion Papers in Quantitative Tax Research, 2014 (6).

[13] 陶攀, 洪俊杰, 刘志强. 中国对外直接投资政策体系的形成及完善建议 [J]. 国际贸易, 2013 (9): 42-46.

[14] 陈强, 刘海峰, 李建昌, 余文璨. 中国技术寻求型对外直接投资现状、问题和政策建议 [J]. 中国软科学, 2013 (11): 18-25.

[15] 何杨, 马宏伟. 中国对外直接投资企业的税收负担探究 [J]. 税务研究, 2013 (7): 75-78.

[16] 王明世. 税务事先裁定程序规则的构建研究 [J]. 税收经济研究, 2015 (1): 30-37.

[17] 朱大旗, 姜姿含. 税收事先裁定制度的理论基础与本土构建 [J]. 法学家, 2016 (6): 120-132, 179.

[18] 樊勇, 韩文达. 我国税收事先裁定制度之完善 [J]. 国际税收, 2016 (4): 10-15.

Research on the Advance Tax Ruling of Foreign Direct Investment Against the Background of "The Belt and Road Initiatives"

Yang Zheng

Abstract: China's current legislation positively defines the service scope of advance tax ruling in four aspects, and these characteristics coincide with "The Belt and Road Initiative" has led to the foreign direct investment of enterprises. Under the incomplete contract of tax policy on major transactions, to some extent, it has restricted the pace of "going global". This paper systematically reviews the evolution process of China's foreign direct investment, analyzes the problems existing in the tax support policy. Through the theoretical model and numerical simulation to explain the needs of public services in different scenarios, and believes that the advance tax ruling regime can effectively avoid the tax risk of incomplete tax laws. Recommended service subject tax advance ruling up to the State Administration of Taxation, the existing "positive regulation" based on the increase in the type of "negative list" items, depending on the circumstances of each region to formulate different tax advance ruling applicant standard, promote the balanced development of regional economy.

Keywords: "The Belt and Road Initiative", "Going Global", Foreign Direct Investment, Tax Policy, Advance Tax Ruling

纪念改革开放四十年·财政经济理论与制度变迁

我国财政转移支付制度改革40年：回顾与展望*

赵兴罗　粟小芳**

摘　要：财政转移支付制度是政府间财政关系的核心内容，是我国财政体制的重要组成部分。改革开放40年来，我国财政转移支付制度改革经历了财政包干、过渡时期财政转移支付制度的调整，形成了由一般性转移支付、专项转移支付和税收返还三部分构成的规范化的转移支付制度。梳理40年来我国转移支付制度改革的历程，总结取得的经验，有利于把握财政转移支付制度的发展规律和未来的改革趋势，为新时代我国转移支付制度改革提供重要的经验借鉴。

关键词：转移支付制度；财政管理体制；分税制

---

* 本文为2016年湖北省高等学校省级教学研究项目"湖北省创新型研究生科研能力的培养模式及质量保障机制研究——基于湖北省7所'211'高校的调研"（项目编号：2016166）的阶段性研究成果。感谢审稿人的建议，文责自负。

** 赵兴罗，中南财经政法大学财税学院副教授；粟小芳，中南财经政法大学财税学院硕士研究生。

一、引 言

财政转移支付制度是政府间财政关系的核心内容,是我国财政体制的重要组成部分,它对弥补政府间财政收支不平衡,实现基本公共服务均等化,增强国家宏观调控,促进经济协调发展发挥着重要作用。改革开放40年来,我国财政管理体制改革经历了从"统收统支"转变为财政包干管理体制,到分税制财政体制,再到逐渐明晰政府间财政利益的初始化分配。1980年,与高度集中的计划经济体制相适应的"统收统支"财政体制被"分灶吃饭"所取代,财政体制改革进入了新阶段。1992年我国正式提出建立社会主义市场经济体制的目标之后,1994年进行了财政分权化的改革,建立了分税制财政管理体制。40年来,随着我国财政管理体制的改革的不断深化,财政转移支付制度也随之不断完善。但是,由于受到一些因素影响,财政转移支付制度在执行过程中也出现了一些不容忽视的问题。及时梳理40年来我国转移支付制度改革的历程,总结取得的经验,有利于把握财政转移支付制度的发展规律和未来的改革趋势,为我国新时代转移支付制度的顶层设计及完善提供重要的经验借鉴。

二、转移支付制度改革40年的回顾

1978年十一届三中全会全面掀起了我国经济体制改革的历程,作为经济体制改革的重要组成部分,财政体制改革走在了这场改革的最前端。转移支付制度是政府财政资金的单方面的无偿转移,体现的是非市场性的分配关系,40年来,我国转移支付制度的改革大致经历了三个发展阶段:

(一) 财政包干阶段的转移支付制度

第一阶段是从改革开放到实行分税制,我国主要实行的是财政包干管理体制,由中央集权逐步向地方分权过渡,建立了以收入分享和定额补助的形式,对包干体制下中央与地方间的财政失衡进行调节。这一阶段,中央与地方政府间的财政关系发生了一系列变化,转移支付形式也从单一化向多样化转变,期间大体经历了三次调整。

第一次调整是在1980~1985年,在"划分收支、分级包干"的财政体制下,中央与地方政府间的纵向财力失衡逐渐显现,中央有时需要向地方借款以保持财政支出的需要,在此背景下,转移支付主要表现为收入分享、专项拨款、定额补助和上解四种形式。其中,收入分享和定额补助两种形式的占比最高,定额补助即用来满足地方本级收入和分享收入所不能覆盖的地方财政支出数额。在这一时期,为调节地方政府间的横向财力失衡,中央财政还设立了援助不发达地区的发展基金,初步建立了纵横结合的转移支付体系。

第二次调整是在1985~1988年,财政体制调整为"划分税种、核定收支、分级包干",相较于第一次调整,以税种为基础对中央与地方政府间财政收入进行划分的趋势更加明显,而且这种划分趋势是向地方政府倾斜的,地方财政在全国财政收入中的占比不断上升。转移支付实行总额收入分成、定额补助、定额上解、专项拨款和比例上解,其中,富裕省份的定额上解和比例上解是中央财政的重要收入来源。

第三次调整是在1988~1994年,实行多样化的财政包干方式,中央财政收入的占比不断下降,政府间纵向的财政失衡已十分明显,与此同时,转移支付形式更加多样化,出现了总额分成加增长分成、比例分成和递增上解等新形式,收入分享和定额补助仍是占比最高的转移支付形式,来自地方的上解收入仍是中央财政的重要收入来源。其中,最初以援助地方自然灾害和防汛而设置的专项拨款,数额日益增加,占比不断提高。

(二) 过渡时期的转移支付制度

第二阶段是在1995~2009年,我国引入了税收返还,并不断调整转移支付的范围和内容。分税制财政管理体制的确立,以分税种的形式,重新梳理了政府间财政关系,中央与地方政府间的财权划分逐渐清晰,事权下放、财权上收的趋势开始显现。因此,在财力再分配领域,转移支付制度也进行了相应的调整。

为了缓解分税制改革带来的体制冲击,我国实行了渐进过渡的办法。1995年出台了《过渡期财政转移支付办法》,沿用原来的专项拨款、体制和结算补助;同时,将1994年以前的财政预算支出项目列为专项转移支付,在此基础上,引入税收返还和"过渡期转移支付"两种形式。其中,税收返还是为了弥补改革后地方利益损失而设置的新转移支付形式,采用基数法进行核算;"过渡期转移支付"则是根据地区人口、经济发展水平等客观因素,按照既定公式确定转移支付数额的形式,带有均衡地区间财力的目的。财政职能的丰富和完善,客观上要求财力分配格局的调整,转移支付形式也相应调整。1999年增加调整工资转移支付;2000年增加民族地区转移支付、农村税费改革转移支付;2002年"过渡期转移支付"正式定名为一般性转移支付,而以财力性转移支付取代之前的一般性转移支付;2005 年增加县乡补奖转移支付①;2008 年新设置了重点生态功能区转移支付,等等。与此同时,转移支付的规模也在不断扩大,作为一种财力再分配工具,转移支付制度发挥着越来越重要的作用。

总之,此阶段的转移支付形式复杂多样、变动频繁,一方面是出于当时政府间财力配置的需要,切合当时财政体制调整的路径;另一方面也是转移支付体制逐渐步入规范化轨道的体现。例如,2002 年对所得税收入分配比例进行调整后,中央政府拿到的部分明显增加。因此,在再分配领域,规定将新增数额作为转移支付给予地方使用,这就为转移支付提供了相对稳定的资金来源。

(三) 2009 年至今的规范化转移支付制度

第三阶段是从 2009 年至今,在原有基础上对转移支付形式进行了规范化的调整,形成了一套由一般性转移支付、专项转移支付和税收返还三部分构成、以中央对地方的转移支付为主的具有中国特色的转移支付制度。

随着转移支付需求的增加,转移支付在结构上和管理方面的问题日益突出,中央政府对转移支付制度的规范性越来越重视。2009 年,中央对转移支付形式进行了大幅度的调整,将其简化为两大类:

一类是一般性转移支付。具体而言,一般性转移支付采取公式化分配的方式,通过给予财力紧缺地区实际可用资金,来保障地区间公共服务供给的均衡,主要包括均衡性转移支付、老少边穷地区转移支付和体制结算补助等 7 项内容,其中,均衡性转移支付又包括重点生态功能区转移支付、县级基本财力保障机制奖补资金以及城乡义务教育补助经费等 6 项内容。

另一类是专项转移支付。专项转移支付对资金的使用附加了条件,实际上是对地方政府承担中央委托事务的一种奖励或补助,接受补助的地方政府要按中央的政策意图安排这部分支出。随着拨款数额的增加,专项转移支付的覆盖范围越来越广。为了增强专项转移支付项目的规范性,2016 年 2 月发布的《中央对地方专项转移支付管理办法》,按照事权和支出责任的划分,对专项转移支付进行简化,确定为委托类、共担类、引导类、救济类和应急类共五大类。

此外,2009 年还对地方上解收入②进行了调整,将地方上解收入与中央对地方的税收返还作对冲处理,并将其纳入转移支付体系中。目前,我国的税收

---

① 县乡补奖转移支付包括"三奖一补"、县乡财政奖励资金。
② 地方上解收入,主要包括 1994 年分税制改革时保留下来的地方原体制上解收入和出口退税专项上解收入。

返还主要有三种形式:

第一,两税返还。2015年、2016年分别对消费税、增值税返还进行了改革,取消了原来按增量进行返还的办法,改为定额返还。其中,消费税以2014年消费税返还数为基数,增值税以2015年为基数,实行定额返还。

第二,所得税基数返还。以2001年为基期,按2002年所得税分享改革确定的方案计算出属于地方的所得税收入,对于其中小于地方实际所得税收入的部分,中央将以基数的形式转移给地方。

第三,成品油税费改革税收返还。将地方2007年公路养路费、航道养护费等收入作为基数进行返还,具体额度根据地方实际情况按一定的增长率确定。

综合第三阶段的改革可以看出,从2009年至今,我国财政转移支付制度在规模和结构方面进行了多次调整和完善,这一阶段的财政转移支付制度呈现出以下几个方面的特征。

第一,财政转移支付的规模呈现递增趋势。

首先,从绝对规模来看,2010~2017年,我国转移支付的绝对规模呈现递增趋势,如表1所示。

表1　　　　　2010~2017年我国财政转移支付情况　　　　单位:亿元

年份	财政支出总额	财政转移支付总额及分项转移支付			
		合计	一般性转移支付	专项转移支付	税收返还
2010	89 874.2	32 349.63	14 624.84	12 724.46	5 000.33
2011	109 247.8	39 921.21	18 311.34	16 569.99	5 039.88
2012	125 953	45 383.57	21 471.18	18 791.52	5 120.77
2013	140 212.10	48 037.65	24 533.80	18 446.94	5 056.90
2014	151 785.56	51 874	27 217.87	19 569.22	5 086.91
2015	175 877.77	55 097.51	28 445.02	21 623.63	5 028.86
2016	187 755.21	58 030	31 977.35	20 826.56	5 088.00
2017	203 330	65 650	35 030.49	21 481.51	9 138

资料来源:相关数据由历年财政年鉴和历年财政部统计资料整理而得。

由表1可知,我国财政转移支付的总量持续增长,规模不断扩大。2010年我国财政转移支付的总额为32 349.63亿元,2017年财政转移支付总额为65 650亿元,2017年转移支付的总额大约是2010年总额的2.03倍。

其次,从相对规模来看,即转移支付额占各年财政支出总额比重看,我国2010~2017年财政转移支付的相对规模如表2所示。

表2　　　　　　　2010～2017年财政转移支付的相对规模　　　　单位:%

年份	转移支付总额/财政支出	一般性转移支付/财政支出	专项转移支付/财政支出	税收返还/财政支出
2010	35.99	16.27	14.18	5.6
2011	36.54	16.76	15.17	4.6
2012	36.03	17.05	14.92	4.1
2013	34.26	17.48	13.16	3.6
2014	34.17	17.93	12.89	3.4
2015	31.33	16.18	12.29	2.9
2016	31.91	16.98	11.03	2.7
2017	32.73	17.23	10.56	2.5

资料来源：相关数据由历年财政年鉴和历年财政部统计资料整理而得。

由表2可以看出，转移支付在中央财政预算中的位置越来越突出。2010～2017年，转移支付总额占财政支出的比重基本上保持在30%以上。由此可见，财政转移支付制度已经成为处理中央政府与地方政府关系的重要工具，在弥补地方政府财政纵向失衡和地区间政府财政横向失衡方面发挥着越来越重要的作用。

第二，转移支付的结构呈现不断优化趋势。转移支付结构是指构成转移支付体系的各个子项目占转移支付总额的百分比。具体来说，2010～2017年，我国转移支付的结构变化情况如表3所示。

表3　　　　　　　　2010～2017年我国财政转移支付的结构

| 年份 | 一般性转移支付 | | 专项转移支付 | | 税收返还 | |
	总额（亿元）	占转移支付的比重（%）	总额（亿元）	占转移支付的比重（%）	总额（亿元）	占转移支付的比重（%）
2010	14 624.84	45.21	12 724.46	39.33	5 000.33	15.46
2011	18 311.34	45.87	16 569.99	41.51	5 039.88	12.62
2012	21 471.18	47.31	18 791.52	41.41	5 120.77	11.27
2013	24 533.80	51.07	18 446.94	41.32	5 056.00	11.76
2014	27 217.87	52.46	19 569.22	40.83	5 086.91	10.87
2015	28 455.02	59.64	21 623.63	39.24	5 018.86	9.1
2016	31 977.35	60.50	20 826.56	35.89	5 088.00	8.8
2017	35 030.49	63.36	21 481.51	35.72	9 138.00	7.92

资料来源：相关数据由历年财政年鉴和历年财政部统计资料整理而得。

由表 3 可以看出，转移支付结构不断优化。首先，一般性转移支付占财政转移支付的比重不断提升。一般转移支付占转移支付总额的比例从 2010 年的 45.21% 逐渐增长至 2017 年的 63.36%，超过了转移支付总量的一半。

其次，专项转移支付占转移支付的比重逐年下降。专项转移支付占转移支付总额的比重从较高的 2011 年的 41.51% 逐步下降到 2017 年的 35.72%，但仍然占将近四成。

最后，税收返还占转移支付的比重逐年下降。2010 年，税收返还占财政转移支付的比重为 15.46%，到 2017 年比重下降至 7.92%。从数据上来看，虽然税收返还的比重在逐年下降，但是其降幅不大，税收返还仍然在财政转移支付中占据着一定的比例。

综上可见，经过 40 年的发展，我国财政转移支付制度在实现基本公共服务均等化，增强国家宏观调控，促进经济协调发展等方面都发挥了十分重要的作用。但由于制度的规范化不够，稳定性不强，法制基础比较薄弱，我国财政转移支付制度仍有诸多不完善的地方。伴随我国的行政体制改革已步入深水区，经济发展也走向了转型的强力推进期，完善这一制度对实现区域经济、城乡经济协调发展，社会主义和谐社会的建设将起到重要的推动作用。

三、转移支付制度改革 40 年的基本经验

改革开放 40 年来，转移支付制度经历了不断的调整和完善，在改革过程中我国积累了不少宝贵的经验。及时总结这些改革经验，有利于把握未来财政转移支付制度的发展规律和未来的改革趋势，为我国新时代转移支付制度的顶层设计及完善提供重要的经验借鉴。

（一）新时代转移支付制度改革的顶层设计

分税制财政体制改革实施后，1995 年开始实行过渡期转移支付制度。此后，我国政府更加注重顶层设计，增强改革的整体性和系统性，相应地，财税体制改革推动着转移支付体系逐渐向规范化的方向发展。进入 21 世纪后，我国财政管理水平显著提高，相继出台了一系列改革和完善转移支付制度的政策和意见，尤其是十八届三中全会将财政的地位提高到"国家治理的基础和重要支柱"的地位，以 2014 年的《深化财税体制改革总体方案》为顶层设计，之后的《国务院关于深化预算管理制度改革的决定》提出了改革转移支付制度的指导思想，《国务院关于改革和完善中央对地方转移支付制度的意见》则进一步提出了改革的基本思路和具体措施；2015 年又出台了更加细化的方案

《中央对地方专项转移支付管理办法》；2017年十九大报告明确指出了转移支付省际间分布合理以及省以下收入划分和转移支付相对平衡的区域均衡目标，并将其作为规范政府间财政关系的重要环节。总体来看，经过40年的改革和发展，财政转移支付制度改革逐渐走向深水区，制度性规范也逐渐向法律层面靠拢。

（二）转移支付制度改革必须走渐进式改革道路

40年来转移支付的改革实践证明，走渐进式改革道路是适合我国国情的最佳选择，这一选择在很大程度上减少了改革的阻力和成本，进而推动改革走向成功。作为财税体制改革的重要组成部分，转移支付制度改革从我国国情出发，坚持走渐进式发展道路，在不断地探索中取得了改进和完善。在计划经济向市场经济转轨的过程中，财政管理面临的挑战是，如何处理政府与市场、中央与地方的关系，尤其是中央与地方政府间的财政分配关系，直接影响中央宏观调控职能的履行以及地方政府积极性的发挥。分税制改革初期，为减少财权上移和地方收入缩减带来的不适应，我国正式引入税收返还，并保留了原体制下的体制补助、专项拨款等转移支付形式，在增强中央宏观调控能力的同时，维护了地方的既得利益，为建立规范化的转移支付制度奠定了基础。

（三）改革要注重发挥中央和地方两个积极性

在我国，由于各地的社会经济发展水平不同，区域差异非常显著，因而需要中央从宏观上进行统筹协调。如果中央对地方的管理过于宽泛，就会造成地方能动性降低的后果；但是，如果中央管得过少过散，又不利于其宏观调控功能的发挥，因此，中央在处理与地方的财政利益关系时，一直存在着"收"与"放"的博弈。

为了更好地发挥地方政府贴近基层、就近管理的优势，同时又能保障中央的整体统筹作用，转移支付制度改革应当重视发挥中央和地方两个积极性。由于直接涉及财政资金的配置，为了避免各级政府间出现不必要的利益恶性竞争，保障地方政府的财力来源，在分税制改革之初，我国引入了税收返还制度；在后续的制度调整中，又逐渐增加一般性转移支付所占比重，从严控制专项转移支付的同时，又下放一些专项的审批权，简化审核流程，给地方更多的灵活度和自由度。

(四) 改革要准确定位转移支付的制度功能

转移支付改革要有清晰的目标导向,以最大程度地发挥转移支付的制度功能。担负着协调政府收支的责任,转移支付制度改革的导向不外乎收入和支出两个方面的问题。在包干制向分税制转轨后,财权上移的趋势逐渐加强,地方财政收入出现了明显的缩水,为保障地方政府职能的履行,中央在保留体制补助、结算补助等形式的同时,引入了对地方的税收返还,在一定程度上保护了地方原有的利益。分税制推行后,中央与地方间的税权分配格局始终在调整当中,中央越来越频繁地运用转移支付手段调节政府间财力的配置状况。在支出方面,随着事权的下移及事权改革的推进,政府间事权与支出责任的分配越来越清晰,中央通过转移支付介入地方财政支出活动的趋势也在不断加强。转移支付制度是上级政府激励下级政府公共品供给行为的重要机制,其制度功能在于服务分税制财政管理体制,因此,转移支付制度通过影响地方政府的财政收支活动,进而实现确保公共商品和服务有效供给的目的,这是转移支付制度进一步改革的方向和目标。

(五) 转移支付制度改革与预算体制改革、事权划分改革协调推进

在财税体制改革复杂的系统内,各项内部改革不是独立进行的,而是相互联系、共同作用的,转移支付制度改革需要与预算体制改革、事权划分改革协调推进。现代预算制度要求转移支付预算规范和科学,处理好预算体系与转移支付的下达期限、进度之间的关系,这有利于提高转移支付资金的利用率并实现转移支付的目标。事权与支出责任的划分,直接影响中央对地方进行转移支付的规模和范围,这是因为,事权的履行体现了不同层级政府的职责范围,为保证相应支出责任的实现,中央会在必要的范围内对地方政府提供资金上的援助。当然,不断完善的转移支付制度也为中央与地方事权归属的调整提供了参照。自2014年开始,我国政府启动了最新一轮的财税改革,转移支付制度与其他各项改革相辅相成、协调推进,在改革中不断完善。

四、财政转移支付制度改革的趋势

科学合理的转移支付制度是确保各级政府合理利用政府职能,增强国家宏观调控,实现公共服务均等化的重要途径。党的十九大报告提出了要建立

"权责清晰、财力协调、区域均衡"的中央和地方财政关系，科学规范的中央和地方财政关系必须具有清晰的财政事权和支出责任划分、合理的财力配置和明确的目标导向。从过去的改革经验和当前财政领域改革的局势来看，作为财力再分配工具的转移支付制度改革，在未来的改革中，应当围绕政府间财政关系的调整，从转移支付的制度功能出发，在调动"两个积极性"的同时，注意与其他各项改革之间的协调性，逐步建立与现代财政制度相适应的转移支付制度，在中央和地方政府间达成良好的利益平衡关系。

（一）构建以一般性转移支付为主，专项转移支付为辅的转移支付格局

在分税制改革初期，我国的转移支付体系曾经以税收返还为主，这一维护地方既得利益的转移支付形式，有效地确保了当时分税制财政体制的推行，但目前，转移支付结构早已发生了巨大的调整，一般性转移支付占比超过了50%，而税收返还的占比降到了10%，这反映了我国财政管理体制的完善对转移支付体系的要求。2014年8月修订的新《预算法》明确提出，财政转移支付要以一般性转移支付为主体，《国务院关于改革和完善中央对地方转移支付制度的意见》也对优化转移支付结构做出全面部署。随着财税体制改革的深化，我国应构建以一般性转移支付为主，专项转移支付为辅的转移支付格局，这是因为：

一方面，转移支付制度作为财力再分配工具，其初衷是化解政府间纵向财力不均的矛盾，通过自上而下的财力转移，满足地方财政支出的需要。在"营改增"全面推行之后，地方财力进一步缩水，相应地，提高一般性转移支付的比重是合理的。

另一方面，事权与支出责任划分改革已经启动，政府间的支出责任划分将逐渐明晰，专项转移支付也应进行相应的调整。《中央对地方专项转移支付管理办法》已做出初步部署，接下来要跟进事权与支出责任划分改革的步伐，考虑取消中央独立事权范围内的专项补助，规范中央委托事权对应的专项补助，更多地体现专款专用的目标。要科学界定各级财政事权和支出责任，形成中央与地方合理的财力格局，在充分考虑地区间支出成本因素的基础上将常住人口人均财政支出差异控制在合理区间，加快推进基本公共服务均等化。

此外，随着税收返还"马太效应"的扩大，可以考虑将其转化为一般性转移支付，按照"因素法"进行分配，避免其在"均等化"上的负效应，更好地体现公平、公正的原则。

(二) 建立纵向与横向相结合的转移支付模式

我国现行的转移支付模式是中央—地方的纵向转移，在处理纵向财力失衡问题上发挥了重要作用。但我国目前的现实是：幅员辽阔，各地区间的经济发展水平差距较大，财政能力之间也存在着一定的差距，导致了全国基本公共服务供给水平的失衡。从人均财政收入水平来看，2016年最高的是上海市，达到26 472元，而最低的是甘肃省，为3 015元，上海是甘肃的8.8倍。[①] 这说明，在财政体制层面，有待建立一套横向的转移支付体系，以便引导财力从富裕地区流向贫困地区。

横向转移支付模式，是指相同级次的地方政府之间的资金转移或财力援助，是在中央对地方的纵向转移支付以外，调整地方间财政能力的重要方式。从我国国情来看，虽然目前规范化的横向转移支付还没有真正建立起来，但长期以来，我国就存在着大量的对口帮扶政策，东部沿海地区支援中西部不发达地区的传统一直延续至今，这本身就隐含着建立横向转移支付的历史优势，为引入横向转移支付模式提供了经验和基础。

构建纵横结合的转移支付模式，首先要在立足国情的基础上，明确改革的思路。在价值导向上，横向转移支付应作为纵向转移支付的有效补充，从长期来看，应致力于通过资源互补，实现地区间基本公共服务均等化目标。一方面，要做好顶层设计，运用市场规则，鼓励地方政府间进行自愿性的转移支付；另一方面，中央要做好监督管理工作，防止各地之间出现不必要的利益争夺。

(三) 增强转移支付形式与既定政策目标之间的协调性

财政转移支付要实现多个政策目标，应针对不同的目标，选择恰当的转移支付形式。作为财政体制框架的重要内容，转移支付制度应依照公共服务范围的设定，追求供给的均衡性，以确保政府职能的履行。然而，要达成这一目标，需要突出对地区间财力差距的调节。

由于一般性转移支付不限定使用条件，且根据一些客观性指标确定拨款数额，能够有针对性地调节地区财力差距，保障贫困地区的基本公共服务供给能力。不仅如此，在弥合地方财政缺口，解决纵向财力失衡上，一般性转移支付能够发挥关键作用。对于带有中央政策导向及外部性较强的项目，则可以选择专项转移支付的形式，通过限定拨款的作用范围和方向，将这部分财政资金作

---

① 根据财政部相关数据计算所得。

为中央宏观调控的工具,引导资源和要素的流向,确保地方有益公共品的提供,实现全国统一的最低服务标准。

上述是协调转移支付形式与既定政策目标的大致方向,在具体实施的过程中,各目标之间会产生一些内在的摩擦,要求在不同利益主体之间进行调解。此时,中央要注意区分各目标的时序性和紧迫性,并匹配以合适的转移支付形式。

(四) 规范转移支付资金分配,强化转移支付的正激励

转移支付通过调节各级政府的有效财力,来优化不同主体之间的利益分配结构,这种无偿性的资金转移,体现了中央对地方的管理和调控,因而,不能挫伤地方经济发展和财源建设的主动性,要做到资金分配的公平、公正、公开,在地方政府中形成一种正向激励。

首先,对一般性转移支付的测算工具进行优化。一般性转移支付采用"因素法"进行核算是我国转移支付分配方式的重大进步,随着经济社会的发展,应适时地调整因素的覆盖范围,引入一些新的不可控因素,摒弃那些容易被人为操控的因素,以实现公平分配。

其次,提高资金分配的透明度。专项转移支付的一系列审核审批环节,在一定程度上增加了"暗箱操作"的可能性,使专项资金的分配具有很大的随意性。因此,对于不能适用公式化分配的专项转移支付,应着重提高资金分配的透明度,强化对项目审核和批准环节的管理,做到规范、科学和合理。

最后,重视对转移支付资金的绩效评价。转移支付改变了资金使用的主体,作为政府间利益分配的重要一环,转移支付的设计应能给地方政府的财政行为提供良好的激励,促使地方政府实现公共服务的效率产出,这要求绩效评价重点关注地方政府运用这部分资金提供了什么样的公共服务,以及在多大程度上实现了转移支付的目标。

(五) 完善省以下财政转移支付制度

政府间转移支付制度不仅存在于中央与地方政府间,也存在于地方各级政府间,即省对市、县的纵向转移,以及省以下同级政府间的横向转移。在分税制改革的背景下,中央对地方政府的转移支付制度逐渐走向规范化,各省份也纷纷建立了省以下的转移支付制度。通过不断加大对市、县的转移支付规模,弥补了基层财政支出缺口,使基层财政得以正常运转,同时也大大促进了地区经济的发展,保障和改善了地方的民生水平。

但在建立现代财政制度的当前,省以下转移支付体系仍存在不少问题,需

要予以规范和完善。

一方面,要调整省以下转移支付结构。与中央对地方政府转移支付制度的调整类似,完善省以下财政转移支付制度,要注重提高一般性转移支付的比重,整顿不合理的专项转移支付,以给予市、县政府更多的财政自主度,激发基层政府的积极性。

另一方面,在合理划分省以下事权与支出责任的基础上,调整转移支付的规模和范围。凡是属于省级政府事权的,省级政府要全额承担支出责任,需要与市、县政府共同承担的,省级政府要将专项转移支付拨付到位,委托市、县政府承担的支出责任,更要严格落实转移支付资金的下达。

参考文献

[1] 马海涛,任强."十二五"时期财税改革回顾及"十三五"展望[J].财政监督,2016 (15).

[2] 岳希明,蔡萌.现代财政制度中的转移支付改革方向[J].中国人民大学学报,2014 (5).

[3] 李永友.国家治理、财政改革与财政转移支付[J].地方财政研究,2016 (1).

[4] 吴强,李楠.我国财政转移支付及税收返还变动对区际财力均等化影响的实证分析[J].财政研究,2016 (3).

[5] 彭健.分税制财政体制改革 20 年:回顾与思考[J].财经问题研究,2014 (5).

[6] 赵云旗.我国财政转移支付总体结构优化研究[J].经济研究参考,2013 (67).

[7] 赵永辉,付文林.转移支付、财力均等化与地区公共品供给[J].财政研究,2017 (5).

[8] 班倩.浅析中国现行转移支付制度及其完善[J].经济研究导刊,2013 (21).

[9] 陈建东.财政转移支付均等化效应分析[J].财政研究,2014 (10).

[10] 赵兴罗,粟小芳.财政分权与地方政府教育支出[J].财政监督,2018 (5).

[11] 李万慧.横向财政转移支付[J].地方财政研究,2017 (8).

40 Years of Fiscal Transfer Payment System Reform in China: Retrospect and Prospect

Zhao Xingluo   Su Xiaofang

Abstract: The fiscal transfer payment system is the core of intergovernmental fiscal relations, and an important part of China's fiscal system. In the past 40 years of reform and opening-up, the reform of fiscal transfer payment system has undergone adjustments in the fiscal contract and transitional fiscal transfer payment system, which has formed a standardized transfer payment system consisting of general transfer payments, special transfer payments, and tax refunds. Combing the course of transfer payment system reform in the past 40 years and summarizing the experience gained is beneficial to grasp the law of development of the fiscal transfer payment system and the trend of future reform, then to provide important experience for the further improvement of transfer payment system in the new era.

Keywords: Transfer Payment System, Financial Management System, Revenue-sharing System

东北央地融合发展研究*

张紫薇 张 依**

摘 要: 新一轮东北振兴,国企改革的重点是中央企业改革,主要方向为央地融合。当前制约东三省央地融合的关键问题为:央地间"条块"管理体制差异、产业发展融合差、利益分配不合理以及特殊政策导致负外部性。央地融合有利于东三省经济可持续发展、推动国企改革、带动产业升级、培育创新动能、促进政府转型以及推进基础设施均等化。为促进央地融合,应从产权多元化、管理体制、财税补偿机制、产业布局、政府改革等方面进行体制机制创新。

关键词: 东北振兴;央地融合;体制机制创新

一、问题的提出

东北地区为我国重要的老工业基地之一,历史上为国家的工业化的发展提供了重要支撑,近年来,国家比较重视我国东北老工业基地的振兴工作。2003年国务院发布《关于实施东北地区等老工业基地振兴战略的若干意见》,正式开启了东北老工业基地振兴建设工作的篇章,意见中包括许多关于厂办大集体改革、国有企业的破产重组、中央企业分离办社会的政策建议。在实施了相关的改革措施后,我国东北地区的振兴工作取得了一定的阶段性成果,经济发展状况有所好转,工业发展增速也有所回升。国务院又在 2009 年提出《关于进一步实施东北地区等老工业基地振兴战略的若干意见》,要求在东北地区深化改革,建议要做到在稳定之前改革带来的显著性收获的同时,尽快制定并实施其他的措施,以便缓解当前我国东北地区仍然存在的体制机制上的各种矛盾。2015 年 12 月 30 日,在中共中央政治局的会议上通过《关于全面振兴东北地区等老工业基地的若干意见》,意见指出,我国东北老工业基地建设的下一步工作。提出要求,到 2020 年,我国东北地区应当在紧要的领域、关键的

---

* 本文为国家社会科学基金重大项目"振兴东北老工业基地重大体制机制问题与对策研究"(17ZDA060)。

** 张紫薇,辽宁大学经济学院博士研究生;张依,辽宁大学经济学院本科生。

改革方面获得新的进展，在体制机制改革、转变经济发展方式方面获取重大成果，维持经济的中高速增长状态，并同时达到全面建设小康社会的理想目标。

自东北国企改革以来，我国东北老工业基地的振兴取得了突破性进展，新一轮东北振兴中，进一步深化国企改革是新一轮东北振兴市场化改革的核心，其重点非地方国企而是驻地央企。首轮东北振兴，地方国企改革已初见成效。2003~2016年，辽、吉、黑地方国企资产总额占全国份额分别由3.8%、2%、2.7%大幅下降为2.2%、0.5%、1.2%。同期对比，广东占比小幅下降，而江苏、浙江不降反升，由2003年5.7%、4.5%提高到2016年8.6%、5.5%（见图1）。

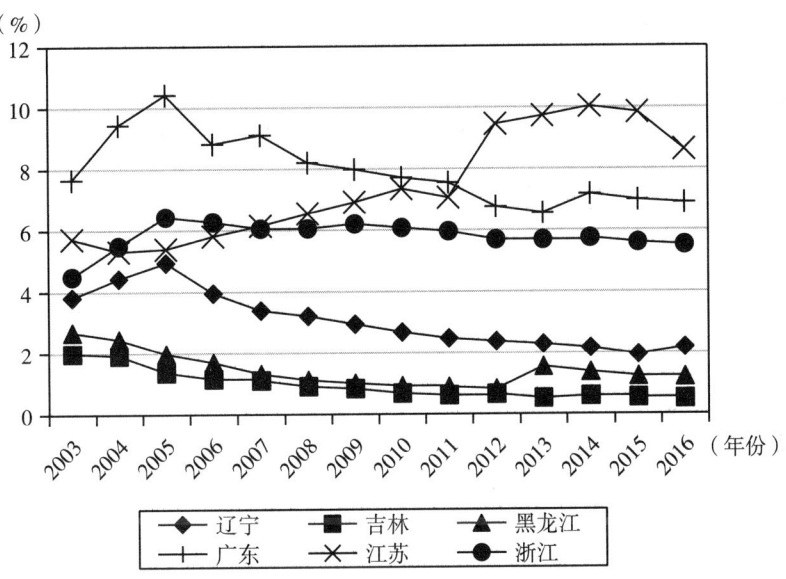

图1　六省地方国有企业资产总额占全国地方国企资产总额比重
资料来源：财政部、国家税务总局。

当前驻地央企是东北国有经济的主体，是进一步深化国企改革的重点。2016年，辽宁有1 751家中央企业，产值占辽宁工业产值的40%。吉林工业企业主营业务收入的90%属于驻吉央企。2013年，东北辽吉黑三省的央企总数为3 183家，总资产达4.5万亿，投资对促进当地经济增长起到了关键性作用。在2003~2013年，中央企业在辽、吉、黑三省的固定资产中的投入近2万亿元，巨大的投资促进了东北经济在首轮振兴中的快速增长。但面临世界经济深度调整，国内经济"三期叠加"，东北经济自身处于资源衰退、结构衰退和体制衰退期，前期靠投资拉动经济增长掩盖的体制性、机制性矛盾日益凸显。在东北经济发展受阻已经影响全局的情况下，东北央企能否通过自身改革创新及央地融合发展发挥带动作用，对于东北振兴具有关键的作用。

中央于2014年发布《关于近期支持东北振兴若干重大政策举措的意见》中，正式建议要通过激励央企与地方经济交融发展，拉动东北地区的经济转型和社会进步。所谓央地融合发展，既是指驻地央企与地方国企、民企的融合发展，也是指与地方政府、经济社会的共同发展，以此形成共同繁荣和良性互动。新一轮东北振兴，央企于东北经济发展而言，不仅要从"量"更应从"质"的角度，充分发挥其对东北经济发展的带动作用。

二、文献综述

自2003年建立中央和地方两级国资管理体制以来，中央企业和地方国企间利益机制协调和产权配置问题，引起了学者广泛的关注。这一领域的代表性研究是郑晓玲（2010）在"分级所有"新国有资本管理体制的框架下，分析了国有资产收益分配权。从央企与地方政府之间的国有资产收益的划分问题出发，通过建立斯塔克伯格博弈模型，对央企与地方政府之间的分割系数进行博弈分析。认为中央与地方政府间国资收益分配的合理化一定程度上影响了国企的发展，甚至对于整个财政体制的公平性和高效运行产生影响，一直以来，国企改革的主力军是地方国企，面对地方国企间客观存在的差异性，如何改革地方国企、解决历史遗留问题，是社会各界关注的焦点问题。李欣（2015）认为地方国企改革要坚持实施政策倾斜、财政支持的相配合的路径，一些地方国有企业的历史遗留问题，对地方国资国企改革有重要的影响，应当纳入当前的法规和社会保障制度体制下，依据分类推进和与试点相结合的策略进行改革。由于各地方国企在发展方式和质量方面差异显著，形成了相对独特的企业发展状态。而尽管在同一地域内，也由于归属的行业状态和经营策略的差异，呈现特殊的发展态势，所以，如果单纯应用"一刀切"的方式进行的改革模式必然与地方国企的改革实际相脱离。王正宇（2015）认为，地方国有企业的整体改革目标是做大做强。这是地方国有企业改革的出发点与归宿。同时，必须坚持"一企一策"的原则。地方国企之间的实际差异显著，国企改革要紧密联系当地、各企业的实际情况进行，坚持建立先行试点，尽快行动，要有紧迫感。

随着改革的不断深入，中央和地方两级国资间的利益分配等体制机制矛盾逐渐突出。刘科、曹斐（2016）分析了在乌审镇当地中石化、中石油两个央企进行天然气开采合作的情况，认为由于当前本地的财税体制、政策的利益分配机制存在不合理之处，造成地方税收收入与大规模开采活动产生矛盾，地方政府税收收入增速与财政支出比例不协调，陷入了地方财政收支困难的怪圈。

对于国企占比较高的东三省而言，中央企业与地方发展间的矛盾更为突出，甚至已经成为阻碍东北经济发展的症结。和军，张紫薇（2017）认为目前东北体制机制存在的一个主要问题是东北央企占比较大、占用了过多资源，同时央地融合不足、央企的带动效应较小，传统计划思维固化，维持了传统的低效体制机制。认为中央应出台实施细则，助力央地企业重组，实现军民融合发展。支持东北部总部展开试点工作，建立中央企业和地方工业园区实验区建设、中央企业和地方政府创新等地方企业合作双赢机制。对此，如何深化国企改革，促进央地融合发展以实现新一轮东北振兴，成为当前学者和政府部门探寻的主要议题。代表性研究有，胡书东（2016）认为央企应当在振兴东北老工业基地的战略中起到重要的表率作用，同时在国企改革中形成模范效应。抓住装备、机械、化工等先进制造业的工业转型升级方向，加快突破体制机制改革、技术创新方面的障碍。对于东北地区的煤炭、金属冶金等领域的行业的央企要在供给侧结构性改革中做到提升有效供给。东北央企还应当加强与地方国企、民营企业的分工协作，与本地其他企业分工协作时尊重市场运行规律，不能阻碍正常的分工协作，违背市场规律，打破中央企业和地方企业形成的科学合理的产业链是不可取的。李宏畅（2017）认为在当前的总体经济环境下，应当全面协调中央和地方之间的财政关系，合理解决央地融合的问题，协调央地发展过程中的利益冲突问题，通过创新央地合作体制机制，才能实现互利共赢，从而推动辽宁老工业基地的振兴与发展。

综上所述，随着国企国资改革的不断深入，中央与地方两级国企和国资间矛盾日益凸显，甚至已经成为当前东北经济问题中最不可忽视的制约因素，当前东北地区国企改革已经进入实质性改革的深水区，主要的任务就是促进央地间融合发展。但央地融合发展时间较短，在此领域还未形成系统性的研究，对此，本文特以新一轮东北振兴为背景，系统梳理国企改革与央地融合发展的进程、指出制约东三省央地融合发展的关键问题以及分析央地融合发展对于实现东北振兴的重要意义，进而提出如何有效实现央地融合发展的政策建议。

三、国企改革与央地融合历程

2003年，党的十六大召开以后，我国的国企改革进入纵深推进阶段。这一阶段，国有资产监管体制改革取得重大突破。改革的主要任务是国有资产监督管理委员会对国有企业进行管理和监督。《企业国有资产法》正式建立起有效的国有资产出资人制度，从而解决了国有资产在长期存在的所有者缺位问题，为避免国有资产的流失问题提供了法律保障。这一方面的创新缓解了国有经济管理部门的监管效率较低的状况。国务院于2015年提出《关于深化国有企业改革的指导意见》，对国有企业进行了系统的划分。提出了不同类型的国有企业应当有特殊的国资监管体制、混改方案、公司治理方案、股权制改革模式等。近年来，国家逐渐将央地改革作为国企改革的重点工作，央地融合改革成果丰硕，激发了国有企业的经济活力，也拉动了相应地区的经济发展。但部分地区因为特殊的机制体制问题，央地融合依然存在障碍，应当予以重视。对于一些东部沿海发达省份而言，央地融合工作近年来取得了突破性成就。广东省在2016年2月与央企的合作洽谈会上，与约80家中央企业达成的合作项目达438项，投资总量约达3.35万亿元，它涉及交通运输、服务业、能源和资源利用、城市基础设施等许多领域。2016年12月，江苏省和中央企业签订了78个协作项目，投融资总数约5300亿元。2017年4月10日，国家新控股（上海）有限公司、上海建设集团股份有限公司和上海创创资产管理有限公司在这一领域签署了全面战略合作协议。上海"央地融合，一体化发展"的混合改革基金同时建立。三方企业在上海的虹口区开展合作，利用当地的航运业及金融业等优势行业的良好基础，努力利用产业资本的功能，助力当地的城市功能的完善。同时，寻求整体产业链与资本相融合的路径，促进企业的转型与升级，从而提升企业的核心竞争能力。

对于一些经济相对落后的省份，或者是目前处于转型需求比较强烈阶段的地区，央企与地方政府的合作更加深入到当地的特色产业和特殊行业中，逐渐开始利用不同地区的比较优势来实现互利共赢。恰恰是看到了整合的巨大潜力，2015年3月，辽宁省抚顺市政府与抚顺石化签署了关于园区协调发展的相关协议，两方同意共同努力建设工业园区，同享公共资源，共同开展创新科技研究。近年来，贵州省正在努力投入人力、物力、财力进行国家大数据综合试验区建设，现阶段已经拥有坚实的大数据技术优势，因此，央企在该方面与贵州的合作正在逐渐开展，这也将从一定程度推进贵州省大数据产业的发展进步。海南省于2016年7月在推进热带海洋经济方面与央企开展了相关合作。同年9月，黑龙江省举行央地合作互赢的相关交流会议，签署项目的中有29个产业转型升级项目，总签约额大概有1105.8亿元，约占总体的80%以上。这些项目不同于先前签署的项目。首先，很多项目是共同资助，共同建设和共同寻求发展的，例如PPP项目。其次，很多项目属于高科技创新或者新兴产业项目。同时很多项目是寻求对传统的产业优化升级，黑龙江省依靠丰富的自然资源，如石油、天然气、煤炭资源等，推进相关资源产品的深加工，延长了相关的产业链。央企与黑龙江的携手，将有力促进东北老工业基地的振兴与发展与产业转型升级。更多央地合作活动正在辽宁展开。中国华能集团将投资超出60亿元，促进华能大连电厂二期工程重点项目的建造。

同时，资本合作活动成果显著。主要体现在PPP模式受到各地的欢迎，这种模式缓解了地方因需求旺盛而导致的财政短缺现象，PPP模式不仅促进了当地的发展，也使企业找到了发挥自己能力的机会。2016年更多的央企进入地方PPP市场，开展民间资本合作。合作领域包括交通运输业、基础设施建设、高新技术、城市公用事业建设行业等多个领域。中国交建的PPP投资地域遍布全国，格局分布特点是沿海和沿江地区规模庞大、中西部地区数量多。资本合作活动也反映在中央企业与地方国有企业和民营企业的合作中。2016年10月，中海油、广东金实能源、江门汽运公司三方签署协议，共同协作建立了中海油能源有限公司。这是江门市第一个由央企、地方国企、民营企业合作进行的项目，有利于三方发挥自身的优势，从事优质清洁能源服务行业。

四、制约东三省央地融合的关键问题

目前，驻东三省央企与地方发展呈现加速融合态势，但在管理体制、产业发展、利益分配等体制机制设计上仍存在不可忽视的问题，从而对东三省央地融合形成制约。

（一）"条块"管理体制差异

央企由国资委领导，由总部央企和驻地央企组成。央企体系内采取总部央企集中式、垂直式管理和决策体制。而地方政府则以中央政府的总战略为指导自主决策发展规划、主导地方经济发展。驻地央企和地方政府的管理决策体制隶属于不同层级，制定发展目标和规划的激励机制必然存在差异，客观上决定了驻地央企与地方经济发展的内在关联度不强，培育地方经济发展动力不足，制约央地融合。

具体而言，在发展目标上，驻地央企没有决策权，其发展目标和战略规划由央企集团总部依国资委规划和集团整体情况而定。这一方面导致驻地央企与地方发展目标融合性差；另一方面地方很难与驻地央企展开战略合作。如辽宁希望与葫芦岛中船重工展开合作，地方承接通用船舶部分构建，但合作项目最终搁浅，其中体制、目标差异形成的障碍是重要因素。

从资源配置角度看，驻地央企是央企集团一部分，无论在生产经营的供、产、销环节还是人、财、物的生产要素管理上，都采用统一管理和决策体制。这就导致即使地方存在质优价廉的配套产品，驻地央企的原料采购和产品供销也必须服从总部规划。这种牺牲效率服务全局的制度安排，导致驻地央企对培育地方市场和就近配套延伸的内在动力不足。人才培养建设上更显如此，驻地央企领导受上级委派，通常在地方任职几年后，调回央企总部担任要职。这种晋升路径也决定了驻地央企领导很难从地方经济发展视角对驻地央企进行较长远的发展规划，完全服从上级的生产经营决策是领导层最稳妥理性的选择。

（二）产业发展融合差

一方面，央企资本雄厚，经过多年发展不断向上下游产业延伸，在各生产领域已形成较为完备的配套体系，缺乏与各地配套生产经营的内在动力和市场需求，导致驻地央企对地方产业发展带动性不足，很难以驻地央企为核心构建地方特色产业园，更难助力地方产业结构转型和升级。

另一方面，东三省地方企业也存在承接央企配套生产能力不足的问题。东三省民营经济发展起步晚，相关政策支持不足，民营企业无论在资金基础、经营管理，产品生产和技术吸收上存在较大劣势；承接能力不足阻碍了驻地央企带动东三省产业结构转型和升级。

（三）利益机制不合理

自 2003 年实施"统一所有，分级代表"的国有资产管理体制以来，完善央企在中央与地方、各省间利益分配机制是深化国资管理体制改革的核心。央企隶属国务院国资委管理，生产经营在各地开展，对此涉及利益分配的主体较为复杂，概括而言包括以下几类：央企、中央政府、生产经营地政府、生产经营地居民以及使用产品地居民（见图2）。

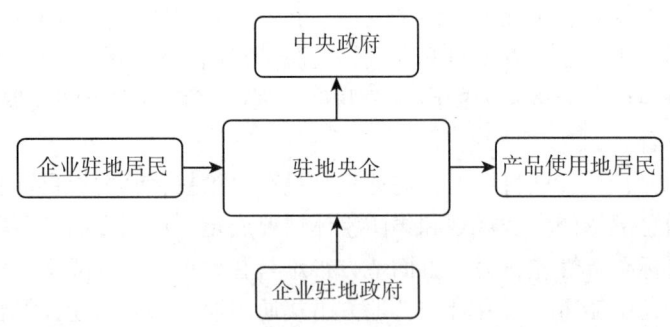

图 2　驻地央企生产经营利益机制

从税费补偿机制来看，分税制明确区分了中央与地方财政收支。中央企业所得税分给中央政府，地方行政事业所得税归为地方政府。地方政府拥有国有资产收益管制权。但按照企业利润不用上缴的思维惯性和上位法中对暂停企业税后利润上缴的规定，国企税后利润收缴以及中央与地方间资产收益划分仍不明确。资源税是完全归属于地方政府的财政收入,虽然2016年7月1日起开始施行资源税改革,提高了资源税征税率,但因其占税收总额比重较小,很难大幅改善中央和地方的利益分配格局。这种将政府财政收入上移的税费补偿机制,将本应弥补地方生产的收入让渡给了中央政府。

从价格机制看,央企属于大型企业集团,作为统一生产经营核算整体,非市场化的生产安排导致利益分配不公。企业集团压低初级产品价格,为进一步加工生产创造利润,造成初级产品生产地利润向下游产品产地转移。除企业内部的价格不合理外,资源开发、加工业价格形成机制同样不合理。目前我国资源类初级产品由政府定价,但其定价未考虑资源品开采和生产中长期的隐性成本,如资源耗竭和环境污染成本。驻东北央企多集中于资源开采行业,长期过度开发加重了东三省资源困境,环境污染造成了社会治理成本增加,不利于开展循环经济、建设和谐宜居的社会生活环境。短期看,不合理的价格机制导致东三省居民承担更多的社会治理成本,损失的利益流入产品使用地。长远看,价格机制的扭曲不利于东三省转变经济发展方式,走循环、可持续、绿色的新型工业化道路。

(四)特殊政策导致负外部性

无论是生产经营的客观要求,还是给予央企的特殊政策都存在一定的负外部性,阻碍地方经济和社会发展。

央企的历史定位决定其承担提供部分社会公共服务和吸纳当地就业的职能。因此,在当地的中央企业的生产经营中,各级政府做出不同程度的政策支持,如油气生产企业和临时用地、管道专用线的建设,免征城市土地使用税。在竞争性领域的非市场化政策倾斜,导致央企与地方企业间竞争不公平,不利于调动东三省民营经济活力,不利于形成以市场为主体配置资源的机制。

涉及军工航天等领域的央企,出于国家安全和生产经营需要,地方政府必须给予特殊的政策支持,不可避免地影响了地方经济建设。如地处沈阳市皇姑区的沈飞集团,由于飞机起飞降落的需要,对于集团周围建筑高度有一定限制,严重影响了皇姑区旧城改造、招商引资;除此之外沈飞集团的生产经营规模大,占据了地方大量的生产资源,但税收收入大部分上交中央,严重影响了地方政府财政收入。

剥离企业办社会职能,为企业减负,是培育国企市场竞争力和推进政府职能转型的重要举措。但在分离央企办社会、移交"三供一业"改革中,地方政府作为改革的直接承接者,却无力负担巨额的改革成本。

（五）中央宏观政策与地方实际实施存在矛盾

国企改革中国家的中央政策与地方具体实行存在着较大的分歧。目前的分级监管体制在一定程度上加剧了这种矛盾。中央与地方之间因为在国企改革过程中的政策推行上的力度不同，国家主要出于大局考虑，而地方有自己的实际情况，往往中央的宏观政策不能与本地的实际情况相契合，对于实施细节的模糊规定也造成了地方对于政策实施方面无章可循，再加上地方权力的限制和部分官员对责任担当具有抵触心理，无法灵活依照宏观政策制定真正适合本地的改革政策，也无法将政策更好地依据本地情况进行具体的落实。

（六）东北地方国企的历史遗留问题阻碍了改革的进程

东北长期受计划经济的影响，地方国企与市场经济相脱离，地方国企的长期承担的社会责任与目前市场化改革的导向存在着一定冲突，地方国企效率低下，难以办好的观点在部分官员干部脑中根深蒂固，甚至觉得地方没有必要搞国企，或者不重视地方国企的发展。因此，地方国企被卖光的现象十分常见，对地方国企发展的不重视性和部分改制的不科学性更加限制了地方国企的发展。东北地区改革工作的重点和难点是历史遗留问题。

五、央地融合对东北振兴的重要意义

（一）促进经济可持续发展

与其他地区相比，中国东北的中央企业特点是数量大、范围广、规模大、投资大，在重点行业具有绝对的资源。在东北存在城市是企业，企业是城市的现象。大庆"打喷嚏"，黑龙江就"感冒"；一汽"打喷嚏"，吉林就"发烧"。已在东三省的驻地央企的发经营展情况很大程度决定了东北经济状况，推动央地融合，改善驻地央企经营绩效，能直接缓解东北经济困境。

央企所属行业集中在具有社会服务性的自然垄断行业，投资规模大且周期长，新增投资能够直接拉动地方经济增长和有效缓解地方就业压力。为此，各地政府均努力开创条件积极争取驻地央企到地方投资，即使民营经济发展迅速的广东、江苏等东部省份亦如此。据统计，驻地央企对各省历年投资数额排在前几位的都是东部省份。积极开展与驻地央企的项目合作，争取其在东三省的新增投资有助于快速缓解东北经济增速下行压力,确保经济可持续增长。

(二) 推动国企混改

改革开放以来,东三省市场经济体制转型迟缓,计划经济思维和制度安排根深蒂固,民营经济发展缓慢、市场活力差是新一轮东北经济减速的最大症结。推动驻地央企与东北地方企业交叉持股、融合发展,既能有效推动央企混改,提升国企经营效率和改善经济业绩,又能放宽民营企业的市场准入领域,有效激发地方经济活力,加快东三省市场化改革进程,形成有效率的市场机制,从根本上激发东北经济活力,实现东北振兴。

(三) 带动产业转型升级

当前,东三省整体呈现"二三一"的产业格局,第二产业发展仍集中于产业链低端环节,呈现产品附加值低且能耗大的粗放型发展特点。产业结构转型升级是东北振兴的关键。央企投资规模大,具有产业带动性和资本引导性。东三省应结合自身发展优势和产业发展规划,以现有驻地央企为中心,围绕其上下游产业以及配套产业构建特色产业园,引导国内外投资流向,共同助推东三省产业结构转型和升级。2016年9月,黑龙江省举行央地合作互赢的相关交流会议,签署项目的有29个产业转型升级项目,总签约额大概有1 105.8亿元,约占总体的80%以上,以此带动黑龙江省实现产业结构升级。

(四) 培育企业创新力

新一轮东北振兴,创新是新动能、新引擎。与广东、江苏等省份对比,东北地方企业创新投入有效性不足,技术市场交易成本大,创新成果转化难,阻碍东北企业创新力提升。驻东北央企经过多年研发积累,在人才、技术资源等方面具有优势,尤其是军企技术水平整体领先于地方企业,充分发挥驻地央企技术优势,推动央地间基础科研资源共享和科研人才流动,能最大化科技投入产出,有效培育地方企业科技创新能力,实现创新驱动。

(五) 推动政府职能转变

为了发展中国特色社会主义市场经济,激发经济内在活力,必须要做到给国有企业减轻负担,转换政府职能、建设服务型的政府。与其他区域相比,东三省政府职能转型缓慢,"大政府,小市场"加大了东三省经济活动的交易成本;政府在公共服务方面的管理缺失,容易导致经济的衰退和社会性矛盾的产生与相关状况的恶化。驻地央企与当地经济协同发展，有利于深化国企改革，解决国企历史遗留问题，进而从国有经济管理事务中抽身出来提供更多公共服务，加快政府职能转型，建设"小政府，大市场"的制度环境。

（六）促进基础设施均等化

新中国成立以来，央企在我国公路、铁路、管网通信等基础设施建设上发挥了不可磨灭的作用。东三省内部经济发展存在较大的区域不平衡和城乡失衡，部分地区基础设施建设相对落后，严重制约了当地经济的发展，影响了人民群众的基本生活。在新一轮东北振兴中，应加大与驻地央企合作，广泛开展基础设施PPP合作模式，推动落后地区建设开发，促进基础设施均等化。

六、促进东北央地融合的对策

新一轮东北振兴，应充分发挥驻地央企对地方经济的带动力和辐射力，推进产业结构优化升级，打造优势产业链条，深化国企改革，以此推动政府职能转型，转变经济发展方式，实现经济社会协调发展。

（一）推动产权多元化改革

促进央地融合的根本，是从权属上构建具有共同利益的体制机制。推动产权多元化改革形成利益共同体是加快央地融合的治本之策。央地企业间交叉持股，既能扩大东三省民营企业的经营领域，激发民营经济活力；又有助于深化国有企业改革，建立现代经营管理制度，提升驻地央企经营效率。在具体实施过程中，以增量激活存量，在新增投资领域，引入多元化资本，在存量资产上，理顺权属关系，有目标分步骤渐进推进改革，稳步推动央地企业融合发展。

（二）创新经营管理体制

驻地央企高度集中的垂直管理体制，在生产运营上扭曲了市场配置资源的机制，阻碍驻地央企与地方开展合作共赢项目；在人员管理上，驻地央企的绩效考核机制与晋升路径助推领导层的行为不利于地方长期发展。因此，要推进中央企业决策管理机制的改革，建立垂直管理与属地管理相结合的制度，适度降低决策权，赋予中央企业更多的管理自治权；缩小经营核算单位，科学构建绩效考评机制，激发驻地央企根据地方发展优势开展项目合作的经营动力。

（三）改革财税补偿机制

现行的税收制度，决定了驻地央企对地方财政的贡献度较低，但实际的生产经营却占用了大量地方资源，客观上决定了驻地央企发展对地方经济造成的成本大于收益。东三省央企多集中于资源开采和初级产品加工领域，对于当地经济社会发展施加了巨大的隐性成本。因此，创新税收征管体制，建立以绿色经济为基础的税收征管和返还机制，加大对资源开采和环境破坏的专项补贴，以此平衡央企在地方生产经营中对当地经济造成的成本负担。

（四）建立产业配套发展格局

央企资本雄厚，自封闭式产业链发展，既制约了当地配套产业发展，实际上也限制了自身核心竞争力的培育。央企在东北投资主要集中在重工业领域，投资结构固化了东三省产业结构。因此，在吸引央企投资时，应结合东北经济的比较优势和地区产业发展规划，吸引具有产业结构转型和升级带动性的央地合作项目。以央企主导产业为核心，放开上下游产业，积极开展与地方企业配套生产，构建特色产业园区。同时，积极支持民营企业发展，加强民企配套生产能力，以此为契机优化产业结构，促进东三省产业转型升级。

（五）构建科技创新合作机制

在实现创新驱动经济增长的新一轮东北振兴中，东三省应充分利用驻地央企的创新平台，整合资源，节约创新成本，实现基础科研资源互利共享。在成果转化方面，要增强中央企业与科研院所的合作，加速产学研联动创新，培养合适创新发展的人才。实现创新成果的有效转化。同时，东三省借助央企创新发展经验，共同构建创新发展机制，真正实现创新驱动发展。

（六）推进政府职能转型

转变政府职能，构建公共服务型政府，为企业发展减负，体现在以下几方面。首先，东北各级政府要积极优化营商环境，为驻地央企和地方企业创立良好投资环境，优化政府服务；其次，各地政府主动对接驻地央企，积极推动央企厂办大集体和企业办社会职能改革，解决历史遗留问题，为央企发展减负。同时，在推进企业办公室社会职能改革的过程，中央要加大专项转移支付力度，一方面，通过设立专项改革基金，补充资金来源。另一方面，引导社会资本进入,既有效缓解资金缺口,同时大力培育地方服务业发展,增强经济活力。

(七) 构建央地融合工作协调机制

央地融合对于东北经济可持续发展具有特别重要的价值。目前,东北经济发展受阻已经关系到我国经济发展全局,而东北央企产值占比大、占用资源多、对当地企业发展带动作用较差的矛盾越来越突出。对此,应立足于东北振兴全局,从国家层面进行统筹规划,创立央地融合工作协调机制,必要的情况下建立央地融合发展试验区,给予特殊政策,大力进行体制机制创新,稳步推进、取得实效。

参考文献

[1] 郑小玲. 中央与地方国有资产收益分配博弈问题研究 [J]. 地方财政研究, 2010 (4): 47-51, 56.

[2] 李欣. 地方国企改革推进路径研究 [J]. 现代商业, 2015 (35): 43-44.

[3] 王正宇. 关于地方国有企业改革发展若干问题的思考 [J]. 先锋队, 2015 (20): 24-26.

[4] 刘科, 曹斐. 驻地企业对地方税收的影响 [J]. 北方金融, 2016 (2).

[5] 胡书东. 东北国企必须精准改革 [J]. 国资报告, 2016 (8): 14-16.

[6] 李宏畅. 深化驻地央企"央地融合"问题研究——以辽宁省为例 [J]. 北方经济, 2017 (1): 78-80.

[7] 和军. 新一轮东北振兴战略背景与重点——兼评东北振兴战略实施效果 [J]. 中国特色社会主义研究, 2017 (6): 33-42.

[8] 林木西. 新一轮东北老工业基地全面振兴的新支点 [N]. 中国社会科学报, 2016-11-30 (10).

[9] 梁启东. 东北国企改革的核心问题是央企改革 [N]. 中金在线, 2016-03-29.

[10] 汪立鑫, 刘钟元. 竞争性行业央企利润最优上交比例:内部代理成本与外部融资成本的权衡 [J]. 中国工业经济, 2014 (2): 84-96.

On the Integrative Development Between the Central State-owned Enterprise and the Local Enterprise in Northeast China

Zhang Ziwei Zhang Yi

Abstract: In the new round of northeast revitalization, the reform of state-owned enterprises should focus on central enterprise reform; the main direction is the central and local integration. At present, the key issues that restrict the integration of the central and local integration in the northeast three provinces are: the differences in the management system between the central and the local areas, the poor integration of industrial development, the unreasonable distribution of interests, and the negative externalities caused by special policies. The integration of the central and the local is conducive to the sustainable economic development of the three provinces, the reform of state-owned enterprises, the promotion of industrial upgrading, the cultivation of innovative drivers, the transformation of the government and the equalization of infrastructure. In order to promote the integration of the central and the local, institutional mechanism innovation should be carried out from the aspects of property rights diversification, management system, fiscal and taxation compensation mechanism, industrial layout and government reform.

Keywords: Revitalization of Northeast China, Integration Between the Central and the Local, Institutional Innovation

地方政府性债务风险防范研究述评

刘 松 韩贵博[*]

摘 要：地方政府性债务风险问题由来已久，近年来，我国地方政府性债务规模不断扩大。新《预算法》正式实施后，虽然地方政府发债进入了法治化轨道，但债务风险问题仍然突出，加强地方政府性债务规范化管理、防范债务风险已达成共识。本文通过对现有地方政府性债务文献特别是国内研究文献的梳理，从债务类型与现状、理论基础、风险成因、评价指标和预警模型四个方面，总结研究成果，提炼研究方法，分析研究方向，并对今后的研究方向和研究内容进行了展望。

关键词：地方政府性债务；风险防范；评价指标；预警模型

一、引 言

地方政府性债务包括地方政府直接举借的债务，还包括政府融资平台公司、公用事业单位、经费补助单位举借的部分债务（刘尚希，2012）。我国于1994年颁布了第一部预算法，规定除国务院另有规定外地方政府不允许举借债务。2008年以后，为有效应对金融危机对我国经济的冲击，中央政府启动大规模经济刺激计划，中央政府于两年内投资1.18万亿元，带动地方政府和社会投资共约4万亿元，地方政府面临巨大的筹资压力。各级地方政府通过地方融资平台等渠道，以土地等政府资产做抵押，通过各种方式绕过预算法规定举借债务，为地方经济社会发展筹措资金，至此，地方政府性债务规模迅速扩张。

地方政府性债务的迅猛扩张可能引发一系列风险，主要是财政风险和金融风险，根据经济发展水平的不同，不同的地区有不同的风险水平，某一地区某一方面债务风险失控，就可能引发全面的系统性风险。一方面，地方政府对地区社会经济的建设任务为建设资金来源的杠杆效应提供了合理性，社会经济个体需要政府提供公共品，在充满不确定性的经济环境中，当税收无法满足建设

---

[*] 刘松，中南财经政法大学财政税务学院博士生；韩贵博，山东社会科学院。感谢匿名审稿人的建议，文责自负。

资金需求时，出现政府债务是正常的且合理的，政府举债有其必要性，特别是在当前中央和地方财权与事权不匹配的大背景下，地方政府出于发展地方经济的需要，即使宁愿冒风险也愿意变相融资，特别是基层经济发展需求与金融资源配置不匹配，导致地方政府拼命需求金融资源；另一方面，信用本身天然携带风险基因，借债与风险并存，特别是当借债没有约束与评判标准时，过高的借债会导致风险成倍放大。因此，在强化对地方债务管控的同时，也要把握平衡，做好债务风险的评估和预警，地方政府作为一个经济参与主体，一个地方公共品的提供者，如何在保证地方公共支出需要的同时又能有效防范债务风险是一个重要的研究课题。

本文第二部分介绍地方政府性债务的类型、来源以及现状；第三部分介绍地方政府性债务的理论基础；第四部分对地方政府性债务风险成因、评价指标体系和债务风险的评估预警方法进行讨论；第五部分进行总结。

二、关于地方政府性债务的分类、来源及现状

（一）地方政府性债务的类型

按照 Brixi（1998）提出的财政风险矩阵，可以把地方政府债务划分为直接显性债务、直接隐形债务、或有显性债务和或有隐形债务四大类。Brixi 的财政风险矩阵前面两项是指已经成为政府财政事实上的债务事项，政府财政必须承担其责任，后面两项是指债务事项已经产生，尽管具体数量还不能确定，但将来可能成为政府的债务事项（刘尚希、赵全厚，2002）。王晓光（2005）认为，地方政府债务主要由地方政府财政还款的直接显性债务、地方政府负责的直接隐形债务、政府担保债务三部分组成。顾建光（2006）援引 Brixi 的分类方法对于各类地方债务进行了归纳，主要包括中央政府债务转化为地方政府债务、中央财政对地方财政的项目贷款、财政体制因素形成的地方政府债务、地方公共部门债务转化为地方政府债务、因承担道义义务形成的地方政府债务。姜维壮（2009）认为我国地方政府的债务主要包括中央国债转贷、中央设立的解决地方金融风险的专项贷款、地方政府利用行政命令直接向金融机构融通资金、地方政府担保的债务、社会保障资金缺口和地方政府的各种欠款和挂账。吴俊培（2013）认为我国地方债务主要由各级地方政府职能部门的债务、预算事业单位的债务、经政府认定履行了政府相关职能的融资平台公司的债务三部分构成。赵全厚（2011）根据相关政府部门制定的标准，将我国地方政府性债务分为直接债务和担保债务两部分。

(二) 地方政府性债务的来源

魏加宁 (2004) 认为，地方政府负债通过设立融资平台公司获得银行贷款、发行"城投债"为最主要的债务来源。罗党论、佘国满 (2015) 认为，由于政府"隐性"担保，城投债通常被视为"准市政债"，城投债融资规模占政府直接融资比重迅速上升。何杨、满燕云 (2012) 认为，地方政府借助融资平台公司的融资来源主要有三种形式，一是以土地抵押获得银行贷款，二是以土地收入为担保发行城投债，三是通过融资租赁、项目融资、信托私募等从资本市场融资。陈志勇、毛晖 (2015) 通过研究发现，从我国的地方政府债务资金来源及平均期限来看，银行贷款为地方政府性债务的主要来源，除此之外，地方政府债券、融资平台债券、BT 融资、信托融资等均占有一定的比例。何杨、王蔚 (2015) 通过对城市建设资金中来源于银行借款和债券的显性债务进行了研究，得出中国城市建设通过国内的贷款、发行债券渠道获得资金的比重大致在 28%~39%。魏加宁、唐滔 (2010) 通过对国外地方政府债务融资的研究，总结了地方政府债务资金的来源主要有银行借款、市政债券和政府公共资金借款三种。

(三) 地方政府性债务的现状

根据杨灿明、鲁元平 (2015) 的研究，由于统计口径不一致、数据敏感、债务记载不规范等原因，地方债务规模往往难以获取。许多研究人员和研究机构根据不同的估算口径，估算了地方政府债务的数据 (财政部财政科学研究所课题组，2009；魏加宁，2012；沈明高、彭程，2010)。目前，最权威的数据为审计署分别于 2010 年和 2013 年发布的审计报告，审计报告显示，截至 2010 年底，我国省、市、县三级地方政府债务余额共计 10.7 万亿元，约占全国 GDP 总额的 27.4%；截至 2013 年 6 月底，我国地方各级政府负有偿还责任的债务 108 859.17 亿元，负有担保责任的债务 26 655.77 亿元，可能承担一定救助责任的债务 43 393.72 亿元。根据赵全厚 (2014) 的研究，从债务增速来看，截至 2013 年 6 月底地方政府负有偿还责任的债务余额比 2010 年底增加 38 679.54 亿元，年均增长 19.97%，超过 GDP 增速，地方政府性债务风险呈扩散状态。如何将地方政府债务规模控制在一个安全、稳健、适度的范围内，是一个值得研究的问题。地方政府性债务形成已久，规模大、问题多且复杂，对其进行治理并非消除地方政府性债务，而是通过理顺体制、创新管理、管控风险把地方政府性债务的风险降到最低，并结合我国国情，将地方政府债务问题推向阳光化、透明化、法治化的轨道。

1. 新预算法执行前的地方政府性债务管理。

(1) 新《预算法》出台前地方政府性债务管理的历史沿革。1950年,东北人民政府发行了我国最早的地方政府债务,用于筹集生产建设的资金。1958年,中央公布《关于发行地方公债的决定》,决定于1959年起,允许各省级政府在必要的时候,发行地方建设公债,作为筹集建设资金的一种辅助手段。改革开放后的80年代,出于筹集资金修建路桥的需要,部分地方政府再次发行地方债券。1992年,我国全面进入改革开放,1994年的财政改革分权使地方政府的自主权进一步增大,地方政府也出现了不顾自身财力举债搞建设的盛况,地方政府的债务迅速膨胀。1995年开始实行的《预算法》规定"除法律和国务院另有规定外,地方政府不得发行地方政府债券"。

从20世纪80年代中期开始,地方政府通过财政部和银行转贷、申请境外银行贷款、发行境外债券等多种方式借入国际金融组织和外国政府贷款,并在90年代中期达到高峰。根据审计署的统计,截至2013年6月,地方政府性债务的国债、外债等财政转贷余额合计为3 033亿元。

1998年,为应对亚洲金融危机,扩大国内市场需求,通过签订中央政府与地方政府之间的转贷协议,将国债资金中的一部分转贷地方政府使用,还本付息由地方政府来承担。1998～2005年,约3 000亿元左右的长期建设国债投资资金由中央转贷给地方使用。2008年,中央推出了4万亿元投资计划,其中大部分资金由地方政府配套解决,地方融资平台开始迅速发展,债务规模迅速扩张。

2009年,我国地方政府债券发行开始了"代发代还"模式,由财政部代理发行并代办还本付息。2011年,国务院批准4省市开展"代发自还"模式试点。2011～2013年,地方政府债券发行总额为8 000亿元。2014年开始,我国允许10省市开展"自发自还"债券发行模式。

(2) 新《预算法》实施前地方政府性债务规范管理的研究成果。在新预算法执行前,相关学者对地方政府发债问题进行了大量的研究,认为发行地方政府债券可以为城市基础设施融资提供新的渠道,是分流地方政府债务负担的重要途径(宋立,2004;刘尚希,2004)。王瑶等(2007)认为要解决地方政府债务问题,需要依托不断发展的金融市场,开通地方政府公开发债渠道,发行地方政府债券。马海涛、马金华(2011)认为,解决我国地方政府债务的根本出路在于地方政府举债债券化。朱太辉、魏加宁(2012)从资产组合理论、委托代理理论、风险分散理论和货币政策调控理论四个方面分析了我国地方债的发行在当前的金融体系下具有非常大的必要性。王丽英等(2012)认为,推进地方政府债券自主发行,对于拓宽地方政府融资渠道、缓解地方政府偿债压力、推进地方政府投融资透明化和规范化有重要作用。也有一些学者分析了地方政府债务债券化的风险,刘尚希(2004)认为,发行市政收益债券存在公共风险和财政风险，风险的防范主要靠完善相关法规、设计好市政收益债券市场框架、规范中介、控制发债规模等方式解决。张海星（2009）认为，我国地方政府直接发债需要技术准备和制度配套，要从法律监督、行政监控和市场监管三个层次构建地方债运行的风险防范体系，基于我国国情的渐进式开放模式。崔军（2011）认为，地方政府债务治理的近期目标是要按照"控增量，化存量"的治理思路清理融资平台公司及其债务。

2. 新预算法执行后的地方政府性债务管理。

（1）新《预算法》出台后地方政府性债务管理的相关法律法规。随着地方政府性债务规模的膨胀，国家层面对地方政府的债务风险问题高度重视，从法律法规等不同层面堵塞漏洞、防范风险。2014年，新修改的《预算法》允许省级政府在一定范围内举债，同年9月，《国务院关于加强政府性债务管理的意见》（国发〔2014〕43号）剥离了地方政府融资平台的政府借债功能，并开展存量债务的三类处置。2015年，随着新《预算法》的实施和国务院2014年43号文的全面落实，我国地方债发行建立按照市场化原则自发自还的一般债券和专项债券并存的发行机制。2015年，财政部发布地方政府一般债券和专项债券的发行管理暂行办法，发行方式全部为自发自还。2016年，国务院发布《地方政府性债务风险处置预案》，明确对地方政府债务风险实行不救助原则。虽然国务院2014年43号文剥离了融资平台的政府性融资职能，但一些违规的举债手段如明股实债的PPP、产业基金、政府违规购买服务等方兴未艾，为了堵住这些渠道，财政部印发了《关于进一步规范地方政府举债融资行为》（财库〔2017〕50号）和《关于坚决制止地方以政府购买名义违法违规融资》的通知（财库〔2017〕87号），全面封堵了一切违法违规的变相举债融资渠道（见表1）。2017年中央经济工作会议强调要规范政府举债行为，全国金融工作会议和中央政治局会议也同时强调，要积极稳妥化解积累的地方政府债务风险，有效规范地方政府举债融资，严控地方政府债务增量，同年8月，国务院印发全国和地方资产负债表编制工作方案。至此，地方政府性债务逐步走上了正规化、法治化轨道。

表1　　新《预算法》实施后地方政府性债务管理相关法律法规

时间	政策文件	政策内容
2014年8月	《预算法修正草案》通过	经国务院批准的省、自治区、直辖市的预算中必需的建设投资资金，可以在国务院确定的限额内，通过发行地方政府债券的方式筹措

续表

时间	政策文件	政策内容
2014年9月	《关于加强地方政府性债务管理的意见》	剥离融资平台的政府融资职能,政府债务不得通过企业举借,对地方政府性债务开展三类清理,对符合条件的债务可申请发行债券置换
2015年3月	《地方政府一般债券发行管理暂行办法》	以自发自还的方式将发行主体扩大到36省市,获得资金主要用于公益性项目,收支纳入一般预算管理
2015年4月	《地方政府专项债券发行管理暂行办法》	采用自发自还的方式以单项政府性基金或专项收入为偿债来源,资金主要用于有收益的公益性项目,收支纳入基金预算管理
2016年10月	《地方政府性债务风险应急处置预案》	对地方政府性债务风险应急处置作出总体部署和系统性安排
2017年5月	《关于进一步规范地方政府举债融资行为》的通知	地方政府不得将公益性资产、储备土地注入融资平台公司,不得承诺将储备土地预期出让收入作为融资平台偿债资金来源,不得利用政府性资源干预金融机构正常经营行为
2017年6月	《关于坚决制止地方以政府购买服务名义违法违规融资》的通知	严格限定政府购买服务的范围、严格规范政府购买服务预算管理、严禁利用或虚构政府购买服务合同违法违规融资

(2) 新《预算法》实施后地方政府性债务规范管理的研究成果。在《新预算法》正式实施后,由于地方政府举债已经走入法治化轨道,相关的研究主要从规范地方政府举债行为、增强发债透明度、健全法律规范体系等方面进行。赵全厚(2016)通过研究美国的资本项目融资,认为我国应深化预算改革,地方政府经常性预算和资本性预算分账处理,将地方政府债券融资纳入预算管理,改进地方政府融资管理,把控债务风险。王银梅、陈志勇(2016)认为将地方政府性债务纳入预算管理是加强地方政府性债务管理的有效途径,从政府预算体系完整性及全口径预算管理的视角,对地方政府性债务预算管理进行全面规划和系统性设计。刘梅(2016)认为,对我国地方政府债务治理需要从存量置换和新增规范两个层面进行,要解决地方政府基础设施建设中的融资问题,即推动PPP模式的有序发展。张勇(2015)认为,PPP模式通过引入社会资本由社会资本提供公共品与公共服务,在兼顾经营性和公益性的原

则下，有助于解决部分资金问题，缓解地方政府的债务压力，提高公共服务质量。李虹含（2016）认为现有法律对地方政府债务监督管理存在不足，并指出了加强监督的三条优化路径。辜胜阻、刘伟（2014）认为实施新《预算法》亟须完善地方债治理机制，要建立起以债券为主的地方政府负债融资机制，构建和完善市场约束、规则管理、行政控制相结合的多层面的地方政府债务管理体制，防范地方政府债务的潜在风险，多措并举疏解地方政府巨大的负债融资压力。成涛林（2015）基于地方债管理新政视角，从地方政府债务管理模式、地方政府预算管理制度、地方政府债务规模控制等八个方面对中外地方政府债务管理进行了比较，指出我国要进一步完善地方政府信用评级制度，完善地方政府债务信息披露机制，健全地方政府债务管理制度体系，拓宽地方政府债务资金来源，健全地方政府债务管理机构等建议。

根据以上的研究成果可以看出，在新《预算法》执行之前，地方政府融资渠道五花八门，中央和地方为解决经济发展的资金投入问题，探索了地方政府多种融资模式，其中，依靠地方政府融资平台融资发展最为迅猛，银行贷款是最主要的资金来源，这种借债方式绕过了《预算法》的约束，使得地方政府能够获得大量的建设资金。在新《预算法》正式执行之后，中央对地方政府的融资行为逐步规范，新《预算法》赋予了地方政府发行债券的权利，同年国务院2014年43号文的颁布对地方政府存量债务进行三类清理，明确剥离地方政府融资平台的政府融资职能，对有一定收益的投资项目实行自负盈亏，政府不再兜底，财政部2017年的50号文和87号文全面封堵了一切违法违规的变相举债融资渠道，地方政府性债务法治化、透明化程度越来越高。至此，针对地方政府性债务的研究已经从探索地方政府的融资模式、是否允许发行地方政府债券等方面转变为如何依靠市场机制约束地方政府发债行为、如何建立风险防范预警机制等，同时，在地方政府融资模式进一步规范的现状下，如何拓展合规的融资渠道。

三、关于地方政府债务融资的理论基础

（一）公共产品理论

公共产品理论认为，在市场经济条件下，社会生活中存在市场失灵，有些商品和服务具有非竞争性和非排他性的特征，不能由市场而只能由政府来提供。全国性的公共产品由于受益范围遍及全国，当然只能由中央政府来提供，而地方公共产品由于受益范围的区域性，只能由地方政府来提供。

地方公共产品受益范围的局限性导致只能由地方政府来提供，这就形成地方政府的公共产品支出具有刚性的特征，同时有些公共产品具有受益的跨期性，即公共产品形成后不仅仅是一代人能够享受到它带来的好处，这就导致地方政府在制造这种公共产品的成本如果由建造的这一代人来承担，肯定对这一代人来说是不公平的。因此，按照公平的原则，这些公共产品的建造费用不应以税收作为唯一的资金来源渠道，可通过举债的方式来融资，使公共产品的成本在各代人之间公平、合理的负担。姜维壮（2009）认为，地方性公共产品存在地域差异，必须由地方自行提供，公共产品理论为地方政府举债提供了理论支持和导向；熊波（2009）认为，在市场失灵和缺乏效率的领域，政府应当以适当的方式对市场进行干预和调节，以矫正外部性和公共产品供给不足的问题，地方政府可以举债，聚集社会闲散资金为实现政府职能提供有效支撑。

（二）财政分权理论

实施财政分权制的国家，普遍存在债务的问题，有些借外债形成主权债务，有些借内债形成的地方政府债务。举债进行财政投资发展经济虽然带来了一些负面影响但也带来了 GDP 的高速增长。

第一代财政分权理论又称财政联邦理论，代表理论有 Tiebout "用脚投票"理论、Musgrave 财政分税制思想和 Oates 财政分权定理。Tiebout（1956）认为，人们要想自己效用最大化，必须在社区间进行充分流动，而社区只有在提供人们需要的公共产品的时候保证效率才能使人们定居下来，通过这种竞争可以优化资源配置，从而使社会资源的配置达到帕累托最优，最终增加社会福利。这种理论解释了居民通过充分流动使得具有相同偏好的最终会聚集到一个社区。Musgrave（1959）认为财政制度应该实行分税制，中央政府和地方政府的权力应该分开，通过这种分权把地方政府之间的分配关系固定下来，给予地方政府相对独立的权力，这样地方政府就能更好地把握住自己的社会民众的偏好，从而实现不同的资源配置战略达到帕累托最优。Oates（1972）认为，中央政府在分配公共产品的时候不清楚不同群体之间偏好的不同，从而使资源配置达不到最优状态，导致在分配公共产品的时候，地方政府和中央政府分配效率的差异，一般情况下中央政府的资源配置不如地方政府的资源配置效率，地方政府根据居民的偏好提供产品最终的效果大于中央提供一致的产品。第一代财政分权理论的主要贡献是指出了多层级的政府体系提供公共品比由单一的中央政府对所有公共支出做出的决策更为有效（Vo, 2010），使用地方政府借款为地方投资项目融资比使用当期的地方财政收入更为可取（龚强，2011）。

第二代财政分权理论不再局限于传统财政分权理论的公共产品层次性和市场供求关系这种分析模式，运用激励、委托—代理等研究框架来分析问题，认为政府本身有激励机制，从人性的角度出发，把政府看做是官员的集合体，政府官员本身的目的是追求物质利益的，所以官员会从政治中寻租。林国庆（2002）认为，在实行财政分权的多数西方国家，中央财政和地方财政相互独立，中央政府和地方政府各自独立编制预算，因此当地方政府预算支出大于预算收入时，经常利用规范的债券融资渠道筹集资金，地方政府发债成为一个极其普遍现象。贾康、白景明（2003）认为，从经济关系本身来说，地方政府作为一级政权，有一级财政，在接受中央政府协调制约的前提下，应该有一级举债权。魏加宁（2010）指出，财政分权理论认为为资本性支出而谨慎举债是合理的。

除了以上一些支持政府举债的理论外，还有信息不对称理论和制度变迁理论等。罗党论（2015）认为，地方政府官员的更替对地方政府债务的规模、风险等有显著的影响。马海涛（2011）认为财政体制方面的原因对地方债务的影响随时间发生着变化。禄晓龙（2013）认为，分税制改革没有解决财权与事权相匹配的问题，这种制度变迁使得中央政府的权力加大了，财政投资需要大量的资金来应对危机，而资金的获得在不影响经济发展速度的情况下，就只能靠举借债务。

综上所述，由地方政府来进行举债融资为本辖区内的居民提高公共服务是完全合理的，地方政府提供公共品相对于由中央政府提供更能体现本辖区内居民的意愿。按照财政分权的观点，地方政府举债是必然的，由于地方政府之间存在竞争关系，地方基础设施的建设会受到竞争关系的影响，使得基础设施的提供不完全由实际需求决定，地方竞争情况下收入的减少和基础设施建设支出规模的增加导致地方政府收入不平衡，必然要求地方政府依靠举借债务来融入资金。

四、关于地方政府性债务风险的成因、评估与预警

（一）地方政府性债务风险评估指标体系

准确、合理、系统的地方政府性债务风险评估指标是科学反映地方政府性债务风险的基础，在选取债务风险评估指标时，应把握好相关性、易得性和全面性这几个基本原则，使得风险评估指标与评估目标相关性强、指标数据易于获取且指标集合能够全面反映评估目标的各个方面。

许涤龙、何达之（2007）根据 Brixi 的财政风险矩阵，结合我国财政风险的特征和数据获得的可能性，把我国财政风险分为 4 个子系统，选取 20 个风

险评价指标，构造了预警指标体系。考燕鸣等（2009）从"借、用、还"三个环节设立一些典型指标，给予每个环节不同的权重，结合计算公式求出每个指标的风险系数，最后求出每个环节的风险系数和综合的风险系数。罗春婵（2012）从规模性、结构性和能动性指标三个方面构建地方政府债务危机的早期预警指标体系。许争等（2013）根据借债、用债、还债这几个环节，建立了债务风险评定指标。刘骅等（2014）以地方政府融资平台融资杠杆率为切入点，将现有融资平台按债务风险特征分为避险型、投资型和庞齐型三类，再结合融资平台财务指标数据，选出了12项指标，建立相应的债务风险预警指标体系。郭宇等（2014）从系统工程的角度出发，通过分解SNG债务风险系统，构建了更为完备的预警指标体系。孙玉栋（2014）从政府债务的静态风险、动态风险和结构风险三个方面，确定了10个风险评估指标。卿固（2011）综合专家学者采用的指标体系，结合理论和风险的表现形式，选取了五大指标作为评估债务风险的参考指标。冉光和等（2006）根据地方政府负债风险的生成机理，选取了12个较重要的指标构成地方政府负债风险指标体系。谢征等（2012）参照国际通行做法并结合我国实际，选取了14项地方政府风险预警指标，根据各项指标的风险程度，划分为三个级别。

综合以上研究成果，根据相关性、易得性和全面性的原则，本文认为，有12个地方政府性债务风险评估指标可供选取，分别是债务负担率（地方政府债务余额/地方GDP）、负债率（地方政府债务余额/地方财政收入）、偿债率（地方财政当年还本付息/地方财政收入总额）、债务依存度（当年地方政府债务收入/当年地方政府财政支出）、赤字率（当前财政赤字/财政收入）、债务财政负担率（年末地方政府性债务余额/地方一般预算收入）、债务土地负担率（年末地方政府性债务余额/地方政府土地出让收入）、债务居民负担率（年末地方政府性债务余额/地区居民总收入）、长期应债能力（债务余额增长率/地方GDP增长率）、地方政府债务平均偿还年限、逾期债务率（年末逾期债务余额/年末债务余额）、债务率弹性（地方政府性债务余额增长率/当前财政收入增长率）。在满足以上12个指标的数据要求条件下，通过主成分分析法、层次分析法等方法就可以客观的得出风险评估指标的权重。

（二）地方政府性债务的风险成因

地方政府债务的风险主要包括财政风险和金融风险，具体来说，主要是规模风险、债务资金使用风险、偿债资金来源风险、抵押担保风险、期限错配流动性风险等，政府财政预算软约束、规则不透明、央地政府间财权与事权划分不合理是造成这种状况的根本原因。对于各级政府之间"风险大锅饭"（刘尚希，2004），政府总是承担兜底责任，要合理判断地方政府债务财政风险状况，不能就债务论债务，必须将政府资产存量和收支流量两个方面结合起来（刘尚希，2002），从静态和动态两个方面对地方政府债务风险的生成机理进行研究（冉光和，2006）。尽管地方政府可以通过寅吃卯粮、预征税费、以新债偿还旧债、空转收入等弥补赤字手段维持当地财政收支的虚假平衡（沈沛龙，2012），但伴随各种逾期债务的逐年累积，潜在的偿债压力与日俱增，地方财政发生危机，上级财政将不得不承担救助责任，最终冲击中央政府的财政安全，给中央财政带来风险（郭玉清，2011）。

在地方政府性债务风险的成因中，地方政府融资平台和"土地财政"（何杨，2012；刘尚希，2011）、政治体制环境（罗党论、佘国满，2015）均对地方政府性债务的规模、风险有一定影响，地方政府负债大量来源于银行贷款（胡援成，2012）、影子银行（吕健，2014），地方债务的急剧扩张挤占了大量的银行贷款额度，对中小企业的融资形成一定的排挤（王燕武，2014）。地方政府举债是一把双刃剑（睢党臣，2013），根据当地政府的自身实力与未来发展预期而适度举债才是最佳选择，合理测算政府举债空间和偿债能力（刁伟涛，2017），做好地方政府性债务的限额管理（马恩涛，2017）以及债务风险的监测、评估、预警和处置工作，增强政府抗风险能力（刘尚希，2004）。

（三）地方政府性债务风险评估预警模型

地方政府性债务风险预警和防范机制不仅体现在事后监控，而且要注重把握事前监管（赵全厚，2014），由于地方政府性债务举借的合理性和信用天生携带着风险基因，因此，要构建地方政府性债务融资合理空间的评估体系，强化地方政府性债务的风险评估预警机制。

从国外的研究来看，对于地方政府债务风险的预警主要通过构建指标体系和风险模型，通过计算机仿真和预测技术来对本国地方政府债务做风险分析，并对未来的风险进行了预测（谢征，2012）。目前，国外一些国家已经通过构建不同的指标体系来建立地方财政风险预警体系（许争，2013），如美国的"地方财政监控计划及财政危机法"、巴西的"地方政府借款限制"以及哥伦比亚的"交通信号灯系统"等，这些成果对地方债务风险预警具有一定的示范作用。

我国对地方政府债务预警机制的研究起步较晚，研究主要通过借鉴宏观经济风险预警和金融危机预警中的数据处理和统计方法，构建相应的地方债务风险预警指标体系和模型对地方政府债务风险进行评估（许争，2013），从宏观层面的定性分析、微观层面的定量分析和测算、操作层面的预警机制做了大量研究。裴育等（2007）通过债务风险预警理论，对我国地方政府债务预警机制进行理论分析，通过对预警指标赋予不同的权重值，来进行风险的测度，综合评价地方政府债务的风险。

对于风险模型的构建和风险指标的测度,多结合数学方法和统计学理论来进行,如基于系统工程的视角,通过社会经济、举债程度和偿债能力三个子系统构建地方政府债务风险系统的多层次预警指标体系(郭宇、庄亚明,2012);通过 BP 神经网络建立我国融资平台"风险阈"预警模型(谢征等,2012);利用财政风险矩阵将我国财政风险进行分类,然后运用 AHP(层次分析法)构建财政风险预警模型(许涤龙、何达之,2007);针对地方政府债务本身的不确定和模糊性,采用模糊评价的方法进行债务预警(王晓光,2005;卿固,2011)。运用聚类算法(刘骅,2014)和粗糙集理论(冉光和等,2006)构建风险预警模型,利用 KMV 模型评估地方政府性债务风险状况(李腊生,2013;蒋忠元,2011;姚悦,2017),利用线性加权综合评价模型(贾晓俊,2017),给予系统动力学的风险评估模型(刘文琦等,2017)等。

也有学者通过对地方政府性债务举债空间、使用效率的测算,来评估地方政府性债务的风险。刁伟涛(2017)通过一般债务和专项债务的分类量化评估了我国 30 多个省份的偿债能力,吴粤等(2017)通过对政府投资与债务风险关系的实证研究,认为地方政府债务投资效率与其债务风险存在较为明显的负相关关系,仲凡(2017)通过对债务风险和效率相关性的研究认为要根据地方政府在债务风险与债务绩效方面的表现,对地方政府的债务规模与新增债务限额进行动态管理。刘尚希(2014)认为,债务使用的绩效体现未来的整体偿债能力,防控风险应从债务本身转移到债务使用的绩效评估上来。

综上所述,地方政府性债务的风险主要是由预算软约束、央地财权事权不对等导致地方政府大量借债等多种因素造成的,这其中既有政治体制的原因也有对债务风险的评判标准不够科学、评判方法落实等原因,要准确评估地方政府性债务的风险,首先必须要明确风险评估的指标体系,在指标的选取上,与指标相关的数据一定要易于获取、客观真实,层次分析法、熵值法、主成分分析法等都为指标体系的构建提供了基本的数学方法。在评估方法上,Brixi 的财政风险举债为我们提供了一个宏观的研究视角,在微观风险预警模型的构建上,借鉴数理方法根据现状运用数学模型来定量分析债务风险、测算举债空间和债务资金的使用效率,进而提出规范地方政府性债务管理的模式是较为成熟的研究路径。

五、总结性评述

本文通过对文献梳理研究,总的来说,目前地方政府性债务风险防范都是从债务的机构入手,通过分析风险的成因,选取合适的风险评估指标体系,通过定量分析方法，分析影响债务风险的变量，构建风险评估预警模型，在获得相关债务数据的基础上，进行实证分析，从而得出结论，然后根据结论来给出有针对性的政策建议，在研究路径的选择上，借鉴了目前主流的数理分析方法和国内外最新的研究成果。目前而言，研究的困难主要在于以下几个方面：一是地方政府性债务的数据获取较为困难，数据透明度低；二是在模型构建的方法选择上，还应该更进一步借鉴先进的数理分析方法；三是地方政府性债务风险的影响因素有待扩展，对债务风险的认识有待加强；四是研究内容缺乏系统性，不能仅仅局限于就风险而论风险，理论依据有待进一步扩展。在今后的研究中有以下几点值得加强：

一是在地方政府性债务的风险识别、控制、处置方面，可以更加深入地借鉴风险管理理论的相关知识，对风险的成因应进行更加深入的研究，特别是在当前条件下，地方政府举债已经逐步进入到法治化轨道，有管理的自主发行和自担风险逐渐明晰，债券的发行在特定的交易场所开展，与资本市场的关联度进一步加强，透明度进一步提升，发行方面对的是在资本市场身经百战的投资机构，如何更好地控制风险既关系到地方政府的发债成本，也关系到一个地区的财政金融稳定。

二是对已经存在存量债务如何加强管理，对新增债务如何根据地方经济社会的发展做好限额管理。对诸如地方政府融资平台等在特定历史条件下存在的产物如何处置。

三是地方政府的发债流程和风险控制机制如何优化，配套改革如何开展，法律制度如何完善。债务风险的防范要从更高层面、更大格局出发，系统性研究债务风险问题，要研究如何从顶层设计开始，构建适合我国国情的地方政府债务管理机制。

参考文献

[1] Hana Polackova Brixi. Contingent Government Liability: A Hidden Risk for Fiscal Stability. World Bank Working Paper [Z]. 1998: No. 9 – 19.

[2] Tiebout. 1956, A pure theory of local expenditures [J]. The journal of political economy.

[3] Musgrave, R. A., 1959, The Theory of Public Finance — A Study in Public Economy, McGraw-Hill Press.

[4] Oates, W. E., 1972, Fiscal Federalism, Harcourt Brace Jovanovich Press.

[5] Vo, D. H., 2010, "The Economics of Fiscal Decentralization", Journal of Economic Surveys, Vol. 24, pp. 657 – 679.

[6] 刘尚希. 十二五时期我国地方政府性债务压力测试研究 [J]. 经济研究参考, 2012 (8): 3 – 57.

[7] 刘尚希, 赵全厚. 政府债务：风险状况的初步分析 [J]. 管理世界, 2002 (5):

22 - 41.

[8] 王晓光. 地方政府债务的风险评价与控制 [J]. 统计与决策, 2005 (9): 35 - 38.

[9] 顾建光. 地方政府债务与风险防范对策研究 [J]. 经济体制改革, 2006 (1): 10 - 15.

[10] 姜维壮, 王倩. 地方债发行管理比较研究 [J]. 中央财经大学学报, 2009 (10): 60 - 65.

[11] 吴俊培, 李森焱. 中国地方债风险及防范研究——基于对中西部地方债务的调研 [J]. 财政研究, 2013 (6): 25 - 30.

[12] 赵全厚. 我国地方政府性债务问题研究 [J]. 经济研究参考, 2011 (57): 2 - 19.

[13] 赵全厚, 孙昊旸. 我国政府债务概念辨析 [J]. 经济研究参考, 2011 (10): 42 - 45.

[14] 罗党论, 佘国满. 地方官员变更与地方债发行 [J]. 经济研究, 2015 (6): 131 - 145.

[15] 何杨, 满燕云. 地方政府债务融资的风险控制——基于土地财政视角的分析 [J]. 财贸经济, 2012 (5): 45 - 50.

[16] 陈志勇, 毛晖, 张佳希. 地方政府性债务的期限错配: 风险特征与形成机理 [J]. 经济管理, 2015 (5): 12 - 21.

[17] 何杨, 王蔚. 土地财政, 官员特征与地方债务膨胀——来自中国省级市政投资的经验证据 [J]. 中央财经大学学报, 2015 (6): 10 - 19.

[18] 魏加宁, 唐滔. 国外地方政府债务融资制度综述 [J]. 国家行政学院学报, 2010 (6): 113 - 117.

[19] 杨灿明, 鲁元平. 我国地方债数据存在的问题、测算方法与政策建议 [J]. 财政研究, 2015 (3): 50 - 57.

[20] 财政部财政科学研究所课题组. 我国地方政府债务态势及其国际借鉴: 以财政风险为视角 [J]. 改革, 2009 (1): 5 - 24.

[21] 朱太辉, 魏加宁. 我国地方债发行的金融学理论基础 [J]. 财政研究, 2012 (5): 19 - 21.

[22] 沈明高, 彭程, 龚橙. 地方融资平台远虑与近忧 [J]. 中国改革, 2010 (5): 38 - 42.

[23] 赵全厚. 风险预警、地方政府性债务管理与财政风险监管体系催生 [J]. 改革, 2014 (4): 61 - 70.

[24] 宋立. 市政收益债券: 解决地方政府债务问题的重要途径 [J]. 管理世界, 2004 (2): 27 - 34.

[25] 刘尚希. 财政风险: 防范的路径与方法 [J]. 财贸经济, 2004 (12): 29 - 34.

[26] 刘尚希. 财政风险: 一个分析框架 [J]. 经济研究, 2003 (5): 23 - 31.

[27] 王遥, 杨辉. 中国地方债务的债券化与发行市政债券的挑战 [J]. 财贸经济, 2007 (12): 11 - 16.

[28] 马海涛, 马金华. 解决我国地方政府债务的思路 [J]. 当代财经, 2011 (7): 43 - 49.

[29] 王丽英,胡尹燕. 我国推进地方债自主发行问题研究 [J]. 金融研究,2012 (5):12-18.

[30] 刘尚希. 中国财政风险的制度特征:"风险大锅饭" [J]. 管理世界,2004 (5):39-49.

[31] 张海星. 地方债放行:制度配套与有效监管 [J]. 财贸经济,2009 (10):12-19.

[32] 崔军. 我国地方政府债务治理:近期目标与长效机制 [J]. 财经问题研究,2011 (7):14-18.

[33] 赵全厚,王珊珊. 做好应对地方政府债务危机的预案 [J]. 经济研究参考,2016 (9):73-80.

[34] 赵全厚,高娃,匡平. 地方政府债务应纳入资本预算——美国地方政府债务资本项目融资管理的启示 [J]. 地方财政研究,2016 (3):39-44.

[35] 王银梅,陈志勇. 地方政府性债务预算管理研究 [J]. 经济研究参考,2016 (32):29-39。

[36] 刘梅. 新《预算法》背景下地方政府债务治理思路和策略 [J]. 西南民族大学学报,2016 (10):107-110.

[37] 张勇. PPP 模式与地方政府债务治理 [J]. 价格理论与实践,2015 (12):136-138.

[38] 李虹含. 新《预算法》下中国地方政府债务的监管探讨 [J]. 财政监督,2016 (7):37-40.

[39] 辜胜阻,刘伟,庄芹芹. 新《预算法》与地方政府债务风险防控 [J]. 社会科学战线,2014 (10):35-40.

[40] 成涛林. 基于地方债管理新政视角的中外地方政府债务管理比较研究 [J]. 经济研究参考,2015 (39):54-60.

[41] 熊波. 我国发行地方债的理论基础与制度设计 [J]. 财政研究,2009 (6):42-43.

[42] 龚强,王俊,贾珅. 财政分权视角下的地方政府债务研究:一个综述 [J]. 经济研究,2011 (7):144-156.

[43] 林国庆. 我国地方政府举债行为的政治经济学分析 [J]. 财政研究,2003 (5):19-20.

[44] 贾康,白景明. 中国地方财政体制安排的基本思路 [J]. 财政研究,2003 (8):2-5.

[45] 禄晓龙,张荐华. 中国分税制改革成效研究:1994~2011 年 [J]. 商业研究,2013 (12):131-137.

[46] 许涤龙,何达之. 财政风险指数预警系统的构建与分析 [J]. 财政研究,2007 (11):9-12.

[47] 考燕鸣,王淑梅,马静婷. 地方政府债务绩效考核指标体系构建及评价模型研究 [J]. 当代财经,2009 (7):34-38.

[48] 罗春婵,陈慧. 我国地方政府债券风险的影响因素和防范措施 [J]. 现代经济信

息，2012（2）：250.

[49] 许争，戚新. 地方政府性债务风险预警研究——基于东北地区某市的经验数据 [J]. 科学决策，2013（8）：30-46.

[50] 刘骅，卢亚娟. 地方政府融资平台债务风险预警模型与实证研究 [J]. 经济学动态，2014（8）：63-69.

[51] 郭宇，庄亚明. 地方政府性债务风险预警系统的构建 [J]. 统计与决策，2014（4）：151-154.

[52] 孙玉栋，常春. 政府债务风险预警机制构建 [J]. 中国特色社会主义研究，2014（6）：57-62.

[53] 卿固，赵淑惠，曹枥元. 基于逐级多次模糊综合评价法构建地方政府债务预警模型 [J]. 农业技术经济，2011（2）：117-126.

[54] 冉光和，李敬，管洪. 地方政府负债风险的生成机理与预警研究 [J]. 中国软科学，2006（9）：29-37.

[55] 谢征，陈光焱. 我国地方债务风险指数预警模型之构建 [J]. 现代财经，2012（7）：96-103.

[56] 沈沛龙，樊欢. 基于可流动性资产负债表的我国政府债务风险研究 [J]. 经济研究，2012（2）：93-105.

[57] 郭玉清. 逾期债务、风险状况与中国财政安全——兼论中国财政风险预警与控制理论框架的构建 [J]. 经济研究，2011（8）：38-50.

[58] 刘尚希. 地方政府投融资平台风险控制机制研究 [J]. 经济研究参考，2011（10）：28-38.

[59] 胡援成. 地方政府债务扩张与银行信贷风险 [J]. 财经丛论，2012（3）：59-63.

[60] 吕健. 影子银行推动地方政府债务增长了吗？[J]. 财贸经济，2014（8）：38-48.

[61] 王燕武. 地方政府债务置换及规模控制的宏观经济效应——基于CQMM的模拟分析 [J]. 数量经济研究，2014（2）：1-11.

[62] 眭党臣，李盼. 我国地方政府债务问题研究——基于财政风险视角下的动态可持续性分析 [J]. 云南财经大学学报，2013（5）：17-25.

[63] 刁伟涛. 我国各省地方政府偿债能力的空间格局和动态演进——一般债务和专项债务的分类评估 [J]. 财经丛论，2017（4）：26-36.

[64] 马恩涛. 我国地方政府债务限额管理研究 [J]. 财政研究，2017（5）：54-63.

[65] 裴育，欧阳华生. 我国地方政府债务风险预警理论分析 [J]. 中国软科学，2007（3）：110-119.

[66] 李腊生，耿晓媛，郑杰. 我国地方政府债务风险评价 [J]. 统计研究，2013（10）：30-39.

[67] 蒋忠元. 地方政府债券发行过程中的信用风险度量和发债规模研究——基于KMV模型分析江苏省地方政府债券 [J]. 经济研究导刊，2011（19）：61-62.

[68] 姚悦. 基于KMV模型的我国地方政府性债务风险分析 [J]. 长沙理工大学学报，2017（2）：102-106.

[69] 贾晓俊，顾莹博. 我国各省份地方债风险及预警实证研究 [J]. 中央财经大学学

报，2017（3）：16 – 24.

[70] 刘文琦，何宜庆. 系统动力学视角下地方政府债务风险研究——基于我国地区面板数据的仿真 [J]. 2017（3）：3 – 12.

[71] 吴粤，王涛，竹志奇. 政府投资效率与债务风险关系探究 [J]. 财政研究，2017（8）：29 – 55.

[72] 仲凡. 基于风险与绩效相关性的地方政府性债务管理研究 [J]. 财政研究，2017（3）：20 – 32.

[73] 刘尚希. 地方政府性债务风险不是来自债务本身 [J]. 中国党政干部论坛，2014（2）：68.

A Review of the Research on the Risk Prevention of Local Government Debt

Liu Song　Han Guibo

Abstract：The problem of local government debt risk has existed for a long time. In recent years, the scale of China's local government debt has been expanding. Although the issuance of local government debt has entered the rule of law after the implementation of the new budget law, the debt risk problem is still outstanding, a consensus has been reached on strengthening the standardized management of local government debt and preventing debt risks. This paper combs the existing local government debt literature, especially domestic research literature, which the research results are summarized, the research methods are extracted and the direction of research is analyzed from four aspects of debt type and status, that is the theoretical foundation, risk cause, evaluation index and early warning model, and the future research directions and research contents are also prospected.

Keywords：Local Government Debt, Risk-prevention, Evaluating Indicator, Early Warning Model

绩效预算管理问题研究：一个文献综述

李祥云　徐　婷　白皓冉[*]

摘　要：本文对有关绩效预算管理问题相关的研究文献进行了总结和梳理。已有文献对绩效预算演变历程、概念、评价方法、实施效果进行了大量的研究，但仍存在诸多研究不足，今后还需在绩效预算的理论及实践层面的定义、绩效预算的评价结果运用和绩效评价指标的设置等方面进行更深入的研究。同时，绩效预算评价方法也有待改进。

关键词：绩效预算；效果；评估

引　言

绩效预算是公共管理领域的一个重要课题。自西方国家实施绩效预算以来，在提高资金使用效率和社会服务水平方面取得了显著的效果。在美国，政府预算形式发生过多次演变，先后经历了逐项预算、旧绩效预算、规划预算、零基预算等阶段，最终选择了从20世纪90年代沿用至今的"新绩效预算"模式。可以说，绩效预算作为一种预算管理模式，在提高政府工作效率、优化资源配置、提高资金效率、效益、有效性等方面起着积极的作用，成为各国克服传统预算模式缺陷，应对经济困难的一种自然选择。纵观西方国家经过了百余年改革与探索，绩效预算不仅在理论上得到了丰富，而且在实践中也形成了一套科学的体系。但是，绩效预算在每个阶段的实施都存在不同的困境和问题。绩效预算的实施需要理论指导，本文拟对国外有关绩效预算的文献进行了梳理和总结，并指出其研究不足和今后进一步的研究方向。

一、绩效预算的产生及背景

绩效预算改革的历程最早可以追溯至20世纪初期，要考察绩效预算对预

---

[*] 李祥云，中南财经政法大学财税学院教授、博士生导师；徐婷，中南财经政法大学财税学院博士生；白皓冉，中南财经政法大学硕士生。感谢审稿人的建议，文责自负。

算资金安排、公共服务决策的基本影响，则需追溯到 1949 年第一份胡佛报告所提出的"绩效预算"这一概念。我们习惯将 20 世纪 50 年代实施的"绩效预算"称为旧绩效预算。随着时间的推移，出于改进公共资源优先配置，提高公共部门绩效和资金使用效率的需要，预算模式随着时间的推移而演变。最早实行的预算模式是传统的逐项预算模式，即在第二次世界大战期间新政府所采取的逐项预算模式（Tayer & Willand, 1997；Jones & McCaffery, 2010），"逐项预算"主要适用于控制不同类别的投入，如人员、运营开支以及用于提供服务的固定设备的资金。其优势在于它允许立法者和其他预算制定者对公共资金实现有效的财务控制。立法者可以在特定的时期将指定的款项用于特定的投入，并核实这些钱是否按照指定的用途使用。但是，传统的预算方式主要关注对资金的合规性进行控制，缺乏灵活性，容易导致资源错配和无效率，由于其管理不够灵活导致无法应对环境资源的变化，此种预算模式已经陷入了"继续使用还是放弃"的僵局（Aristovnik & Sleljak, 2009）。

紧接着是肯尼迪时期推行的规划预算（PPBS），强调项目管理和预算的计划性（Tayer & Willand, 1997；Shick, 1971），结合美国国防部最初设计规划预算的目的，规划预算即"尝试从国家安全战略之中确立国防目标，根据所制定的目标完成替代方案，比较它们之间的成本效益，并提供相应的决策机制，以最少的资金提供最多的国防服务"。此后，理论界和实务界对规划预算的定义和描述并不统一。不过大多数学者认为规划预算的一个优点是在项目过程中考虑类似的替代方案，通过不同方案之间竞争以实现该项目目标（Diomond 2003, Van Helden, and Van der Kolk 2015；Yi Lu, Mohr, and Tat-Kei Ho 2015）。尽管规划预算在美国国防部取得了相当大的成功，但在向政府推广的过程中，Pilegge（1992）指出许多部门都本能地抗拒规划预算的实施，这主要是由于目标设计困难、产出无法量化、交易成本过高、缺乏强有力的领导者导致其失败。

20 世纪 60 年代后期，规划预算（PPBS）逐渐走向衰落。在美国，除了国防部外，联邦政府及其他部门纷纷摈弃了规划预算制度，转而将目光放在更简洁的预算编制方法上。在这种情况下，私人部门中使用的目标管理概念被引入到预算管理之中。1973 年，美国尼克松总统宣布在 21 个联邦政府机构推行绩效目标管理（MBO）。Tommas（2002）认为，与规划预算注重投入、产出、效果及替代方案相比而言，一种预算制度的目标管理应关注其项目的有效性。推行绩效目标管理（MBO）的主要目的在于："为政府部门设立特定的目标，并为实现这些特定的目标相应地做出高水平、规范化、阶段性"的报告。

零基预算（ZBB）是在 20 世纪 70 年代开始实施的，一些政府将其作为在不同的项目中优先排序的一种方法以及增加其责任性（Chan, 2002；Broadnax，1977）。零基预算——正如它名字所含之义——意味着在每个预算期内将每个预算单位都看作为新的预算单位。假设项目一直维持在其基期的预算水平不变，只关注其新的预算增长部分是不可能的；每个项目都需要证明其存在的必要性。然而，零基预算并没有被广泛采用，Behn（2003）等部分批评者主要认为一个部门制定多个预算决策包需要大量的时间，就和选择其中的一个决策包一样耗时。相对于那些无关痛痒的替代方案，行政部门当然会把价值更高的资金替代方案做得更有吸引力。零基预算方式有过重的信息负担，立法者在做出拨款决定时，经常使用基数加增长的传统预算方法决策方案，在方案内给出若干可实现的提案。

  进入20世纪90年代，在新公共管理运动的推动下，公众开始着重关注政府机构的施政绩效。考虑到以前的不同预算模式的确定及面临的经济压力，曾一度备受冷落的绩效预算重新获得了生机，为了和50年代的旧"绩效预算"区分，习惯上将20世纪80年代的绩效预算称为以结果为导向的新绩效预算（PBB）（Diamond，2003；OECD，2008；Robinson & Last，2009）。在新的时代，绩效预算的概念已重新焕发活力，其产生经历了几次蜕变（Schick，2013），它是在"零基预算"及相关预算模式的基础上进行了改进，它满足Wildavsky（1978）所提出的预算系统的功能具备的如下特点："预算应该具有连续性（规划），改变（政策评价）、灵活性（对支出）并提供刚性（限制消费）"，成为振兴各国政府的重要工具（Anessi-Pessina et al.，2016）。总体看来，美国政府所实施的新绩效预算主要强调三个动机：提高资金使用效率、目标管理、质量管理，主要关注的是资金使用的效率、效益和有效性。其产生主要是出于以下几个目的：一是将不同需求的项目按照优先次序进行排序以分配财政资源。对本财政年度的资源进行管理和分配，以及对项目实施效果进行绩效评价，并将所评估的结果用于下一财政年度的预算决策（Behn，2003）。二是绩效预算改革试图激励项目人员的积极性和关注项目实施的效果，重塑管理者和公共部门人员的激励和制裁体系（Navin，2003）。为了取得理想的项目成效，绩效体系中的管理者获得了更多的自主权和自由裁量权来安排预算资金，并决定使用何种最佳方案实现项目目标，且各承担相应的责任。因此，绩效管理可以看作是一种新的公共管理思想的延伸，它强调改善和创新公共管理机制（Julnes，2008；Moynihan，2008）。除了重组公共部门项目负责人面临的激励和制裁机制之外，绩效管理制度还力图帮助外部行为者履行其监督职责。通过为立法者、媒体和公民提供可操作的数据，绩效管理者寻求减少监督活动相关的信息成本，从而提高这些外部参与者参与绩效管理的能力（Thomas，2001）。

二、绩效预算的概念界定

理解绩效的内涵直接决定着如何编制绩效预算,如何完善当前绩效预算和行政管理体制。虽然国外实施绩效预算已有较长时间,由于各国的文化、经济、政治等情况的复杂性和多样性,不同国家的绩效预算管理实践呈现出不一致的特征和形态。不同学者从不同的角度出发,描述了绩效预算的概念,但没有形成一个普适性的定义。通过梳理文献,我们发现主要从理论层面和实践层面两个维度对绩效预算进行了界定。

(一)理论层面

虽然绩效预算没有普遍意义上的定义,就理论层面而言,Navin(2003)、Chowdhary(2006)、Willoughby(2011)及李燕(2011)认为,绩效预算是指开发和制定一系列评估政府经营、服务和项目的绩效指标,将其用于预算的过程。旨在将理性思维引入传统的主观的政治决策过程中,从而使传统预算逐渐由"投入和产出向结果"转变的方式,以便管理者能够更有效地管理公共资源,决策者能够利用这些绩效信息使部门管理者对结果负责。简单地说,绩效预算主要是"通过在资源分配决策中使用正式的绩效信息,意在加强公共部门实体资金和其产出/结果之间的联系的一种机制,这种类型的预算需要明确项目的使命和制定战略规划,并要求提供可量化的数据以分配资源"(Robinson & Brumby,2005;Jordan & Hackbart,1999)。Schick(1966)将绩效预算定义为"绩效预算是对预算资金的产出和结果进行绩效评价的一种预算模式"。Ho 和 Ni(2005)、高志力(2012)强调,这里的产出指标主要评估的是完成或交付的产品和服务的数量。这些指标的例子包括道路安全服务、预防犯罪和道路养护、医院紧急治疗数量以及提供教育方案或设施。结果指标主要是衡量是公众或顾客对重要的服务和项目效果实施的满意程度(Ho & Ni,2005)。结果指标的实例主要包括提供最大化就业和培训的机会;提高所有学生的就业率;确保安全的学习和公共环境;提高社区安全和保护率。

基于发达国家绩效预算实践,经济合作与发展组织(OECD)使用了一个广义的绩效预算定义:"利用绩效信息(我)制定预算决策,以及增加预算透明度和建立问责机制,在整个预算过程通过向公众提供绩效目标和结果资讯"(OECD,2011,P.13)。关于绩效预算的类型,主要将其分为三类:报告式绩效预算、知晓型式绩效预算、直接式绩效预算(OECD,2008,P.2)。报告式绩效预算仅仅将绩效信息纳入预算报告和预算文件,这里的绩效信息可以采取多种形式,包括财务和评价数据,甚至来自外部政府的独立统计和报告。然而,预算谈判中最常用的信息包括投入指标,例如财务和业务数据。部门在使用预算报告及文件中,主要用于制定公共政策或对部门问责,并未将绩效信息和预算资金安排相挂钩。然而知晓型绩效预算只是增加了一些绩效信息通常的财务数据,为了解绩效预算的金融资源配置和预期的产出和结果之间提供了间接的联系,其绩效信息只能影响部门预算资金安排,但不能直接决定预算拨款的具体数额。这种绩效预算方式信息起到了一定参考作用,但在提供决策的过程中并未占一定的权重。最后,最高层次的直接式绩效预算是根据绩效信息安排预算资金,将预算拨款资金投入与产出和结果紧密地联系起来(Curristine,2005;OECD,2007)。

通过以上讨论,Finkler(2012)指出,与传统预算制度、规划预算、零基预算等其他预算制度相比。绩效预算与其他预算模式相比主要有三个方面不同:重点、目标和目标受众。在重点方面,绩效预算是按计划确定预算,然后按照预算计算成本,通过成本效益分析来衡量项目或组织活动的绩效。绩效预算所关注的不是支出的对象,如薪金、用品或设备的费用,而是主要关注部门或单位的活动,对活动进行量化,确定活动所需的成本和支出,它关注的是结果和效果,而不是投入或产出(Martin,2002)。至于目的,除了控制、管理和规划预算目标外,绩效预算作为绩效问责制的一种表现,还有两个目的:增加透明度和加强沟通。绩效预算旨在使政府项目更加透明,并将项目效果和结果传达给利益相关者(Hutchinson & Osborne,2004;Joyce,2011;Martin,2002;Mihm,2011)。在目标受众方面,其他预算模式主要针对内部利益相关者(政府管理者和行政人员),绩效预算的受众也大多是外部的民选官员和公民(Chowdhary,2006;Khan & Hildreth,2002;Martin,2002)。

(二)实践层面

就绩效预算实践运用层面而言。Smith(1999)、Joyce(2003)、Rivenbark和Kelly(2006)认为,绩效预算"理性成分"居多,建议"资源应以其最有效的使用为分配基础"。通过引入绩效指标与资源分配加强资金和预算之间的联系机制(Smith,1999),绩效预算可以更好地看作是预算决策理性方法的演进。其实质是绩效预算将每个管辖区的战略规划目标和所提供服务的活动成本相联系,强调使用绩效指标作为管理和问责制的工具,而不仅仅是资源分配的手段。

关于绩效预算的实践运用方式,Mercer(2003)开发了梯级绩效预算模型。在这一模型中,绩效预算的实施必须包含八个基本要素:部门使命、长期战略规划、年度战略计划、部门战略绩效目标、绩效评估、绩效指标/结果、日常活动/子活动及单位成本。该模型是基于森尼维耳市和加利福尼亚的经验，克林顿政府宣称这种绩效预算是成功的，甚至是联邦政府效仿的典范（Kong, 2005, p. 93）。根据 Mercer（2003）所提出的绩效预算模式，梯级绩效预算是一种"系统化的方法，将预算和绩效信息通过部门或机构的所有级别向下整合，其实质是使其与每个管辖区的战略规划目标和所提供服务的活动成本相联系"，这一过程是可以实现的。第一，"将日常的项目活动与部门的长期目标联系起来。"第二，"通过确定活动的全部成本和单位成本，以及控制这些活动所需实现的各项目标和其他绩效指标相关的成本"。这种绩效预算方式能够"确保每一美元的花费和每一小时的工作时间都明确地达到部门所期望的结果"。

绩效预算的实践层面所关注的是绩效数据和信息的使用，这些数据和信息能够反映预算项目、机构和其他提供公共服务的机构是否有效地履行其义务。绩效预算的目标是将公共部门中的组织和机构的资金分配与项目的结果联系起来，以提高公共支出的效率和效益。绩效预算使我们能够具体解释公共资金的使用节点，并评估实现预期成果的程度（Lorenz, 2012; Bouckaert & Peters, 2002）。通常情况下，绩效预算的概念与预算单位的生产率和效率、总体财政纪律和控制、分配效率和战略目标的优先次序以及透明度和问责制有关（Shick, 2007; Robinson & Brumby, 2010; 牛美丽，2012; 程瑜，2014; 王宏武，2015）。

三、绩效预算的评价方法

总体上，国外绩效预算评估方法包括定性和定量两种方式，其中又包含了诸多不同具体的方法。国外学者根据自己研究设计会选择不同的评估方法，本文归纳总结了以下几种方法：

（一）项目评价评级工具（Part）在绩效预算预算中的应用

为了推动各部门绩效评估的工作，美国总统预算管理办公室开发了项目评价评级工具（Program Assessment Rating Tool, PART），该工具主要用来测量绩效预算对预算拨款的影响。Dong-Young Rhee（2014）在其研究中，利用 PART 工具考察了小布什政府的政府绩效预算实施过程中绩效信息与资源分配之间的关系，并对其项目设计、战略规划、项目管理、绩效报告分数进行了打分。其项目评价分析结果表明，通过项目评估报告的绩效信息对国会拨款产生碎片化或不完全的影响。这主要是由于预算决策过程本来就是政治过程，而PART是一种被政治化的工具，严格意义上讲PART工具适用于民主党支持项目资金的削减；而part分数对已经制定的项目评估几乎没有影响。在具体考察Part工具对资金的影响作用方面，John B. Gilmour、David E. Lewis（2016）收集了美国2004~2005年的预算项目数据，利用项目评级工具（PART）检测了项目绩效对议会最终决定预算拨款的影响，探讨了项目绩效和项目的大小、绩效信息、绩效指标之间的关系。通过实证检验，作者发现：第一，绩效信息能够影响行政建议，通过行政建议进而影响拨款。第二，PART项目分数的高低的确能影响预算拨款，但并非是议会做出预算决策时的唯一考虑因素。第三，实施绩效预算的最大的障碍是缺乏良好的绩效指标。曹慧娟（2014）结合我国实际，指出当前我国在绩效评价过程中使用的指标大多为定性指标，定性指标大多无法通过数字计算分析评价内容，而对评估对象进行描述来确定结果指标。而PART工具所采用的是问卷调查方法，这种方式所得出的结果通俗易懂，在我国的绩效预算实践过程中建议适当地采取该种方式。

（二）包络分析法在绩效预算中的应用

自著名运筹学家Charnes、Cooper和Rhodes（1978）在"相对效率评价"的概念基础上发展包络分析（DEA）模型以来，到目前为止，有2800多篇文章采用DEA方法进行绩效评估。管理决策派Simon（1977）认为，在评估绩效产出的过程中，我们可以将每一政府或组织单位称为决策单元，再引入经济学中"投入—产出"的观点，将决策单元的"消耗"定义为投入项，将"消耗"过后产生的"绩效"定义为产出项，以此来判断：在相同绩效水平下，人力、物力资源的投入越小，决策单元的有效性越高，相反，在相同的投入水平下，绩效的产出越高越好。Borce Trenovski和Marjan Nikolov（2015）在其研究中构建了生产函数，按照Simon的观点运用DEA模型测算了绩效预算的实施对产出（增加值）GDP以及对员工工作效率的影响。研究结果发现：州政府在预算拨款的过程中使用成本效益分析法，为社会经济和社会创造了适当的附加值即为GDP提供了充分的环境。绩效预算的实施使部门预算使用者在工作中效率更高，因而产生的相对价值也越高。牛娇（2016）将绩效预算管理的实施作为虚拟变量，控制其他可能对财政支出产生影响的因素，即控制分析得出的需求与供给两大因素，运用DEA模型研究绩效预算管理的实施与财政支出的关系。此外，Van den Broeck（2017）运用DEA模型分析了高等教育绩效拨款资金使用效率进行了评估，他发现绩效评估对高校科研经费的开支起着控制作用，绩效评估有利于提升资金的使用效率。

（三）Logit 模型在绩效预算中的应用

Logit 模型（Logit model 是最早的离散选择模型，也译作"评定模型"，"分类评定模型"，又作 Logistic regression，"逻辑回归"），也是目前应用最广的模型。Luce（1959）根据 IIA 特性首次推导出 Logit 模型。Marley（1965）在此基础上，研究了模型的形式和效用非确定项的分布之间的关系，证明了极值分布可以推导出 Logit 形式的模型。Elaine Yi Lu、Katherine Willoughby（2015）在其研究中运用 Logit 模型以研究政治、经济、组织/管理变量以及法律等因素对绩效预算编制的影响。通过 Logit 回归方法得出的研究结论和 Chi（2008）及 Lu 等（2009）所发表的文章结果相似，法律、绩效管理与立法机构能力建设是影响绩效预算最重要的因素，大多数环境因素（政治和经济）对绩效预算的实施效果并没有影响。这说明实施绩效预算法的国家，使用绩效预算数据将更有利于预算决策。也就是说，州立法机关可以通过指导利益相关者和决策者参与绩效预算法律的制定过程中，鼓励和加强以结果为导向的预算编制方法。同样，作者发现，如果一个国家绩效管理水平较高，则绩效预算实施的效果越好。这一发现证实了绩效管理对以结果为导向的绩效预算实施有着重要的作用，也就是说，管理和预算之间的共生关系，相互作用。

（四）定性分析方法在绩效预算中的应用

Julia Melkers、Katherine Willoughby（2005）通过问卷调查法收集的数据、考察了地方政府行政官员和预算管理者对绩效评估的有效性及其在当地管理活动和预算活动中实施情况的看法。调查结果显示，地方行政官员和预算管理者对实施绩效评估体系的经验和绩效评估在大量活动和决策中的使用抱有积极的态度。绩效评估的应用有利于提高政府机构之间的交流，加强对政府活动和服务结果的讨论。Imane Hijal-Moghrabi（2017）考察了在州政府实施绩效预算法的前提条件下，利用网络调查收集的得克萨斯州和 100 个实施绩效预算的城市的问卷数据，检验了绩效预算的实施效果。研究结果显示大多数城市都严格地执行了绩效预算，但没有证据显示这些城市所使用的是基于绩效信息预算拨款的分配方式。尽管法律的要求可能使其在预算过程中更多地使用绩效指标，但其最终并不一定将绩效评价结果的运用和预算拨款挂钩使用。钟玮（2016）采用了李克特量表（Likert-Type Scale）填答方式，通过问卷调查收集的结果发现，当前的绩效评价方法对预算资金绩效的提升具有重要作用，但是现阶段的中期规划预算的融合仍需进一步优化，另外，还需进一步优化考核，运用合理的预算分析体系明确可控因素、重点控制环节、指标及责任人等。

四、绩效预算实施效果

新绩效预算在国家、州、地方政府的使用效果是许多调查和案例研究文献关注的焦点。Willoughby 和 Melkers（2000）在 1997 年实施的一项针对美国州预算官员的调查中，让受访者评估了《政府绩效与结果法案》的颁布对资金使用效率和服务质量的影响效果，其结果显示绩效预算主要通过四种方式来改善州政府的资金使用效率和计划的有效性。这四种绩效预算的使用效果在不同的文献中都有体现。一是部分学者认为绩效结果是预算分配决策的重要工具，绩效预算的实施有利于改变拨款水平（Broom, 1995; Jordan & Hackbart, 1999; Joyce & Sieg, 2000; Melkers & Willoughby, 2001, 2005; Moynihan（2005）, Pattison, 2011; Hou, at al., 2011）。Jack Yun-jie Lee 和 Xiao Hu Wang（2009）收集了来自美国、中国广东和中国台湾的数据，通过实证分析探讨绩效预算对政府支出有什么影响。研究结果显示：一方面，绩效预算的实施对美国、中国台湾的经济增长有着重要影响，当 $\alpha = 0.05$ 时（显著性水平 0.05），绩效预算和支出增长之间有着重要的关系，绩效预算可以抑制支出增长。另一方面，在政府赤字和盈余方面，美国绩效预算可以降低赤字或盈余水平（其结果显示 $P < 0.01$）。Crain 和 O'roark（2004）利用 1986~2001 年的面板数据，通过 DEA 方法分析了美国实施绩效预算后，对支出水平和资金使用效率的影响。研究结果发现：绩效预算的实施能够使管理者获得更多的自主权和自由裁量权来安排预算资金，并选取最佳实施方案实现项目目标。二是通过节约成本，以提高资金使用效率。Brumby、Edmonds 和 Honeyfield（1996）关注了来自三个部门的四个重要工序类型的产出样本的单位成本数据。这四种产出中三种单位成本数据资料表明绩效预算大幅度提高资金使用效率。这主要是由于绩效预算从强调公共核算的角度，将企业经营的成本效益理念引入预算过程，促使预算资金使用者精打细算，科学规范地使用资金。三是通过减少重复服务水平，来提高州政府服务效果。Poster 和 Streiber（1999, p.333）在 1997 年针对已经实施绩效预算城市中的管理者进行调查，其调查结果发现占 46.4% 比重的管理者相信绩效评估在减少重复服务成本方面有一定或者相当大的影响。四是通过绩效预算评估指标，提升州政府服务效果。Matthew Andrews（2006）选取了佛罗里达、弗吉尼亚、南非、坦桑尼亚、泰国、玻利维亚、加纳七个国家和地区，并且对 2002 年这些国家和地区实施的绩效预算情况进行了评估。案例分析结果显示：绩效评估能为州政府获得合理的绩效指标，提供有效测量项目结果的方法，从而帮助它们提高服务质量水平。五是有利于增加各部门机构之间的沟通交流。Julia Melkers、Katherine Willoughby（2005）通过

问卷调查法收集的数据、考察了地方政府行政官员和预算管理者对绩效评估的有效性及其在当地管理活动和预算活动中实施情况。调查结果显示,绩效评估的应用确实有利于提高政府机构之间的交流,加强对政府活动和服务结果的对话讨论。地方行政官员和预算管理者对实施绩效评估体系的效果、绩效评估在大量活动决策中的使用抱有积极的态度。在预算不同阶段使用绩效评估对预算效果和沟通效果产生了强烈、积极和重要的影响。绩效评估在地方政府部门中的使用是非常普遍的,通过绩效预算提供与结果、成本、活动相关的绩效信息有利于增加预算决策的价值。

然而,部分改革者对绩效预算的"绩效"持质疑态度,认为绩效预算的实施并不一定与预算资金的使用有着直接的联系,绩效预算这一改革对预算的编制和资金的实际分配影响较小。在对绩效预算的支出效果实证分析文献过程中,Robinson 和 Brumby(2005)、Ames(2015)、Joyce(2011)、Moynihan 和 Lavertu(2012)认为美国的绩效预算不能将绩效信息和资金水平与服务结果相关联。这种脱节是令人惊讶的,因为绩效预算是 20 世纪 50 年代由美国预算局引进的,之后的总统办公室管理和预算办公室为了提高在联邦级别的资金使用效率和有效性而提出的。在考察国家层面绩效预算的实施效果文献中,Ar-wiphawee Srithongrung(2017)利用亚洲开发银行(ADB)的数据考察了绩效预算在过去 18 年里对 11 个亚洲国家政府收支水平的影响。通过实证研究,其结果与以上研究结果截然相反,绩效预算并未改变预算优先事项或政府支出份额水平,虽然部分项目在实施绩效预算时能够暂时改变支出规模,然而,这种变化并非永久性的。绩效预算与其他改革没有明显区别,至少在某种程度上,它不会导致国家在宏观层面上的资金分配模式发生永久性的变化。这主要是因为绩效预算技术上存在一定问题,主要包括目标多元化、成本分配的技术问题、以及资源分配的决策与绩效结果之间脱节,缺乏评估项目的有效性和可靠性强的技术方法。如果这些问题没有得到明确解决,绩效预算无法发挥减少预算赤字、提高资金使用效率、提高服务水平的最大成效。在考察地方政府绩效预算实施的效果的文献中,Imane Hijal-Moghrabi(2017)利用了网络调查收集的得克萨斯州和 100 个实施绩效预算的城市的问卷数据。考察了美国各州实施绩效预算的效果,它假设美国最大的州:得克萨斯州比其他州、县更能充分、完全地利用绩效信息分配预算资金,并利用收集的数据检验了绩效预算的实施效果。结果显示:实证结果与假设预测结果并不一致。虽然研究结果表明大多数州都严格地执行了绩效预算,但没有证据表明这些州在安排预算资金上是基于绩效信息进行分配。尽管法律的要求可能使其在预算过程中更多地使用绩效指标,但其最终并不一定将绩效评价结果的运用和预算资金安排相挂钩。此外,在考察地方政府层面绩效预算运用的文献中,Alfred Tat-Kei Ho(2011)利用 2008~2010 财年印第安纳波利斯市主要职能和业务部门之间的预算分配数据，通过对印第安纳波利斯市的个案研究，探讨了绩效预算的实施对地方部门层面的影响，检验了在部门项目层面使用绩效信息的效果。其研究结果也表明，绩效评价确实可以影响预算决定，但是这种影响仅发生在项目本级，而不是在部门一级或预算拨款过程中。尽管部门间预算拨款数额与绩效指标似乎没有什么联系，但是项目经理可以利用绩效指标（操作）调整项目活动和分配资源。与此同时，样本估计结果显示县级城市或地区在实施绩效预算的过程中，在所管辖区内将绩效信息纳入预算和项目决策仍然不普遍。这些较小县市，大多数区域没有行政基础设施，如战略规划、项目预算编制、项目评价和信息技术支持以支持绩效管理。此外，公民参与绩效预算利益与政府权力的常态化对话几乎不存在，不足以影响辖区政府实施绩效预算改革。

五、总结与评述

上文主要围绕绩效预算的核心内容，即绩效预算的演变历程、概念、评价方法、实施条件及评价效果五个方面对现有的文献进行了系统的梳理，已有研究大致可以总结如下：

一是国外对绩效预算含义的表述很多，但基本上主要有三种观点。一种观点是认为绩效预算是对预算资金的产出和结果进行绩效评价的一种预算模式，另一种观点认为绩效预算是通过在资源分配决策中使用正式的绩效信息，意在加强公共部门实体资金和其产出/结果之间的联系的一种机制。还有部分学者从实践层面出发，认为绩效预算主要是运用绩效指标作为管理和问责制的工具，而不仅仅是资源分配的手段。

二是已有文献根据不同的内容选择了不同的研究方法，有的是定量分析为主，但大多是定性分析方法为主，也有的是多种评价方法的组合。

三是大多数学者对绩效预算的实施条件和影响因素进行了总结，大多数学者都认为法律、绩效文化、部门能力建设和相关配套制度的建设是实施绩效预算的重要前提。

四是从绩效预算的实施效果研究结果来看，部分学者通过实证分析发现绩效预算在改变政府开支，提高资金使用效率，减少重复服务和加强各部门之间的交流有着积极的影响。但是，也有学者所得出的结论与之刚好相反，他们认为绩效预算的实施并不一定与预算资金的使用有着直接的联系，绩效预算这一改革对预算的编制和资金的实际分配影响较小。

尽管国内外的学者在绩效预算这一领域进行了大量卓有成效的研究工作，但是理论的探索永无止境，从目前的研究现状来看，我们发现国内外研究的不足仍然存在。上述研究存在的不足主要体现在以下五个方面：

一是就绩效预算理论而言。目前大多数绩效预算相关的理论都是描述性的，仅有少数文献尝试运用委托代理理论、新公共管理理论解释绩效预算实施的必要性。虽然西方国家实施绩效预算已有100多年历史，但是仍不成熟，仅用委托代理理论和新公共管理理论很难解释绩效预算改革的全部历史。因此，急需我们深入了解绩效预算的产生背景和演变历程，以及逐项预算、旧绩效预算、规划预算、零基预算、新绩效预算的演变历程，在厘清西方国家绩效预算理论及其实施条件的基础上，对其进行拓展，以期形成中国国情的绩效预算理论体系。

二是就绩效预算的内涵而言。清晰地界定绩效预算的内涵是构建绩效评价指标体系的关键和基础。已有的文献中不同学者对绩效预算涵义的理解角度各不相同，至今仍未形成统一的意见，这是绩效评价实施质量不高和评价结果难以运用的关键所在。要把握其内涵要义的关键，第一，要区分以结果为导向的新绩效预算与传统投入导向预算及旧绩效预算的区别，新绩效预算既不同于投入预算，也不同于产出预算。新、旧绩效预算和投入预算的最大差别在于预算管理的关注点不同，投入预算关注重点是预算支出（投入），产出和结果为导向的预算不再继续管理、控制预算投入，但结果预算关注重点是支出的结果，不仅包括效率，还包括财政资金的效益和有效性，要求预算单位管理者按照绩效合同支出对结果负责；产出预算关注重点是支出产生的产出，即财政资金的使用效率，要求部门单位按照预算要求对产出负责。第二，要理解预算绩效管理、绩效评价和绩效预算的概念，不能将其混为一谈。预算绩效管理是过渡到绩效预算的必由之路，它是在预算管理尚未完全法制化的条件下，引入绩效管理的方法和理念，逐步建立全过程的预算编制、审批、执行、监督的预算绩效管理机制，其目的是提高资金使用效率、规范预算管理。而绩效预算是一种预算模式，它包含财政支出评价和预算绩效子系统。第三，绩效的量化究竟应该侧重产出和结果，这取决于部门或机构资金支出结果量化的难易程度，一般而言，若结果指标能够量化，绩效评估就应该以结果为主。

三是就绩效预算环节中绩效评价指标而言。未能形成科学合理的、统一的绩效评价指标体系。这是由于对绩效的含义理解不透彻，因此无法形成科学合理、统一的绩效评价指标体系。已有的绩效指标体系主要存在以下几个问题，第一，绩效指标体系在其设计上主要偏重于投入和产出指标，这些指标值虽然易于测量，可操作性强，但是并不是绩效预算所关注的结果，真正的绩效预算是理性预算，理性主义预算的特点是植根于效率，特别是微观经济学中效用最大化概念，绩效预算将评价的重点由投入控制转向结果评定。第二，对当前投入、产出和结果指标易于混淆。在2010年修正的绩效与结果法案中对投入、产出、结果指标有明确的界定，"产出指标"是指活动或任务，衡量的是工作量，主要以定量标准、价值或比率表示。"结果指标"是指对项目活动的结果与其预期目标的评估。如在培训过程中,培训学生的数量称为产出;而培训最终的目的是使学生就业,其结果指标是解决了多少学生的就业问题。第三,在指标设置过程中,当前绩效预算评价体系将其分为投入、产出、过程、结果指标,但是在指标的设置比例上存在一定的偏差,目前的绩效评价指标值主要偏重于投入及产出指标值,结果指标所占的比例值较低,这主要是由于评估结果以及确定谁对项目结果负责是很复杂的,此外,评估或设置结果指标往往是所花费的时间和金钱。因此,地方政府可能倾向于避免收集和评价这些数据。

四是就绩效评价结果运用而言。目前,受当前评价体系、评价机制的限制,各地形成的评价报告质量参差不齐,评价结果的科学性和公正性有待提高。取得的进展也主要集中在绩效评价本身的探索上,对考评结果的运用还缺乏明确的思路和做法。绩效信息不仅难以影响预算决策,也难以在预算控制和报告中得到运用。完整意义上的绩效预算应该将绩效信息与项目资金分配管理挂钩,既强调绩效评价,也强调绩效信息在编制、控制和报告阶段的应用。从这个意义上讲,受传统预算管理框架的制约,绩效和部门预算"两张皮"问题难以根本解决。当前的财政资金绩效评价没有以"绩效"为主线设计流程,只涉及绩效预算的一个方面,而并非绩效预算的全部内容。正因为如此,有些部门甚至将绩效当作预算管理之外的额外工作,绩效评价结果形成以后,大部分停留在反映情况和问题的层面,评价结果应用流于形式,没真正与规范预算管理、完善预算编制、加强部门管理以及提高财政资金使用效益有效衔接起来。

五是绩效预算评价方法有待改进。研究方法多用受访者观点调查法,评估绩效预算的分配作用时缺乏真实数据,关于政府层面绩效预算制度实证文献很少使用真实的支出数据去评估绩效预算的分配影响,也很少使用产出或结果衡量去评估绩效预算对生产效率和项目(计划安排)有效性的影响,受访者的观点调查反而成了主要研究工具。方法和数据可获得性的问题部分解释了很少使用支出和绩效数据资料的原因。然而,尽管存在这些困难,希望未来出现更多基于数据资料的经验研究。

参考文献

[1] Leyden, D. P., (2005). The Future of Public Education Funding. In D. P. Leyden (Eds.), Adequacy, Accountability, and the Future of Public Education Funding (pp. 153 – 195). New York, NY: SpringerScience + Business Media.

[2] Poister, T. H., and Streib, G., (1999). Performance measurement in municipal government: Assessing the state of the practice. Public Administration Review, 59 (4), 325 – 335.

[3] Rivenbark, W. C., and Kelly, J. M., (2006). Performance budgeting in municipal government. Public Performance and Management Review, 30 (1), 35 – 46.

[4] Rivlin, A. M., (1995). Linking resources to results: Management and budgeting in a

time of resource constraints. The Public Manager: The New Bureaucrat, 24 (2), 3 - 6.

[5] Rodriguez, A., and Bijotat, F., (2003). Performance measurement, strategic planning, and performance-based budgeting in Illinois local and regional public airports. Public Works Management & Policy, 8 (2), 132 - 145.

[6] Schaeffer, B., (2012). Resistance to high-stakes testing spreads. District Administration, 48 (8), 34 - 36.

[7] Siegel, D., Naphtali, Z. S., Fruchter, N., and Berne, R., (1998). Evaluation of the performance driven budget initiative of the New York City Board of Education. New York: New York University Institute for Education and Social Policy.

[8] Smith, K. B., and Larimer, C. W., (2004). A mixed relationship: Bureaucracy and school performance. Public Administration Review, 64 (6), 728 - 736.

[9] Steifel, L., Schwartz, A. E., Portas, C., and Kim, D. Y., (2003). School budgeting and school performance: The impact of New York City's performance driven budgeting initiative. Journal of Education Finance, 28 (3), 403 - 424.

[10] Torres, L., Pina, V., and Yetano, A., (2011). Performance measurement in Spanish local governments. A cross-case comparison study. Public Administration, 89 (3), 1081 - 1109.

[11] Wang, X., (2000). Performance measurement in budgeting: A study of county governments. Public Budgeting and Finance, 20 (3), 102 - 118.

[12] Wang, X., (2008). Convincing legislators with performance measures. International Journal of Public Administration, 31 (6), 654 - 667. Williamson, A. L., and Snow, D. (2013). Bridging theory and practice.

[13] The landscape of public management reforms in local school district budgeting. Public Performance and Management Review, 37 (1), 154 - 187.

[14] Wong, K. K., (2008). Federalism revisited: The promise and challenge of the No Child Left Behind Act. Public Administration Review, 68 (S1), S175 - S185.

[15] Yeh, S. S., (2010). The cost-effectiveness of 22 approaches for raising student achievement. Journal of Education Finance, 36 (1), 38 - 75.

[16] Bourne, M., (2005). Researching performance measurement system implementation: The dynamics of success and failure. Production Planning and Control, 16 (2), 101 - 113.

[17] Buntz, C. G., (1981). Problems and issues in human service productivity improvement, Public Productivity and Management Review, 5, 299 - 320.

[18] Burkhead, J., (1956). Government budgeting. New York, NY: John Wiley and Sons. Cavalluzzo, K. S., and Inner, C. D., (2004). Implementing performance measurement innovations: Evidence from government. Accounting, Organizations, and Society, 29 (3/4), 243 - 268.

[19] Fernandez, S., and Moldogaziev, T., (2011). Empowering public sector employees to improve performance: Does it work? The American Review of Public Administration, 41 (1), 23 - 47.

[20] Finkler, S. A., (1991). Performance budgeting. Nursing Economics, 9 (6), 401 – 408. Gilmour, J. B., and Lewis, D. E., (2006). Does performance budgeting work? An examination of the office of management and budget's PART scores. Public Administration Review, 66, 742 –752.

[21] Goehrig, R., (2008). The role of leadership in building high performing, sustainable, organizations. Government Finance Review, 24 (6), 6 –14.

[22] Graham, J., (2004). Developing a performance-based culture. Journal for Quality and Participation, 27 (1), 4 –8.

A Survey of Researchon Performance Budget Management

Li Xiangyun　Xu Ting　Bai Haoran

Abstract: This paper summarizes and combs the research literature about performance budget management. There has been a lot of research on the evolution course, concept, evaluation method and implementation effect of performance budget, but there are still many deficiencies in the research. In the future, we still need to define the theory and practice of performance budget. The application of performance budget evaluation results and the setting of performance evaluation indicators are further studied. At the same time, the performance budget evaluation method also needs to be improved.

Keywords: Performance Budget, Implementation Effect, Evaluation

《广西城镇居民收入倍增预测与实现路径设计》一文作者单位署名的情况说明

《广西城镇居民收入倍增预测与实现路径设计》（作者：朱良华）一文刊发在《财政经济评论》2017年下卷，并已由经济科学出版社出版。由于编审过程中出现了不一致地方，现做出统一说明，该文作者署名第一单位为"中南财经政法大学财政税务学院"，并在《财政经济评论》2018年上卷刊发勘误说明，该期杂志将于2018年6月底出版，有关该文的署名单位的准确信息，均以本情况说明为准。

2018 年 5 月 7 日